EUROPA-FACHBUCHREIHE
für Berufe im Gesundheitswesen

Fachwissen Pflege

Rechtskunde Altenpflege

VERLAG EUROPA-LEHRMITTEL · Nourney, Vollmer GmbH & Co.KG
Düsselberger Straße 23 · 42781 Haan-Gruiten

Europa-Nr. 66367

Autoren:
RA'in Monika Tönnies, Solingen
Prof. Dr. Helmut Schellhorn, Kronberg

Verlagslektorat:
Anke Horst

1. Auflage 2015
Druck 5 4 3 2 1
Alle Drucke derselben Auflage sind parallel einsetzbar, da sie bis auf die Korrektur von Druckfehlern
untereinander unverändert sind.

ISBN 978-3-8085-6636-7

Umschlagfoto: © Fineas – Fotolia.com
Umschlag: braunwerbeagentur Radevormwald
Satz und Gestaltung: tiff.any GmbH, 10999 Berlin
Druck: Triltsch GmbH, 97199 Ochsenfurth

Vorwort

Die vorliegende Auflage des Titels **Rechtskunde Altenpflege** richtet sich in erster Linie an Auszubildende und Lehrer in der Altenpflege. Die Rechtskunde ist auch als Nachschlagewerk für die Fort- und Weiterbildung geeignet. Grundsätzlich soll das Lehrbuch beim laufenden Erwerb von Rechtskunde im Rahmen der Pflege hilfreich sein.

Die Rechtskunde ist anhand der Ausbildungs-und Prüfungsordnung für den Beruf Altenpfleger/-in erstellt worden.

Die Fachkunde „Pflegen und Begleiten" (Europa Nr. 66268) behandelt alle Themen des Lehrplans Altenpfleger/Altenpflegerin. Der vorliegende Titel stellt eine Ergänzung zu Fachkunde dar und legt den Schwerpunkt auf das Lernfeld 3 „Rechtliche und institutionelle Rahmenbedingungen altenpflegerischer Tätigkeit".

Neben Haftungsfragen bei Tätigkeiten aus dem pflegerischen und ärztlichen Aufgabenbereich, werden u. a. auch die Themen Heimrecht und Arbeitsrecht behandelt.
In diversen Praxisfällen und Aufgaben kann das in diesem Buch erlernte Wissen angewendet werden.

Das moderne Layout erleichtert die nachhaltige Aufnahme der dargestellten Inhalte. Die unterschiedlichen Elemente geben klare Strukturen, eine gute Lesbarkeit und die Möglichkeit zur schnellen Orientierung. Dadurch unterstützen sie die methodischen und didaktischen Grundzüge des Buches:

● Merke
Merke fasst wichtige Inhalte kurz zusammen.

Aufgaben ●
Aufgaben ermöglichen die selbstständige Überprüfung des Wissensstands.

● Info
Info enthält interessante Fakten und Informationen, die über den Lehrplan hinausgehen; sie dienen der Vertiefung der Inhalte.

● Literatur
Literatur am Ende eines Kapitels verweist auf weiterführende Schriftwerke zu dem jeweiligen Thema.

○ Praxisfall
Praxisfälle sind Fallbeispiele, anhand derer das Pflegewissen praktisch erarbeitet wird.

⑤ Gesetz
Gesetz gibt den originalen Wortlaut eines Artikels oder Paragrafen der Gesetzgebung wieder.

Innerhalb der Texte wird vorwiegend von der Altenpflegerin gesprochen. Die weibliche Form wurde bewusst gewählt, da der größte Teil der Auszubildenden weiblich ist. Wir bitten die männlichen Auszubildenden hierfür um Verständnis.

Wir wünschen allen Auszubildenden und allen, die sich beruflich fortbilden wollen, viel Freude und Erfolg mit diesem Buch.

Kritische Hinweise, die der Weiterentwicklung des Buches dienen, nehmen wir dankbar entgegen. Sie erreichen uns per E-Mail unter:

lektorat@europa-lehrmittel.de.

Im Herbst 2015   *Autoren und Verlag*

Bildquellenverzeichnis

Axel Springer Syndication GmbH ullstein bild, Berlin: 17/1 © ullstein bild – ThomasRosenthal.de, 113/1 © ullstein bild – Roger-Viollet

Bundesärztekammer, Berlin: 41; Textauszug aus den Grundsätzen der Bundesärztekammer zur ärztlichen Sterbebegleitung

Bundesnotarkammer, Berlin: 74/2

Faust, Steffen, Berlin: 11/1, 21/1, 26/1, 27/1, 31/1, 33/1, 42/1, 91/1, 95/1, 102/2, 180/1, 186/1

Fotolia.com, Berlin: 14/2 © Andrey Burmakin, 15/1 © Robert Kneschke, 22/1 © jamga-images, 29/1 © Alexander Raths, 32/1 © Herby (Herbert) Me, 34/1 cozyta, 37/1 © Miriam Dörr, 39/1 © Schlierner, 47/1 © Olga Altunina, 52/2 © satori, 53/1 © stockWERK, 57/1 © psdesign1, 61/1 © Sandor Kacso, 64/1 © Gina Sanders, 74/1 © apops, 75/1 © Alexander Raths, 80/1 © photographee.eu, 85/1 © Robert Kneschke, 98/1 © bluedesign, 99/1 © Gina Sanders, 99/1© Gina Sanders, 99/2 © stockpics, 100/1 © Barabas Attila, 101/1 © Sandor Kacso, 101/2 © Photographee.eu, 103/1 © mma23, 104/1 © godfer, 106/1 © M. Schuppich, 106/2 © fabstyle, 110/1 © Anna Lurye, 111/1 © Gina Sanders, 115/1 © DOC RABE Media, 116/2 © Stefan Merkle, 117/1 © M. Schuppich, 119/1 © Alexander Raths, 120/1 © karakeng, 122/1© Gina Sanders, 124/1 © leremy, 125/1 © Robert Kneschke, 126/1 © Otto Durst, 127/1 © K.-U. Häßler, 129/1 © Alexander Raths, 131/1 © Trueffelpix, 135/1 © Monkey Business, 136/1 © bilderstoeckchen, 137/1 © Joachim Lechner, 139/1 © W. Heiber Fotostudio, 141/1 © rdnzl, 144/1 © Jenny Sturm, 145/1 © bilderstoeckchen, 147/1 © antikarium, 149/1 © Monkey Business, 151/1 © Peter Atkins, 153/1 © Kadmy, 154/1 © klickerminth, 156/1 © Gina Sanders, 157/1 © Janina Dierks, 157/2 © hans12, 162/1 © Miriam Dörr, 164/1 © Alexander Raths, 165/1 © Florian Hiltmair, 167/1 © DOC RABE Media, 174/1 © contrastwerkstatt, 177/1 © Dan Race, 188/1 © eccolo, 189/1 © eccolo

Krüper, Werner, Steinhagen: 43/1

MEV Verlag GmbH, Augsburg: 58/1, 94/1

Shutterstock.com, New York: 35/1© racorn, 66/1 © Kzenon

Inhaltsverzeichnis

1 Einführung in das Recht

1 Bedeutung der rechtlichen Normen in der Tätigkeit der Altenpflege

Das Zusammenleben von Menschen erfordert Regeln und Normen.

Das Recht ist eine allgemeinverbindliche, gesetzte, soziale Norm einer menschlichen Gemeinschaft.

Zielsetzung:
- Verhaltenssteuerung
- Konfliktvorbeugung
- Konfliktlösung
- Sicherung des sozialen Friedens und des Rechtsfriedens
- Gerechtigkeit herstellen bzw. bewahren

Zur Durchsetzung der Normen ist ein rechtlicher oder sozialer Zwang möglich. Die Missachtung dieser Normen kann mit Sanktionen belegt werden.

1 Konflikt im Zusammenleben

···○··Praxisfall·············

Die Bewohnerin Frau A. ist durch die Folgen eines Schlaganfalls sehr unsicher beim Gehen und schon häufig gestürzt. Sie soll sich daher nur noch mit einem Gehwagen fortbewegen. Aufgrund der fortgeschrittenen Demenzerkrankung kann Frau A. nicht mehr angemessen mit dem Hilfsmittel umgehen und lässt es häufig ungenutzt stehen.

Inzwischen ist sie mehrfach gestürzt und musste daher stationär behandelt werden. Die Krankenkasse der Frau A. fordert den Betreiber der Betreuungseinrichtung auf, endlich sichernde Maßnahmen zu ergreifen, damit Frau A. keine weitere, kostenaufwendige Verletzung mehr erleidet.

Der Betreiber der Einrichtung weist die Pflegekräfte an, Frau A. rund-um-die-Uhr mit Gurten zu fixieren.

Nach wenigen Tagen stellt die Wohnbereichsleitung bei der fixierten Frau A. eine Rötung am Gesäß fest. Sie plant daher Dekubitusprophylaxen. Frau A. befreit sich jedoch aus den Lage-

rungskissen und verweigert fortan jegliche Flüssigkeits- und Nahrungsaufnahme.

Es entwickelt sich ein großflächiger Dekubitus im Steißbereich. Die Wunde der stark ausgetrockneten und unterernährten Frau A. müssen im Krankenhaus operativ versorgt werden. Trotzdem verstirbt Frau A. in der Klinik.

Da für den Tod möglicherweise die schlechte Pflege in der Einrichtung ursächlich ist, ermittelt der Staatsanwalt wegen fahrlässiger Tötung.

Die Tochter von Frau A. wirft dem Heim schwere Pflegefehler und Gesetzesverstöße vor. Sie schaltet einen Anwalt ein, der ihr bestätigt, dass in dem vorliegenden Fall jegliche Standards und vor allem die Grundrechte der Frau A. missachtet worden sind. Hierfür habe der Betreiber der Betreuungseinrichtung die Verantwortung zu übernehmen. Schließlich hatte Frau A. beim Einzug in seine Einrichtung mit ihm einen Vertrag geschlossen und darauf vertraut, von seinem Pflegepersonal ordnungsgemäß und gut versorgt zu werden.

Die Pflegekräfte und der Heimträger verstoßen im Praxisfall 1 gegen zahlreiche Normen. In den folgenden Kapiteln werden die einschlägigen strafrechtlichen und zivilrechtlichen Gesetze dargestellt.

Aufgabe

Welche Handlungen der Pflegekräfte sind im Praxisfall 1 möglicherweise gesetzeswidrig?

1.1 Soziale Normen: Sitten und Gesetze

Unterschieden werden:

1 Soziale Normen

- **Gesetze** wie das Grundgesetz (GG), das Bürgerliche Gesetzbuch (BGB) oder das Strafgesetzbuch (StGB) bestimmen, was richtig oder falsch ist. Es sind verbindliche Normen, die kodifiziert sind. Die Gesinnung des Einzelnen ist hierbei unerheblich. Sie basieren auf einem demokratischen Legitimationsverfahren.
- **Sittliche Normen** wie die Ethikregeln für die Krankenpflege oder für die Ärzte geben vor, was gut oder schlecht ist. Diese Regeln entsprechen dem Anstandsgefühl und dem Gewissen des einzelnen Menschen und basieren auf einer freiwilligen Übereinkunft der Gemeinschaft. Sie bilden die guten Sitten, die Anstandsregeln der Gesellschaft.

Im Gesetz sind die „guten Sitten" an folgenden Stellen zu finden:
§ 138 BGB besagt, dass ein Rechtsgeschäft, das gegen die guten Sitten verstößt, nichtig ist. Demzufolge ist ein Vertrag rechtsunwirksam, wenn er gegen das Anstandsgefühl aller billig und gerecht Denkenden verstößt.

Beispiel

So genannte Knebelungsverträge, bei welchen eine Zwangslage des Vertragspartners ausgenutzt wird oder Wuchergeschäfte, bei denen ein auffälliges Missverhältnis zwischen Leistung und Gegenleistung besteht.

Dementsprechend ist eine Klausel im Heimvertrag unwirksam, wenn die Notlage des Heimbewohners „schamlos" ausgenutzt wird und trotz Abwesenheit des Bewohners über einen längeren Zeitraum wegen einer stationären Behandlung das Entgelt in voller Höhe für die Leistungen der Pflege und Versorgung mit Nahrung vereinbart wird.

Gemäß **§ 228 StGB** ist eine Körperverletzung trotz Einwilligung der verletzten Person rechtswidrig, wenn die Tat gegen die guten Sitten verstößt.

Beispiel

Die Organentnahme beim Lebenden gegen Geld oder medizinische, ausschließlich fremdnützige Experimente bei schutzbedürftigen, einwilligungsunfähigen Heimbewohnern, die keine therapeutische Zielsetzung haben.

Aufgaben

1. Was ist das „Recht" und welchem Zweck dienen die zahlreichen rechtlichen Normen?

2. Wie lauten die Ethikregeln für die Pflegenden und für die Ärzte?

3. Recherchieren Sie den ICN Ethikkodex für Pflegende und den Eid des Hippokrates für Ärzte!

4. Welche konkreten ethischen Grundsätze sind für Sie in der täglichen Arbeit verpflichtend?

5. Lesen Sie § 228 StGB und nennen Sie zwei Beispiele für eine Körperverletzung, die gegen die guten Sitten verstößt.

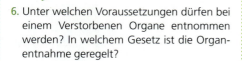

6. Unter welchen Voraussetzungen dürfen bei einem Verstorbenen Organe entnommen werden? In welchem Gesetz ist die Organentnahme geregelt?

1.2 Entstehung der Gesetze in unserer Gesellschaft

Die Bundesrepublik Deutschland ist ein demokratischer und sozialer Rechtsstaat und Bundesstaat.

- **Rechtsstaat:** die staatlichen Aufgaben sind auf drei Staatsgewalten verteilt: der Legislative, Exekutive und Judikative. Diese sind an Recht und Gesetz gebunden. Die Freiheit der Bürger wird garantiert und die Grundrechte durch das Grundgesetz gesichert. Gemäß Art. 19 Abs. 4 GG wird die Staatsgewalt durch die unabhängigen Gerichte kontrolliert. Prozess- und Verfahrensrechte des Einzelnen gewährleisten den Rechtsschutz durch die Gerichte.

Merke

Legislative: gesetzgebende Staatsgewalt durch das Parlament
Exekutive: ausführende Staatsgewalt durch Regierungs- und Verwaltungsorgane
Judikative: rechtsprechende Staatsgewalt durch die Gerichte

- **Demokratischer Rechtsstaat:** Art. 20 Abs. 2 GG legt fest, dass alle Staatsgewalt vom Volke ausgeht. Die Bürger wählen die Volksvertreter. Diese treffen Entscheidungen. Auf der kommunalen Ebene gibt es im Rahmen des Bürgerbegehrens und der Bürgerentscheide Elemente der direkten Demokratie. Ausdruck der demokratischen Strukturen einer Gesellschaft sind beispielsweise auch die Mitbestimmungsrechte im Arbeitsrecht und die Mitwirkungsrechte der Bewohner im Heimbeirat.
- **Sozialer Rechtsstaat:** Nach Art. 20 Abs. 1 GG hat der Staat die Pflicht soziale Gerechtigkeit und soziale Sicherung zu garantieren. Dieses Ziel verfolgt er u. a. durch die Sozialgesetzgebung und die verschiedenen Sozialleistungen.

- **Bundesstaat:** Unser Staat ist aufgegliedert in den Bund und einzelne Bundesländer. Diese sind zur Bundestreue verpflichtet. Hinsichtlich der Gesetzgebung regelt das Grundgesetz die Zuständigkeit des Bundes oder der Bundesländer. Bei Streitigkeiten entscheidet das Bundesverfassungsgericht. Demzufolge hatte das Bundesland Bayern prüfen lassen, ob der Bund ein bundeseinheitliches Altenpflegegesetz erlassen durfte. Das Bundesverfassungsgericht hat 2003 die Zuständigkeit des Bundes für verfassungsgemäß erachtet.
Hinsichtlich des Heimgesetzes wurde 2007 umgekehrt verfahren und die Zuständigkeit auf die Bundesländer übertragen. Demzufolge haben die einzelnen Bundesländer eigene Heimgesetze ausgearbeitet. Grundsätzlich geht das Bundesrecht vor Landesrecht.

1.2.1 Gesetzgebungsverfahren und Gesetzesumsetzung

Bei den Bundesgesetzen geht die Gesetzesinitiative von der Bundesregierung, dem Bundestag oder Bundesrat aus. Das Parlament bildet die **Legislative**, die gesetzgebende Staatsgewalt.

Der einzelne Bürger hat Mitwirkungsmöglichkeiten durch politische Betätigung in der Kommune, in den Parteien oder den Bürgergemeinschaften. Er kann den Parteienvertretern im Bundestag Gesetzesvorschläge unterbreiten. Die Pflegeverbände nehmen die Interessen der Pflegenden wahr und leisten im Gesetzgebungsverfahren Lobbyarbeit.

Gesetzgebungsverfahren:
1. Einbringen von Gesetzesvorlagen in das Parlament, den Bundestag
2. Drei Lesungen im Parlament
3. Einbeziehung der Ländervertretung, des Bundesrates
4. Verkündung und Inkrafttreten der Gesetze gemäß Art. 82 GG

Die **Exekutive** setzt die Gesetze in die Tat um. Sie wird gebildet durch den Bundespräsidenten, die Bundes- und Länderregierungen sowie die öffentliche Verwaltung. Gemäß Art 80 GG können in Ausführung zu den Gesetzen Rechtsverordnungen erlassen werden.

⭕ **Beispiel**

Die Stadtverwaltung erlässt den Baubescheid für den Bau einer neuen Pflegeeinrichtung.

- Die kommunale Heimaufsicht ordnet nach einer Kontrolle der Einrichtung per Verwaltungsakt Auflagen zur Beseitigung der festgestellten Mängel bei der personellen Besetzung der Dienstschichten an.
- Die Landesregierung NRW erlässt zum neuen Wohn- und Teilhabegesetz für Betreuungseinrichtungen (ehemals Heimgesetz) Rechtsverordnungen zur Bewohnermitwirkung und zu den Bauvorgaben für ein Heim.

Die Gesetze und die Rechtsverfahren sind verschiedenen Rechtsgebieten zugeordnet:

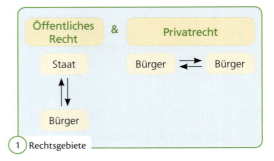

1 Rechtsgebiete

Die Judikative ist den Richtern anvertraut und wird durch die zuständigen Gerichte ausgeübt. Die Richter sind unabhängig und nur dem Gesetz unterworfen. Gemäß Art. 103 Abs. 1 GG in Verbindung mit Art. 19 Abs. 4 GG hat jedermann Anspruch auf rechtliches Gehör.

Gemäß Art. 103 GG kann jemand nur bestraft werden, wenn ein Gesetz in einer genauen Regelung

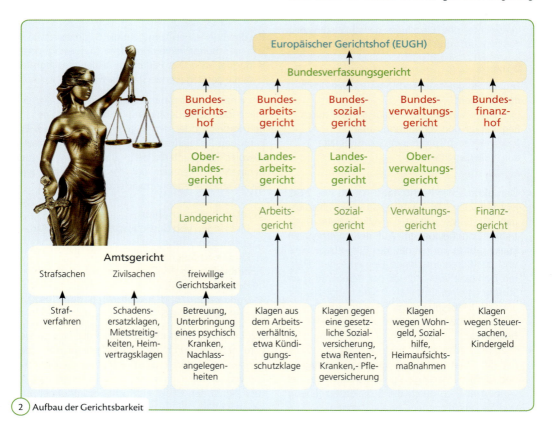

2 Aufbau der Gerichtsbarkeit

die Handlung für strafbar erklärt (Genauigkeitsgarantie).

Taten können nicht rückwirkend unter Strafe gestellt und Strafen nicht rückwirkend verschärft werden (Rückwirkungsverbot).

Niemand darf wegen derselben Tat ein zweites Mal bestraft werden.

1.2.2 Hierarchie der Normen

Die Rechtsquellen sind hierarchisch geordnet.

Folgende kodifizierte Verhaltensregeln bilden zwingendes Recht.
- Verfassung der BRD: das Grundgesetz
- Gesetze: EU – Gesetze
  Bundesgesetze
  Landesgesetze
- Rechtsverordnungen: Ausbildungs- und Prüfungsverordnung für die Altenpflege, Verordnungen zum Heimgesetz bzw. Wohn- und Teilhabegesetz (WTG) NRW, etc.

Um nachgiebiges Recht handelt es sich bei
- Satzungen: Unfallverhütungsvorschriften, Satzungen der Kranken- und Pflegekassen, etc.
- Richtlinien: Pflegebedürftigkeits-Richtlinien, Begutachtungs-Richtlinien, etc.
- Verwaltungsvorschriften
- Verträge: Heimvertrag, ambulanter Pflegevertrag, Kaufvertrag, Arbeitsvertrag, etc.
- Expertenstandards, Leitlinien, Empfehlungen, Grundsätze und Stellungnahmen.

Durch die Gerichte werden in „ständiger Rechtsprechung" Normen ausgelegt und Gesetzeslücken geschlossen. Aus dieser Interpretationshoheit des Richters entsteht das so genannte „Richterrecht".

Die Richtlinien sind von Institutionen veröffentlichte Regeln. Sie geben deklaratorisch den Erkenntnisstand der Wissenschaft wieder und sind nicht konstitutiv. Sie lassen dem Handelnden einen geringen Ermessenspielraum. Deren Nichtbeachtung kann Sanktionen nach sich ziehen.

Ebenso werden von den Behördenleitungen den Sachbearbeitern Interpretationshilfen an die Hand gegeben. Diese werden als Verwaltungsvorschriften bezeichnet.

Beide dienen der einheitlichen Anwendung und Auslegung eines Gesetzes oder einer Rechtsverordnung. Sie sind letztendlich nur im Innenverhältnis bindend und begründen für den Bürger keinen Rechtsanspruch.

Der Vertrag kommt durch mindestens zwei übereinstimmende Willenserklärungen zustande und soll eine Rechtsfolge für die Vertragspartner herbeiführen, an welche sie gebunden sind. Der Bruch vertraglicher Vereinbarungen zieht Rechtsfolgen nach sich.

Beispiel

Der Wohn- und Betreuungsvertrag (ehemals Heimvertrag genannt) gemäß dem bundeseinheitlichen Wohn- und Betreuungsvertragsgesetzes (WBVG) verspricht dem Heimbewohner eine Unterkunft mit Verpflegung im Altenheim und für den Heimträger als Gegenleistung das Heimentgelt. Zahlt der Heimbewohner nicht seine Heimkosten, kann der Vertrag gekündigt werden.

1 Senioren beim Vertragsschluss

Im medizinisch-pflegerischen Tätigkeitsbereich werden den Pflegenden und den Ärzten für ihre Berufsausübung außerdem so genannte Expertenstandards, Leitlinien, Empfehlungen, Grundsätze und Stellungnahmen an die Hand gegeben.

Diese die Qualität sichernden Maßstäbe stammen von Experten aus der Medizin- und Pflegewissenschaft, aus den Rechtswissenschaften, aus der Philosophie, der Ethik und der Theologie und geben den aktuellen Erkenntnisstand der Wissenschaft wieder.

Expertenstandards haben eine ähnliche Verbindlichkeit wie Richtlinien. Sie stellen normative Vorgaben zur Erfüllung der Qualitätsanforderungen dar und bieten in der Regel eine genaue Beschreibung eines Handlungsablaufes. Sie haben daher einen überwiegend technisch-imperativen Charakter.

Die Leitlinien stellen einen Anhaltspunkt für den medizinischen Standard im Einzelfall dar. Sie dienen im Haftungsfalle bei der Aufklärung des medizinisch-pflegerischen Sachverhaltes als Orientierungshilfe.

Der Grad der Verbindlichkeit einer Leitlinie hängt von dem zugrunde liegenden Normbildungsprozess ab. Demzufolge kommt der so genannten „evidenzbasierten Konsensus-Leitlinie (S3-Leitlinie), die von einer mehrköpfigen Expertenkommission im Konsens und auf wissenschaftlicher Grundlage nach systematischer Recherche erstellt worden ist, die größte Bedeutung zu. Dagegen besitzen die S1-Leitlinien lediglich einen informellen Charakter und sind oft nicht aktuell.

Leitlinien haben grundsätzlich keine konstitutive Wirkung. Sie stellen eine abstrakte Aussage über den medizinisch-pflegerischen Standard dar und können nicht ohne Berücksichtigung der Umstände des Einzelfalls auf ihn übertragen werden. Sie lassen somit der Pflegekraft einen Entscheidungsspielraum, so dass im begründeten Einzelfall von einer Leitlinie abgewichen werden kann ohne dass dieses ein Behandlungs- oder Pflegefehler darstellt.

Der umfassenden Information und Aufklärung sowie der Urteilsbildung dienen die Empfehlungen, Grundsätze und Stellungnahmen, welche u.a. von Fachverbänden oder der Bundesärztekammer in den jeweiligen Fachzeitschriften veröffentlicht werden.

- Empfehlungen des Landesinstituts für den Öffentlichen Gesundheitsdienst NRW in Münster zur Verhütung der Weiterverbreitung von MRSA in Alten- und Pflegeheimen;
- Stellungnahme der Bundesärztekammer (BÄK) und der Kassenärztlichen Bundesvereinigung (KBV) zu den Möglichkeiten und Grenzen der Delegation ärztlicher Leistungen;
- Stellungnahme der Zentralen Ethikkommission der Bundesärztekammer zur Zwangsbehandlung bei psychischen Erkrankungen

Ist der Bewohner wie im Praxisfall 1 zu Tode gekommen oder haben Patienten einen Gesundheitsschaden erlitten und wird der Pflegekraft bzw. dem Arzt ein fehlerhaftes Handeln vorgeworfen, dann wird die Einholung eines Sachverständigengutachtens erforderlich.

Der medizinische Sachverständige muss beurteilen, ob und welche Standards oder Leitlinien im Einzelfalle einschlägig sind, ob die Behandlung und Pflege deren Inhalten gerecht geworden ist, ob diese den Stand der medizinischen Wissenschaft zum Zeitpunkt der Behandlung wiedergeben und welche Umstände im konkreten Falle eine Abweichung veranlasst bzw. gerechtfertigt haben.

Das Abweichen vom Standard kann im Einzelfall geboten sein.

Ein grober Pflege- oder Behandlungsfehler liegt nur vor, wenn die Pflegekraft ohne rechtfertigenden Grund im konkreten Fall diesen Standard verlassen hat.

Beispiel

- Grundsätze der Bundesärztekammer zur ärztlichen Sterbebegleitung,
- Handreichungen für Ärzte zum Umgang mit Patientenverfügungen,
- Empfehlungen des Robert-Koch-Instituts (RKI) zum Vorgehen bei gehäuftem Auftreten von nosokomialen Infektionen;

Aufgaben

1. Gegen welche Normen haben im Praxisfall 1 die Pflegekräfte und der Heimträger verstoßen? Untersuchen Sie den Sachverhalt und stellen Sie die einschlägigen Normen hierarchisch geordnet dar.

2. Ist im Praxisfall ein Abweichen von den Expertenstandards gerechtfertigt?

2 Die Grundrechte

Die Grundrechte bilden wesentliche Rechte der Bürger gegenüber dem Staat.
Sie sind in der Verfassung verankert und einklagbar. Für das Zusammenleben der Menschen
sind sie von grundsätzlicher Bedeutung. Sie stellen Menschenrechte dar.

1 Die Bedeutung der Grundrechte in der altenpflegerischen Arbeit

Jede Person ist unabhängig von seinen geistigen Fähigkeiten und dem Gesundheitszustand ab der Geburt gemäß § 1 BGB Träger von Rechten und Pflichten.
Diese Rechtsfähigkeit beinhaltet, dass auch alte und verwirrte Menschen sich grundsätzlich auf den Schutz der Grundrechte bis zu ihrem Tode berufen können.

1 Menschenwürde des Sterbenden

Die Pflegekräfte sind somit gehalten, die Grundrechte der zu Pflegenden zu achten. Sie dürfen nur mit einer besonderen Rechtfertigung in diese eingreifen.

> **Beispiel**
> - Die Fixierung der Heimbewohnerin Frau A. im Praxisfall 1 mit einem Bauchgurt am Stuhl zur Sturzvermeidung bedarf einer besonderen Rechtfertigung, da in das Grundrecht „Freiheit" eingegriffen wird.

1.1 Das Grundgesetz der Bundesrepublik Deutschland

Das Grundgesetz für die Bundesrepublik Deutschland (GG) vom 23. 05. 1949 ist die Verfassung unseres Staates. Es enthält in 13 Abschnitten die rechtliche und politische Grundordnung der BRD.
Der erste Abschnitt umfasst in Artikel 1 bis 19 die Grundrechte.
Art. 20 GG legt die Staatsform fest. Die BRD ist ein demokratischer und sozialer Bundesstaat. Alle Staatsgewalt geht vom Volke aus. Die BRD ist eine repräsentative Demokratie. Die Gewaltenteilung ist ein Ausdruck der Rechtsstaatlichkeit. Demzufolge ist die Gesetzgebung (Legislative) an die verfassungsmäßige Ordnung, die vollziehende Gewalt (Exekutive)und die Rechtsprechung (Judikative) sind an Recht und Gesetz gebunden.
Die Artikel 70 ff. GG regeln die Gesetzgebungsverfahren und die Zuständigkeiten zwischen dem Bund und den Bundesländern.
Gesetze, Urteile und das Verwaltungshandeln dürfen nicht gegen die Verfassung verstoßen.
Eine Verfassungsänderung ist nur möglich, wenn ⅔ der Mitglieder des Dt. Bundestages und Bundesrates zustimmen. Bestimmte Verfassungsgrundsätze dürfen nicht geändert werden.

1.2 Die Grundrechte

Die Grundrechte stellen Rechte des einzelnen Menschen gegen den Staat dar (subjektive Rechte). Soweit es sich bei den Grundrechten auch um Menschenrechte handelt, können sich auch Personen

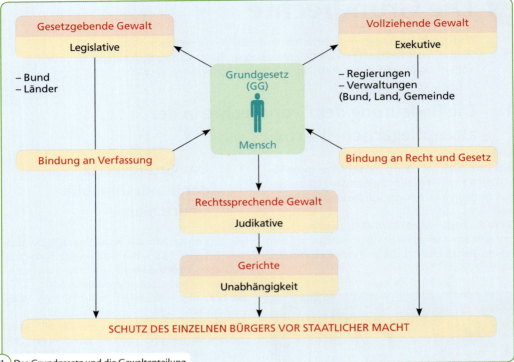

1) Das Grundgesetz und die Gewaltenteilung

ohne deutsche Nationalität auf das betreffende Grundrecht berufen (sog. Jedermann-Rechte).
Manche Grundrechte gelten jedoch ausschließlich für Deutsche, sog. Bürgerrechte.
Die Grundrechte sind Teilhaberechte und keine Leistungsrechte.

Beispiel

- Art. 12 GG „Berufsfreiheit" gibt dem einzelnen Menschen ein Recht auf gleichen Zugang zu den vorhandenen Ausbildungs- und Arbeitsplätzen. Es beinhaltet aber keinen einklagbaren Rechtsanspruch auf einen Arbeitsplatz. Demzufolge kann ein Arbeitsloser vom Staat keinen Arbeits- oder Ausbildungsplatz einfordern.
- Art. 2 Abs. 2 GG garantiert jedermann das Recht auf die körperliche Unversehrtheit. In dieses Grundrecht wurde bei Frau A. im

Praxisfall 1 eingegriffen. Schadensersatzansprüche können jedoch nicht gegen den Staat eingeklagt werden, sondern die Erben der verstorbenen Bewohnerin müssen gegen die Schädiger (Heimträger/Pflegekräfte) auf dem zivilrechtlichen Klagewege ihr Recht erstreiten.

Merke

Der Staat garantiert durch die Grundrechte dem einzelnen Menschen:
- einen persönlichen Freiheitsraum,
- Gleichbehandlung,
- Verfahrensrechte z. B. Rechtsschutz durch unabhängige Gerichte,
- bestimmte gesellschaftliche Institutionen z. B. freie Presse

Grundrechte binden Gesetzgebung, vollziehende Gewalt und Rechtsprechung als unmittelbar geltendes Recht.

Wird in die Grundrechte eines Menschen eingegriffen, kann der Betroffene gemäß Art. 93 Abs. 1 Nr. 4a GG in Verbindung mit § 90 BVerfGG beim Bundesverfassungsgericht in Karlsruhe Verfassungsbeschwerde einlegen.

Voraussetzung für eine Verfassungsbeschwerde:

- Jedermann kann Verfassungsbeschwerde einlegen
- Eine geschäftsunfähige Person wird durch den gesetzlichen Vertreter im Prozess vertreten
- Der Beschwerdeführer muss eine Grundrechtsverletzung behaupten
- Der in der Sache vorgeschriebene Rechtsweg muss erschöpft sein
- Beschwerdegegenstand kann jeder Akt der öffentlichen Gewalt sein, beispielsweise ein Gesetz, ein Gerichtsurteil, ein Verwaltungsakt der Verwaltungsbehörde

○ **Beispiel**

- Das Nachtarbeitsverbot für Frauen gemäß § 19 der alten Arbeitszeitordnung wurde vom BVerfG für verfassungswidrig erklärt und musste vom Gesetzgeber aufgehoben werden. Es lag ein nicht gerechtfertigter Eingriff in Art. 3 GG (Gleichheit vor dem Gesetz) vor.
- Für den Pflegeberuf hatte das Gesetz die Nachtarbeit ausnahmsweise erlaubt. Das Bundesverfassungsgericht hatte jedoch das Recht auf Nachtarbeit allen Frauen zugesprochen.

Aufgaben ●

1. Erläutern Sie die Voraussetzungen für eine Verfassungsbeschwerde und skizzieren Sie den Ablauf.

2. In welche Grundrechte der Bewohnerin A. wurden im Praxisfall 1 durch die Pflegekräfte eingegriffen?

1.3 Grundrechtsverwirkung gemäß Art. 18 GG

Werden die Meinungsfreiheit (Art. 5 GG), die Versammlungsfreiheit (Art. 8 GG), die Vereinigungsfreiheit (Art. 9 GG), das Brief-, Post- und Fernmeldegeheimnis (Art. 10 GG), das Eigentum (Art. 14 GG) oder das Asylrecht (Art. 16a GG) zum Kampfe gegen die freiheitliche demokratische Grundordnung missbraucht, stellt das Bundesverfassungsgericht die Verwirkung der Grundrechte für diese Person fest.

1.4 Einschränkung der Grundrechte gemäß Art. 19 GG

Art. 19 Abs. 1 und 2 GG regelt den Eingriff in die Grundrechte, deren Wesensgehalt unantastbar ist.

● **Merke**

Ein Grundgerecht darf ausschließlich durch Gesetz oder auf Grund eines Gesetzes eingeschränkt werden.

Nach Art. 104 GG kann die Freiheit einer Person nur auf Grund eines förmlichen Gesetzes und nur unter Beachtung der darin vorgeschriebenen Formen beschränkt werden.

Festgehaltene Personen dürfen weder seelisch noch körperlich misshandelt werden.

1.5 Einschlägige Grundrechte im Pflegeberuf

In der Folge werden die für Ihre berufliche Tätigkeit einschlägigen Grundrechte dargestellt.

Sie sind Ausdruck der Werteordnung der menschlichen Gemeinschaft.

§ **Gesetz**

Art. 1 GG Die Menschenwürde
Die Würde des Menschen ist unantastbar. Sie zu achten und zu schützen ist Verpflichtung aller staatlichen Gewalt.

Dieses Grundrecht steht an erster Stelle der Verfassung unseres Staates und bildet die Grundlage für das Leben in einer Gemeinschaft. Es ist Ausdruck unseres humanistischen Welt- und Menschenbildes, in welchem der Mensch als ein freies Wesen mit einem freien Willen anerkannt ist.

Dieses Subjektsein des Menschen beinhaltet, dass er immer auch Selbstzweck ist und nicht Mittel zum Zweck sein darf.

● Merke

Jeder Mensch hat zu jeder Zeit einen unverfügbaren Wert, sein Leben einen Sinn – auch wenn dieser mir rational nicht mehr zugänglich ist.

Dieser Eigenwert und die Eigenständigkeit, die Wesenheit, die Natur des Menschen schlechthin gilt es in jeder Lebenslage zu achten.

Menschliche Würde beinhaltet daher die Gleichheit der Menschen, ihr freies Handeln als selbstverantwortliche Persönlichkeiten und ihre leibliche Kontingenz (Zufälligkeit, Unbestimmtheit) sowie ihre Integrität und Identität.

○ Praxisfall 2

Die Patientin Frau C. schreibt einen Brief an ihre Tochter. Sie bittet die Altenpflegerin Frau D. vom ambulanten Pflegedienst diesen in den Postkasten einzuwerfen. Die neugierige Pflegekraft öffnet und vernichtet ihn, da Frau C. sich darin über den Pflegedienst beschwert.

Bereits in der Vergangenheit hat Frau C. ihrer Tochter mitgeteilt, dass die Pflegekräfte sie gezwungen hätten, die Medikamente zu nehmen. Man habe ihr die Nase zugehalten und ihr die in Wasser aufgelösten bitteren Pillen eingeflößt. Eine Schülerin habe derweil ihre Hände festgehalten.

Seit sie hilflos draußen umhergeirrt sei haben die Pflegekräfte ihr außerdem den Hausschlüssel weggenommen und schließen zur Sicherheit die Wohnungstür ab, damit sie nicht unbeaufsichtigt das Haus verlassen kann.

Es können vier typische Bereiche für Eingriffe in die Würde des Menschen genannt werden:

- Der Eingriff in die rechtliche Gleichheit des Menschen z. B. durch eine rassische Diskriminierung auf Grund der Hautfarbe oder der Religion
- Der Eingriff in die menschliche Integrität und Identität z. B. durch körperliche oder seelische Misshandlungen, durch Missachtung der Person durch Beleidigungen
- Der Eingriff durch staatliche Gewaltanwendung oder Zwangsmaßnahmen
- Der Eingriff durch mangelnde Sicherung individuellen und sozialen Lebens z. B. keine Sicherung einer menschenwürdigen Existenz durch den Sozialstaat

§ Gesetz

Art. 2 GG Persönliche Freiheitsrechte
Jeder hat das Recht auf freie Entfaltung seiner Persönlichkeit, soweit er nicht die Rechte anderer verletzt und nicht gegen die verfassungsmäßige Ordnung oder das Sittengesetz verstößt.
Jeder hat das Recht auf Leben und körperliche Unversehrtheit. Die Freiheit der Person ist unverletzlich. In diese Rechte darf nur auf Grund eines Gesetzes eingegriffen werden.

Demgemäß endet die Freiheit des einzelnen, wenn sie in die Freiheit des anderen eingreift. Greift beispielsweise der Heimbewohner seinen Mitbewohner tätlich an, wird er möglicherweise durch ein Sedativum ruhiggestellt.
Art. 2 GG ist die Grundlage der Freiheitsrechte und verpflichtet Sie in der Pflegetätigkeit die Autonomie des Patienten/Bewohners zu achten.
Der Patient/Bewohner bestimmt selbst welche Pflege und Behandlung er zulässt ("informed consent"). Er hat ein „Recht auf unvernünftige Entscheidungen" und kann daher ärztlich verordnete Behandlungen oder die Körperpflege verweigern.
Ist seine Willensfreiheit durch eine Erkrankung oder Behinderung beeinträchtigt, entscheidet die vertretungsbefugte Person (rechtlicher Betreuer oder Bevollmächtigter) gemäß seinem mutmaßlichen Willen.

Neben diesem Selbstbestimmungsgebot folgt aus Art. 2 GG für die Pflegekraft das Fürsorge- und Unschädlichkeitsgebot.

Die Pflege und medizinische Behandlung darf dem Patienten keinen Schaden zufügen. So kann möglicherweise die unterlassene Grundpflege zum Dekubitus führen oder die Anwendung von Zwangsmaßnahmen zu einer psychischen Schädigung.

Gemäß den internationalen ethischen Richtlinien für Pflegeberufe und gemäß § 2 der Berufsordnung dient die Pflege u.a. der Förderung und Wiederherstellung der Gesundheit sowie der Linderung von Leiden. In diesen Berufszielen kommt der Fürsorgegedanke des Art. 2 GG zum Tragen.

Nicht nur Schadensvermeidung ist geboten, sondern es besteht die konkrete Verpflichtung zur Hilfe.

> **§ · Gesetz**
>
> **Art. 3 GG Gleichheit vor dem Gesetz**
> Alle Menschen sind vor dem Gesetz gleich.
>
> Männer und Frauen sind gleichberechtigt.
>
> Niemand darf wegen seines Geschlechts, seiner Abstammung, seiner Rasse, seiner Heimat und Herkunft, seines Glaubens, seiner religiösen oder politischen Anschauungen benachteiligt oder bevorzugt werden. Niemand darf wegen seiner Behinderung benachteiligt werden.

Art. 3 GG beinhaltet das Gerechtigkeitsgebot in der Pflege. Es fordert von den Pflegenden eine gerechte Verteilung ihrer Leistungen und Unparteilichkeit, d.h. Gleichbehandlung der Patienten/Bewohner in der gleichen Situation.

Andererseits besteht auch für die Altenpflegekraft ein Diskriminierungsverbot. Somit haben Stellenausschreibungen immer beide Geschlechter anzusprechen und ausländische Mitarbeiter sind den deutschen gleichgestellt.

> **§ · Gesetz**
>
> **Art. 4 GG Glaubens- und Gewissensfreiheit**
> Die Freiheit des Glaubens, des Gewissens und die Freiheit des religiösen und weltanschaulichen Bekenntnisses sind unverletzlich. Die ungestörte Religionsausübung wird gewährleistet.

Folglich dürfen auch in konfessionellen Heimeinrichtungen die Bewohner nicht zum Gottesdienst oder zu einem bestimmten religiösen Bekenntnis gezwungen werden. Ihnen muss die Möglichkeit offen stehen, ihre Religion auch im Heim auszuüben soweit sie dadurch nicht die Freiheitsrechte der Gemeinschaft verletzen.

Die Religionsfreiheit beginnt bereits mit der Vollendung des 14. Lebensjahres eines Menschen.

> **§ · Gesetz**
>
> **Art. 10 GG Brief-, Post- und Fernmeldegeheimnis**
> Das Brief- sowie das Post- und Fernmeldegeheimnis sind unverletzlich.
> Beschränkungen dürfen nur auf Grund eines Gesetzes angeordnet werden.

Das persönliche Wort ist geschützt. Briefe dürfen ohne Einverständnis des Betroffenen nicht geöffnet und gelesen werden. Ebenso verhält es sich mit fernmündlichen oder E-Mail-Nachrichten.

Die Missachtung dieses Grundrechtes stellt eine Verletzung des persönlichen Lebens- und Geheimbereichs dar und kann gemäß § 201 ff StGB bestraft werden.

1 Briefgeheimnis Art. 10 GG

1 Unverletzlichkeit der Wohnung

§··Gesetz

Art. 14 GG Schutz des Eigentums und des Erbrechts
Das Eigentum und das Erbrecht werden gewährleistet. Inhalt und Schranken werden durch die Gesetze bestimmt.
Eigentum verpflichtet. Sein Gebrauch soll zugleich dem Wohle der Allgemeinheit dienen.
Eine Enteignung ist nur zum Wohle der Allgemeinheit zulässig.

§··Gesetz

Art. 13 GG Unverletzlichkeit der Wohnung
Die Wohnung ist unverletzlich.
Eingriffe und Beschränkungen dürfen im übrigen nur zur Abwehr einer gemeinen Gefahr oder einer Lebensgefahr für einzelne Personen, auf Grund eines Gesetzes auch zur Verhütung dringender Gefahren für die öffentliche Sicherheit und Ordnung, insbesondere zur Behebung der Raumnot, zur Bekämpfung von Seuchengefahr oder zum Schutz gefährdeter Jugendlicher vorgenommen werden.

Das Zimmer im Heim stellt für den Bewohner seine geschützte Wohnung dar. Folglich dürfen Sie nur mit Zustimmung des Bewohners sein Zimmer betreten.

Auch im ambulanten Einsatz ist es daher angebracht, vor Zutritt der Wohnung trotz Schlüssel zu Klingeln bzw. zu Klopfen.

Für Notfallsituationen sind bei akuter Selbst- und Fremdgefährdung Betretungsrechte in verschiedenen Gesetzen verankert. So lassen das Psychisch Krankengesetz (PsychKG), die Heimgesetze oder das Infektionsschutzgesetz (IfSG) das Betreten der Wohnung auch ohne Einwilligung des Bewohners in besonderen Gefahrenlagen zu.

Die Eigentumsgarantie umfasst jedes private Vermögensrecht. Eigentumsstörungen liegen bei einem unbefugten Betreten der Wohnung oder der unbefugten Benutzung bzw. Zerstörung einer Sache des Bewohners/Patienten vor.
Sie haben folglich nicht nur den Bewohner oder Patient sorgsam zu behandeln, sondern auch sein Eigentum. Dementsprechend hat der Heimbewohner auch ein Recht auf die freie Verfügung über seinen Barbetrag (Taschengeld).
Unerlaubte Eingriffe in das fremde Eigentum führen zu Schadensersatzansprüchen.
Das Erbrecht ist im Buch 5 des BGB geregelt. Dort sind unter anderem Bestimmungen zur Erbfolge, zu den Pflichtteilsrechten und zum Abfassen eines Testaments enthalten.

··Aufgaben··●

1. Nehmen Sie das Grundgesetz zur Hand und lesen Sie Art. 1 bis Art. 19 GG.

2. Warum ist der Staat trotz Art. 12 GG nicht verpflichtet, jedem Menschen einen Arbeitsplatz zur Verfügung zu stellen?

3. In welche Grundrechte der Patientin Frau C. haben die Pflegekräfte im Praxisfall 2 eingegriffen?

4. Gibt es gesetzliche Grundlagen, welche gegebenenfalls die Grundrechtsverletzungen im Praxisfall 2 rechtfertigen?

5. Schildern Sie drei Situationen oder Lebensumstände Ihrer Bewohner/Patienten, die nach Ihrer Auffassung gegen die Menschenwürde verstoßen.

3 Haftungsrecht: Pflegefehler und ihre Folgen

1 Die rechtliche Verantwortung für das altenpflegerische Handeln

Haftung bedeutet Verantwortung übernehmen für das aktive Tun sowie für das Unterlassen einer gebotenen Handlung.

Die Pflegekraft in der Altenpflege muss daher für ein fehlerhaftes Handeln Einstehen. Das bedeutet, dass sie bei einer Pflegehandlung, die gegen die fachlichen Regeln verstößt und den alten Menschen schädigt, rechtliche Folgen zu tragen hat.

Diese können strafrechtlicher, zivilrechtlicher, arbeitsrechtlicher oder berufsrechtlicher Art sein.

Grundsätzlich ist jede Person für ihr Handeln verantwortlich.

Im medizinisch-pflegerischen Bereich können folgende Rechtspersonen zur Haftung herangezogen werden:

- verantwortliche Pflegekräfte, Ärzte und Wundmanager
- Betreiber von Betreuungseinrichtungen und Krankenhäusern
- Qualitäts- und Hygienebeauftragte und Produkthersteller

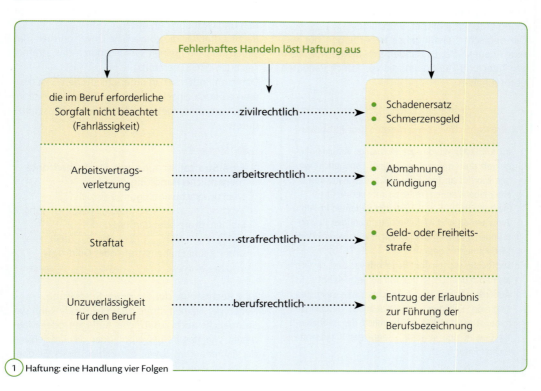

1 Haftung: eine Handlung vier Folgen

Um zu prüfen, ob im Einzelfall Haftungsfolgen zu erwarten sind, kann sich die betreffende Pflegekraft folgende Fragen stellen:

1. Habe ich eine erforderliche Pflegemaßnahme unterlassen oder fehlerhaft durchgeführt?
2. Verwirklicht mein Handeln einen Straftatbestand? Muss ich folglich mit einer Strafe und gegebenenfalls mit einem Berufsverbot rechnen?
3. Hat durch mein Handeln eine Person einen Schaden an der Gesundheit oder an anderen Rechtsgütern wie dem Leben oder dem Eigentum erlitten?

4. Muss ich mit Schadensersatzforderungen rechnen und möglicherweise dem Geschädigten Schmerzensgeld zahlen?

·····Aufgaben·•·

1. Definieren Sie „Haftung in der Pflege".
2. Welche Rechtsfolgen können Pflegefehler haben?
3. Skizzieren Sie die strafrechtlichen und zivilrechtlichen Folgen.

2 Die strafrechtliche Haftung

„Wir stehen in der Pflege mit einem Bein im Gefängnis". Dieses ist ein häufig zitierter Satz der Pflegekräfte in Unterrichts- oder Fortbildungsveranstaltungen.

Die Angst vor strafrechtlichen Folgen ist in der Pflege allgegenwärtig. Diese subjektive Wahrnehmung entbehrt jeglicher Grundlage.

Die deutschen Gefängnisse beherbergen nur wenige Pflegekräfte. Es handelt sich hierbei vor allem um Täter und Täterinnen, die vorsätzlich Patienten getötet haben.

Krankenschwester ermordet fünf Patienten

Im Juni 2007 wurde eine ehemalige Krankenpflegekraft der Charité vom Berliner Landgericht wegen Mordes an fünf schwer kranken Patienten zu einer lebenslangen Freiheitsstrafe verurteilt.
Sie hatte in 2005 und 2006 ihre Patienten im Alter zwischen 48 und 77 Jahren aus niedrigen Beweggründen und heimtückisch mit einer Überdosis von Medikamenten getötet.
Die Richter warfen der Pflegekraft vor, dass sie sich als Herrin über Leben und Tod aufgespielt hat.
Außerdem haben Zeugen berichtet, dass sie im Beisein von Kollegen einige Patienten geschlagen habe. „Das ist nicht nur erbärmlich, das ist eindeutig Gewalt und strafbar", sagte der Vorsitzende Richter Peter Faust.

1 | Mord an Patienten

2.1 Strafrechtliche Normen

Das Strafrecht ist ein Teil des Öffentlichen Rechts. Der Staat wacht über die Einhaltung der strafrechtlichen Normen und verfolgt die Straftäter. Dem einzelnen Bürger wird dadurch die öffentliche Sicherheit und Ordnung garantiert.

Rechtsgüter wie die körperliche Unversehrtheit, das Leben und die Freiheit werden durch das Strafgesetzbuch (StGB) geschützt.

Daneben finden sich in unterschiedlichen Gesetzeswerken noch einzelne Straftaten beispielsweise im Betäubungsmittelgesetz oder im Infektionsschutzgesetz.

·•·Merke·····

Eine Straftat ist eine mit Strafe bedrohte menschliche Handlung.
Man unterscheidet:
Verbrechen nach § 12 Abs. 1 StGB → 1 Jahr Freiheitsstrafe oder darüber und
Vergehen nach § 12 Abs. 2 StGB → unter 1 Jahr Freiheitsstrafe oder Geldstrafe.

Eine Rechtsfolge der Tat ist die Bestrafung.
Neben der Freiheitsstrafe oder Geldstrafe kann das Strafgericht noch zusätzliche Auflagen oder Maßregeln wie das Berufsverbot oder die Entziehung der Fahrerlaubnis sowie das Zahlen eines Geldbetrages an eine gemeinnützige Einrichtung verhängen.

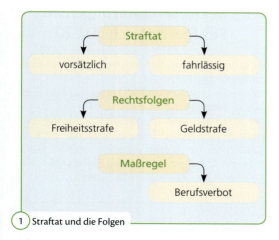

1 Straftat und die Folgen

●·Merke

Das Berufsverbot gemäß §§ 70 - 70b StGB:
Es wird vom Strafrichter neben einer Strafe für die Dauer von 1 bis 5 Jahren angeordnet. Ausnahmsweise kann es für immer angeordnet werden, wenn die Höchstfrist von 5 Jahren zur Abwehr der vom Täter drohenden Gefahr nicht ausreicht. Nach einem Jahr kann das Berufsverbot zur Bewährung ausgesetzt werden. Der Richter bestimmt dann eine Bewährungsfrist. Zeiten freiheitsentziehender Maßnahmen (z. B. Unterbrechung durch Gefängnisaufenthalt) werden nicht angerechnet.

Rechtsprechung zum Berufsverbot

Fall 1

2008 wurde eine Altenpflegerin vom Amtsgericht München wegen Misshandlung einer demenzkranken, 83 Jahre alten Heimbewohnerin zu 22 Monaten Bewährungsstrafe mit Berufsverbot verurteilt. Die 37 jährige hat die ihr anvertraute alte Frau wochenlang mehrmals täglich in ihrem Rollstuhl umgekippt und ihr massive Prellungen zugefügt. Das Urteil ist bereits rechtskräftig.

Fall 2

1996 hat das Amtsgericht Tiergarten/Berlin gegen einen 40-jährigen Altenpflegehelfer ein fünfjähriges Berufsverbot und eineinhalb Jahre Haft auf Be-

währung wegen der Misshandlung von drei Senioren verhängt. Der Pflegehelfer hatte im April 1994 in einem Berliner Altenheim einer schlafenden Bewohnerin mit einem Besen über das Gesicht gefegt und ihr anschließend Wasser ins Gesicht geschüttet. Einen blinden Mann hatte der Pfleger geschlagen. Der Angeklagte hatte die Taten bestritten. Das Gericht stützte die Strafe auf die „schlüssige und widerspruchsfreie" Aussage einer Kollegin. Diese hatte die Vorfälle gesehen und sie der Heimleitung gemeldet.

Allgemeine Strafbarkeitsvoraussetzungen

Um einen Menschen bestrafen zu können, müssen die im Grundgesetz vorgegebenen allgemeinen Strafbarkeitsvoraussetzungen beachtet werden:

- **Genauigkeitsgarantie** gemäß Art. 103 Abs. 2 GG, §§ 1,2 Abs. 1 StGB, d. h. die Strafgesetzgebung muss in einer genauen Regelung die Handlung für strafbar erklären.
- **Rückwirkungsverbot**, d. h. Taten können nicht rückwirkend unter Strafe gestellt und Strafen nicht rückwirkend verschärft werden. Dieses gilt jedoch nur für strafverschärfende Gesetze, nicht für strafmildernde.
- **Wiederholungsverbot** gemäß Art. 103 Abs. 3 GG, d. h. niemand darf wegen derselben Tat ein zweites Mal bestraft werden.

Individuelle Strafbarkeitsvoraussetzungen

Neben den oben genannten verfassungsrechtlichen allgemeinen Grundsätzen muss der Täter auch die individuellen Strafbarkeitsvoraussetzungen erfüllen.

Folgende Prüfungsreihenfolge hilft der Pflegekraft bei der Beantwortung der Frage, ob sie sich bei einem bestimmten Tun oder bei Unterlassen einer Handlung möglicherweise strafbar gemacht hat.

Strafbar oder nicht strafbar ?

1. **Sachverhalt darstellen:**
   der konkrete Ablauf des Geschehens wird objektiv geschildert
2. **objektiver Tatbestand:**
   welche Straftaten sind objektiv durch das Handeln der Pflegekraft verwirklicht worden?
3. **subjektiver Tatbestand:**
   hat die Pflegekraft fahrlässig oder vorsätzlich gehandelt? Welche inneren Beweggründe liegen vor?

4. **Rechtswidrigkeit:**
   kann die Pflegekraft sich auf einen gesetzlichen Rechtfertigungsgrund für ihr Handeln berufen, beispielsweise auf eine Einwilligung, auf einen rechtfertigenden Notstand oder auf eine Notwehrlage?
5. **Schuld/Verschulden** zum Tatzeitpunkt
6. **Strafantrag:** Ist ein Strafantrag erforderlich und gestellt worden?

Tun oder unterlassen

vorsätzlich

Körperverletzung
Nötigung
Freiheitsberaubung
Mißhandlung von Schutzbefohlenen
Aussetzung
Beleidigung
Tötung, Mord, Tötung auf Verlangen
Schweigepflichtverletzung

Rechtswidrigkeit

Rechtfertigungsgründe:
Einwilligung durch den betroffenen Patienten
Einwilligung durch den Betreuer/Bevollmächtigten
mutmaßliche Einwilligung im Notfall
§ 32 StGB Notwehr
§ 34 StGB Notstand
Psych KG und FamFG

Schuld

§ 20 StGB Schuldunfähigkeit Erwachsener
§ 21 StGB verminderte Schuldfähigkeit Erwachsener

Schuldformen

Vorsatz   Fahrlässigkeit

Strafverfolgungsvoraussetzungen

Strafantrag gemäß § 194 und § 230 StGB
Verfolgungsverjährung (§§ 78 ff. StGB)

1 Strafbarkeit einer Handlung

2.2 Begriffserläuterungen im Strafgesetzbuch (StGB)

Im Allgemeinen Teil des Strafgesetzbuches werden zahlreiche Begriffe erklärt.
Strafrechtlicher Tatbestand: objektiver und subjektiver Tatbestand
Der Straftatbestand ist die im Gesetzestext beschriebene menschliche, strafbare Handlung z. B. in § 223 StGB die Körperverletzung oder in § 203 StGB die Schweigepflicht. Es sind die Tatsachen, die für eine Strafverfolgung erheblich sind.

2 Die Garantenstellung der Pflegekraft

Strafrechtliches Handeln: Tun oder Unterlassen
Die Tat kann durch aktives Tun oder durch Unterlassen einer gebotenen Handlung verwirklicht werden.
Das Unterlassen ist nur strafbar, wenn der Täter eine **Garantenstellung** innehat.
Pflegekräfte und die Träger eines Krankenhauses oder einer Betreuungseinrichtung haben Obhuts- und Verkehrssicherungspflichten für ihre Patienten oder Bewohner. Sie sind somit Beschützer- und Überwachungsgaranten.
Folglich stellt das Unterlassen von Lagerungsmaßnahmen durch eine Pflegekraft beim dekubitusgefährdeten Bewohner eine strafbare Körperverletzung dar.
Bereits der **Versuch** einer Straftat kann strafbar sein, wenn das Gesetz dieses bestimmt oder es sich um ein Verbrechen handelt.
Beispielsweise die versuchte Tötung der sich im wachkomatösen Zustand befindlichen Bewohnerin durch den Abbruch der indizierten künstlichen Ernährung.

○ Info

Der Kemptener Fall „Frau E."

Die 70-jährige Frau E. litt an einem ausgeprägten hirnorganischen Psychosyndrom im Rahmen einer präsenilen Demenz mit Verdacht auf Alzheimer-Krankheit. Sie befand sich in der Pflegeabteilung eines Heimes. Durch einen Anfang September 1990 erlittenen Herzstillstand mit anschließender Reanimation war sie irreversibel schwerst cerebral-geschädigt. Sie war fortan auf künstliche Ernährung per Sonde angewiesen. Frau E. war seit Ende 1990 nicht mehr ansprechbar, geh- und stehunfähig und reagierte auf optische, akustische und Druckreize lediglich mit Gesichtszuckungen oder Knurren. Anzeichen für Schmerzempfinden bestanden nicht.

Anfang 1993 schlug der behandelnde Arzt Dr. T. dem Sohn der Frau E. vor, die Sondenernährung einzustellen und lediglich Tee zu verabreichen. Dadurch würde der Tod bei Frau E. binnen zwei bis drei Wochen eintreten, ohne dass sie leiden müsse. Dr. T. schrieb dann, ohne mit dem Pflegepersonal gesprochen zu haben, folgende Eintragung ins Verordnungsblatt: „Im Einvernehmen mit Dr. T. möchte ich, dass meine Mutter nur noch mit Tee ernährt wird, sobald die vorhandene Flaschennahrung zu Ende ist oder aber ab dem 15.03.93." Der Sohn und Dr. T. unterschrieben die Anweisung ans Pflegepersonal. Dieses leistete der Anordnung keine Folge. Der Pflegedienstleiter informierte hingegen das Betreuungsgericht in Kempten.

Nach Anhörung eines Sachverständigen und der Inaugenscheinnahme der Betroffenen versagte das Gericht die Genehmigung zur Umstellung der Ernährung auf Tee.

Die Behandlung der Frau E. wurde daraufhin von einem anderen Arzt übernommen. Frau E. starb am 29.12.93 infolge eines Lungenödems.

Das LG Kempten hatte in 1. Instanz den Sohn der Frau E. und Dr. T. wegen versuchtem Totschlag schuldig gesprochen und zu Geldstrafen verurteilt.

Täterschaft oder Teilnahme

Die Tat kann durch einen Täter oder durch mehrere begangen werden. Das Strafgesetzbuch unterscheidet grundsätzlich die Täterschaft und die Teilnahme.

- **Täter:** Täter kann eine natürliche Person sein, die die Tat selbst oder durch eine andere Person (mittelbare Täterschaft) begeht. Hierbei bedient er sich bei der Tatausführung einer nichtsahnenden Person als „willenloses Werkzeug".
- **Mittäter:** Mehrere Personen begehen eine Tat gemeinschaftlich, sozusagen arbeitsteilig.
- **Beihilfe:** Eine Person hilft dem Täter bei der Tatausführung. Beispielsweise die Kollegin des Altenpflegers P steht „Schmiere" während er sich Betäubungsmittel aus dem Giftschrank einsteckt, um diese in der Drogenszene zu verkaufen.
- **Anstiftung:** Eine Person bestimmt den Täter zu seiner vorsätzlichen und rechtswidrigen Tat.

Schuldformen: Vorsatz oder Fahrlässigkeit

Der Täter kann die im Gesetz beschriebenen Tathandlungen vorsätzlich oder fahrlässig begehen.

Vorsatz bedeutet, dass der Täter mit Wissen und Wollen die Straftat begangen hat. Es reicht allerdings aus, wenn der Täter bestimmte Tatfolgen „billigend in Kauf" nimmt, obwohl er diese nicht wünscht.

Das **fahrlässige Handeln** ist nur strafbar, wenn es im Gesetz geregelt ist.

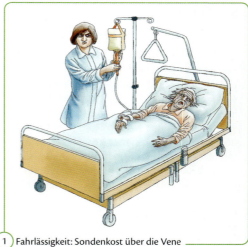

1 Fahrlässigkeit: Sondenkost über die Vene

Es wird zwischen der unbewussten und der bewussten Fahrlässigkeit unterschieden.

- **Unbewusste Fahrlässigkeit:** Der Täter sieht z. B. den Tod des Patienten durch die Verabreichung eines falschen Medikaments nicht voraus, er könnte sich aber der Gefahr und der Möglichkeit des eintretenden Todes bewusst sein, hätte er nachgedacht.
- **Bewusste Fahrlässigkeit:** Der Täter denkt über die Gefährlichkeit seines Handelns und die Möglichkeit des Eintritts des Taterfolges nach, hofft aber darauf, dass es gut gehen wird.
  Beispielsweise die unausgebildete Pflegehelferin verabreicht eine i. m. Injektion. Sie erkennt zwar die Möglichkeit einer Verletzung, aber hofft darauf, dass diese ausbleibt.

2.3 Rechtfertigungsgründe als Schutz vor Bestrafung

Das Handeln, welches den objektiven und subjektiven Tatbestand erfüllt, wird nur bestraft, wenn es rechtswidrig ist.

Liegen Rechtfertigungsgründe vor, ist die Bestrafung ausgeschlossen.

Für das Handeln der Pflegekraft sind **drei Rechtfertigungsgründe** von Bedeutung:

- Die Einwilligung nach § 228 StGB
- Der rechtfertigende Notstand nach § 34 StGB
- Die Notwehr oder Nothilfe nach § 32 StGB

2.3.1 Einwilligung durch den Patienten oder Bewohner

> **Praxisfall 3**
>
> Bei Herr M. liegt eine langjährige Diabeteserkrankung mit auffälligen Durchblutungsstörungen am rechten Bein vor. Eine Fraktur infolge eines Sturzes muss operativ im Krankenhaus behandelt werden. Zurück im Pflegeheim möchten Sie einerseits Maßnahmen zur Dekubitusprophylaxe und andererseits die Wundversorgung nach ärztlicher Anordnung durchführen. Außerdem geben Sie Herrn M. täglich seine Insulininjektionen.
> Er ist mit sämtlichen Maßnahmen einverstanden.

Die Pflegekraft führt neben den ureigenen Pflegetätigkeiten die ärztlich angeordneten medizinischen Behandlungen durch. Diese stellen strafrechtlich gesehen gemäß § 223 StGB eine Körperverletzung dar.

Durch die Einverständniserklärung des Patienten oder Bewohners ist das Handeln der Pflegekraft erlaubt und bleibt straffrei.

> **● Merke**
>
> **§ 228 StGB Einwilligung**
> Wer eine Körperverletzung mit Einwilligung der verletzten Person vornimmt, handelt nur dann rechtswidrig, wenn die Tat trotz der Einwilligung gegen die guten Sitten verstößt.

Der Verzicht auf das geschützte Interesse muss rechtlich zulässig sein. Folglich ist die Einwilligung nur möglich, wenn das betreffende Rechtsgut wie beispielsweise die körperliche Unversehrtheit in vollem Umfang der Disposition des Bewohners/Patienten unterworfen ist.

Verzichtbar sind grundsätzlich die Rechtsgüter Freiheit, Ehre, körperliche Unversehrtheit (beachte § 226a StGB), die Intimsphäre, das Eigentum und Vermögen (beachte §§ 304, 306, 308 StGB).

Unverzichtbar sind die Rechtsgüter der Allgemeinheit sowie das höchstpersönliche Rechtsgut „Leben". Daher kann der Bewohner/Patient nicht in seine Tötung rechtfertigend einwilligen. Tötung auf Verlangen ist strafbar.

Der Einwilligende muss verfügungsberechtigt sein. Die Einwilligung muss vom betroffenen Patienten oder Bewohner bzw. von seinem befugten Vertreter vor der Maßnahme erteilt worden sein und bei deren Vornahme noch bestehen. Eine nachträgliche Zustimmung genügt nicht.

Der Zustimmende muss einwilligungsfähig sein, d.h. er muss nach seiner geistigen und sittlichen Reife imstande sein, die Bedeutung und die Tragweite des Rechtsgutsverzichtes zu erkennen und sachgerecht zu beurteilen.

Bei mangelnder Einsichtsfähigkeit muss die Zustimmung des gesetzlichen Vertreters vorliegen.

Es kommt nicht auf die Geschäftsfähigkeit im Sinne des BGB an. Ein bestimmtes Alter ist dafür nicht erforderlich. Daher können u.U. auch Jugendliche bei bestimmten Behandlungen selbst einwilligen, wenn sie die erforderliche geistige Reife besitzen.

• Merke

Entscheidend ist, dass der Einwilligende nach seiner Verstandesreife und Urteilsfähigkeit das Wesen, die Tragweite und die Auswirkungen des Eingriffs bzw. der jeweiligen Behandlungs- und Pflegemaßnahme voll erfasst. Die Beurteilung der Einwilligungsfähigkeit obliegt im Zweifelsfalle dem Facharzt der Psychiatrie.

Menschen im wachkomatösen Zustand oder mit einer fortgeschrittenen Demenzerkrankung sind offensichtlich einwilligungsunfähig.
Bei Bewohnern mit einer beginnenden demenziellen Veränderung kann die Einwilligungsfähigkeit je nach Tageszeit und vor allem je nach Behandlungsmaßnahme wechselnd vorhanden sein.

Kundgabe der Einwilligung

- Die Einwilligung muss ausdrücklich oder konkludent (schlüssig) kundgetan werden. Die innere Zustimmung genügt nicht. Bis zur Durchführung der Behandlungs- oder Pflegemaßnahme ist die Einwilligung frei widerruflich.

- Die Einwilligung darf nicht an wesentlichen Willensmängeln leiden. Daher ist eine Einwilligung, die auf der Verletzung der ärztlichen Aufklärungspflicht oder auf einem Irrtum beruht oder durch Nötigung erzwungen wurde, unwirksam.

Die Aufklärung über eine medizinische Behandlung ist ureigene ärztliche Tätigkeit und darf nicht an die Pflegekraft delegiert werden. Der Arzt hat mit dem Patienten ein Aufklärungsgespräch zu führen. Dieses muss verständlich und rechtzeitig stattfinden, d.h. der Patient soll ausreichend Zeit haben zur Entscheidungsfindung. Bei operativen oder endoskopischen Eingriffen beträgt diese Bedenkzeit in der Regel mindestens einen Tag.

1 Aufklärungsgespräch

Laut BGH soll der Patient „eine Nacht darüber schlafen können". Die Aufklärung zwischen „Tür und Angel" auf dem Weg zum Operationstisch oder lediglich die Vorlage eines Aufklärungsformulars ohne individuelle Erläuterungen im Arztgespräch reicht nicht aus. Der Behandlungseingriff würde in einem derartigen Fall eine rechtswidrige Körperverletzung bleiben.

Für die Aufklärung hat der Arzt die volle Verantwortung zu übernehmen. Die Pflegekraft darf lediglich ein pflegefachliches Informationsgespräch und kein ärztliches Aufklärungsgespräch führen.

• Merke

Die Einwilligung rechtfertigt niemals ein fehlerhaftes Handeln des Arztes oder der Pflegekraft. Die Aufklärung bezieht sich lediglich auf ein mögliches Risiko bei sorgfältigem Handeln.

Die Einwilligung in eine Behandlungsmaßnahme ist keine rechtsgeschäftliche Willenserklärung, sondern eine „Gestattung oder Ermächtigung zur Vornahme tatsächlicher Handlungen". Folglich reicht die Urteilskraft eines beschränkt Geschäftsfähigen aus.

Einwilligungserklärung durch eine vertretungsbefugte Person bei einwilligungsunfähigen Patienten oder Bewohner

> **○ Praxisfall 4**
>
> Die an fortgeschrittenem Morbus Alzheimer erkrankte Frau D. verweigert die Durchführung der erforderlichen Maßnahmen zur Dekubitusprophylaxe. Es entsteht ein Dekubitus Grad II. Sie halten den Verlauf fotodokumentarisch fest.

> **○ Praxisfall 5**
>
> Herr C. ist seit Jahren an einer Psychose aus dem schizophrenen Formenkreis und an Diabetes erkrankt. Die ärztlich verordneten Medikamente nimmt er unregelmäßig. Heute lehnt er sogar die täglich erforderliche Insulinspritze ab. Man wolle ihn damit nur vergiften. Schließlich sei er doch kerngesund.

Ist der Patient oder Bewohner aufgrund seines Geisteszustandes nicht in der Lage, die Tragweite und Folgen der Behandlungs- und Pflegemaßnahmen zu erfassen und somit einwilligungsunfähig, so handelt und entscheidet für ihn eine andere Person. Um eine rechtswirksame Einwilligungserklärung abgeben zu können, muss diese Person im Aufgabenbereich der Gesundheitsangelegenheiten vertretungsbefugt sein.

Bei Minderjährigen sind die Sorgeberechtigten gesetzlich legitimierte Stellvertreter. In der Regel sind es die Eltern, die über die medizinische Behandlung des Kindes bzw. Jugendlichen bestimmen.
Bei Volljährigen können bevollmächtigte Personen oder vom Betreuungsgericht bestellte rechtliche Betreuer mit dem Aufgabenkreis der Gesundheitsfürsorge über die Behandlungsmaßnahmen der einwilligungsunfähigen Patienten oder Bewohner entscheiden.

> **● Merke**
>
> Bei den volljährigen Patienten bzw. Bewohner gibt es zwei Möglichkeiten der Vertretungsbefugnis:
> - die gesetzliche Stellvertretung durch die rechtliche Betreuung.
> - die gewillkürte Stellvertretung durch die Bevollmächtigung

Die Angaben und Äußerungen von Angehörigen sind lediglich als Anhaltspunkte bei der Ermittlung des mutmaßlichen Willens des Patienten heranzuziehen.

> **● Merke**
>
> Angehörige sind ohne Bevollmächtigung oder Bestellung als rechtliche Betreuer nicht vertretungs- und damit nicht entscheidungsbefugt!

Die Stellvertreter entscheiden zum Wohl und gemäß dem mutmaßlichen Willen des Patienten bzw. des Bewohners.

1 Einwilligung bei einwilligungsunfähigen Patienten

Hierfür bilden die Äußerungen des Patienten, welche er zu Zeiten seiner bestehenden Einwilligungsfähigkeit entweder schriftlich (siehe Patientenverfügung) oder mündlich getätigt hat sowie sein Verhalten in der Situation selbst, eine wichtige Grundlage.

Hinzugezogen werden fernerhin Angaben von Bezugspersonen, Erkenntnisse aus der Biographiearbeit und die religiöse Werthaltung des Patienten.

2.3.2 Der rechtfertigende Notstand gemäß § 34 StGB

·○· Praxisfall 6 ·······

Bei einem frisch operierten Patienten tritt ein sogenanntes Durchgangssyndrom auf. Er ist verwirrt und motorisch sehr unruhig. Eine ordnungsgemäße Wundversorgung ist daher nicht möglich, da er den Verband mit dem Drainageschlauch immer wieder entfernt. Seine Hände werden daraufhin mit einem Gurtsystem fixiert und sein Bett mit einem unüberwindbaren Fallschutz (Bettgitter) versehen.

·○· Praxisfall 7 ·······

Die verwirrte, insulinpflichtige Frau A. verlässt am Heilig Abend leicht bekleidet in einem unbemerkten Moment die Betreuungseinrichtung. Sie ist zur Abendessenszeit nicht zurück. Die Wohnbereichsleitung informiert die Polizei und gibt ihnen persönliche Daten der Frau A. für eine Suchaktion weiter.

Wenn eine Notstandslage im Sinne des rechtfertigenden Notstandes vorliegt, bleibt das Handeln der Pflegekraft straffrei.

In dieser Notstandssituation verletzt die Pflegekraft ein Rechtsgut des Patienten/Bewohners, um ein anderes höherrangiges Rechtsgut, beispielsweise sein Leben, zu schützen.

Voraussetzung für den rechtfertigenden Notstand:

- eine gegenwärtige Gefahr für Leib, Leben oder Freiheit
- Selbst- oder Fremdgefährdung
- geeignete und erforderliche Gefahrenabwehr durch einen Eingriff in fremde Rechtsgüter oder Interessen. Es darf kein milderes Mittel als diese Notstandshandlung geben.
- Verhältnismäßigkeit der Gefahrenabwehr (das geschützte Interesse überwiegt das beeinträchtigte wesentlich)
- die Handlung ist ein angemessenes Mittel der Gefahrenabwehr

1 Pflegekraft verletzt die Schweigepflicht im rechtfertigenden Notstand

Bei der Notstandshandlung wird in der Regel von einer mutmaßlichen Einwilligung des Patienten/Bewohners ausgegangen.

Es handelt sich um Not- und Eilfälle, in welchen Gefahr im Verzug ist und die Erteilung der tatsächlichen Einwilligung nicht abgewartet werden kann.

Die Maßnahme, welche die Pflegekraft ergreift, liegt bei objektiver Beurteilung als „rechtes Mittel zum rechten Zweck" im Interesse des Betroffenen.

Die handelnde Pflegekraft gelangt nach pflichtgemäßer Prüfung zur Überzeugung, dass die Maßnahme dem mutmaßlichen Willen des Patienten/Bewohners entspricht.

Demzufolge ist der Eingriff in die Bewegungsfreiheit des Patienten durch die Fixierung und den unüberwindbaren Bettseitenschutz im Praxisfall 6 gerechtfertigt, weil die Pflegekraft dadurch das höherrangige Rechtsgut Leben schützt oder zumindest eine schwerwiegende Gesundheitsschädigung verhindert.

Ebenso liegt im Praxisfall 7 ein rechtfertigender Notstand vor, in dem die Pflegekraft zwar die geschützten Daten der Bewohnerin an die Polizei weitergibt und damit die strafrechtlich verankerte Schweigepflicht bricht, jedoch mit dem Ziel, den Tod der desorientierten, insulinpflichtigen Bewohnerin zu verhindern.

Besonderheiten gelten in folgenden Situationen:

○ Praxisfall 8

Die einwilligungsunfähige Bewohnerin Frau D., die seit Jahren an einer schweren Depression leidet, hat sich bei einem Suizidversuch lebensgefährliche Verletzungen zugezogen. Die Pflegenden finden sie stark blutend am Boden liegend vor. Als sie Hilfe leisten möchten, reagiert die in ihrem Bewusstsein bereits getrübte Frau D. äußerst aggressiv, so dass sie ihr nicht den blutstillenden Druckverband anlegen können. Daraufhin legen sie sie ins Bett und fixieren sie, damit sie sie notfallmäßig versorgen können. Außerdem wird umgehend der Notarzt herbeigerufen, der die Verlegung in die Klinik anordnet. Dort werden bei Frau D. weitere diagnostische Maßnahmen (Röntgenaufnahmen, Laboruntersuchung) und aufgrund des hohen Blutverlustes eine Bluttransfusion vorgenommen. Diese Maßnahmen erfolgen alle ohne Einwilligung des rechtlichen Betreuers, da dieser nicht erreichbar ist.

Wenn ein entgegenstehender Wille des Betroffenen bekannt ist z.B. in einer Betreuungsverfügung oder bei Zeugen Jehovas, die jegliche Bluttransfusionen selbst bei akuter Lebensgefahr ablehnen, muss diesem Willen gefolgt werden.

Der Selbsttötungsversuch ist selten als ein der Lebensrettung entgegenstehender Wille zu werten, da beispielsweise aufgrund einer psychischen Erkrankung die Suizidhandlung häufig nicht auf einem freien Willensentschluss beruht. Spätestens bei Eintritt der Bewusstlosigkeit erwacht gemäß der Rechtssprechung des Bundesgerichtshofes (BGH) der Lebenswille des Suizidenten und lebensrettende Maßnahmen sind einzuleiten.

Bei Personen, die nicht aufgeklärt werden und somit nicht einwilligen können in eine Maßnahme, weil sie entweder bewusstlos sind oder weil bei bestehender rechtlicher Betreuung der zuständige gesetzliche Vertreter nicht erreichbar ist, stellt sich die Frage, ob die vom Arzt vorgeschlagene Behandlungsmaßnahme dringlich und unaufschiebbar ist,

so dass sie gegebenenfalls als Notstandsmaßnahme sogar gewaltsam durchgeführt werden darf.

1 Einwilligungsunfähige Patientin

Im Praxisfall 8 handelt es sich um eine Notfallsituation, in der für die Bewohnerin dringende Behandlungsnotwendigkeit besteht. Demgemäß sind die durchgeführten Maßnahmen der Pflegenden und der Ärzte durch eine mutmaßliche Einwilligung gerechtfertigt.

Diese ist gegenüber der echten Einwilligung durch den Betroffenen selbst oder durch den rechtlichen Betreuer bzw. durch den Bevollmächtigten untergeordnet. Sie beruht auf der gewohnheitsrechtlichen Anerkennung und umfasst alle lebensrettenden Maßnahmen, vorausgesetzt der Betroffene würde in dieser Situation in diese Maßnahme einwilligen (hypothetischer Wille).

Gehörte Frau D. beispielsweise der Religionsgemeinschaft der Zeugen Jehovas an, so ist davon auszugehen, dass sie aufgrund ihrer religiösen Überzeugung in eine lebensrettende Bluttransfusion nicht einwilligen würde. Folglich wäre diese Maßnahme nicht durch eine mutmaßliche Einwilligung gerechtfertigt.

● Merke

Wenn ein rechtlicher Betreuer oder Bevollmächtigter des Patienten/Bewohners einwilligt, liegt eine echte Einwilligung vor und es finden keine Notstandshandlungen statt.

2.3.3 Notwehr / Nothilfe gemäß § 32 StGB

In der Altenpflege sehen sich Pflegekräfte häufig Angriffen durch verwirrte Patienten bzw. Bewohner ausgesetzt. Wehrt eine Pflegekraft einen solchen gegenwärtigen Angriff von sich oder einer anderen angegriffenen Person ab, wendet sie hierbei Gewalt gegen den angreifenden Patienten bzw. Bewohner an und verletzt ihn möglicherweise.

1 Notwehrsituation in der Pflege

Ist in dieser Situation eine Notwehrlage und Notwehrhandlung gegeben, so ist diese Gewalthandlung gemäß § 32 StGB gerechtfertigt und die Pflegekraft kann nicht wegen der Körperverletzung bestraft werden.

2 Notwehr gemäß § 32 StGB

Die rechtfertigende Notwehr oder Nothilfe setzt eine Notwehrlage und eine Notwehrhandlung voraus.

Die **Notwehrlage** ist gegeben, wenn ein rechtswidriger, gegenwärtiger Angriff des Patienten oder Bewohners gegen die Pflegekraft oder gegen eine andere Person (Nothilfe) vorliegt.

Definitionen:
- **Angriff:** jede Gefährdung oder Verletzung rechtlich geschützter Interessen durch einen Menschen.
- **gegenwärtig:** unmittelbar bevorstehend, gerade stattfindend oder noch andauernd.
- **rechtswidrig:** gegen geltendes Recht verstoßend; auch der Angriff von Geisteskranken und Kindern ist rechtswidrig.

Die **Notwehrhandlung** beinhaltet eine erforderliche Verteidigungshandlung der Pflegekraft und muss von ihrem Verteidigungswillen getragen sein.

Es darf **kein Rechtsmissbrauch**, d. h. kein unerträgliches Missverhältnis zwischen dem Angriff und der Abwehrhandlung vorliegen. Dem Angriff ausweichen geht vor. Die angegriffene Pflegekraft darf sich folglich nur in dem Umfange wehren, wie es notwendig ist, um den Angriff endgültig zu beenden.

Merke

Jede Pflegekraft darf sich vor Angriffen auf ihre Gesundheit und körperliche Integrität sowie auf ihr Leben schützen und diese Angriffe abwehren.

Wegen der Verletzungen, die der angreifende Patient bzw. Bewohner durch die Notwehrhandlung erlitten hat, kann es in der Folge zu einem strafrechtlichen Ermittlungsverfahren gegen die Pflegekraft kommen. Häufig sind es Angehörige oder die rechtlichen Betreuer, die diesbezüglich die Staatsanwaltschaft einschalten.

Daher sollten Pflegekräfte folgende Regeln beachten:
- bereits im Vorfeld sind jegliche Verhaltensauffälligkeiten des Patienten bzw. Bewohners zu dokumentieren.

- Das Notwehrereignis inklusive der möglicherweise vorhandenen Augenzeugen sind zeitnah und objektiv zu dokumentieren
- Verletzungen aller beteiligten Personen sind ärztlich festzustellen und zu dokumentieren

Eine den Sorgfaltsmaßstäben entsprechende Pflegedokumentation dient in diesem Falle der Beweissicherung und schützt die Pflegekraft vor einer ungerechtfertigten Strafverfolgung.

2.3.4 Gesetzliche Pflichten als Rechtfertigungsgrund

Pflegekräfte und Ärzte sind in besonderen Situationen durch Gesetze gezwungen, in die Grundrechte Freiheit, Unverletzlichkeit der Wohnung, in das Brief-, Post- und Fernmeldegeheimnis und in die informationelle Selbstbestimmung des Patienten einzugreifen. Dieses kann in einem solchen Fall gegen den ausdrücklichen Willen der Person geschehen.

Unterbringung und Zwangsbehandlung nach PsychKG
Diesbezüglich finden sich in den einzelnen Landesgesetzen für psychisch kranke Personen wie dem Gesetz über Hilfen und Schutzmaßnahmen bei psychischen Kranken in NRW (PsychKG NW) Rechtsgrundlagen zur Zwangseinweisung und Zwangsbehandlung.

Gemäß § 30 Infektionsschutzgesetz (IfSG) ordnet die Behörde bei bestimmten Infektionskrankheiten eine Absonderung des Patienten in einem Krankenhaus an. Diese freiheitsentziehende Quarantänemaßnahme kann mit staatlicher Gewalt zum Schutze der Allgemeinheit durchgesetzt werden.

Gesetzliche Anzeige-, Mitteilungs- und Meldepflichten
Verschiedene Gesetze verpflichten Ärzte zur Weitergabe von Daten des Patienten ohne dass dessen Einwilligung vorliegt. Demzufolge sind die im Infektionsschutzgesetz näher bestimmten Infektionen den staatlichen Behörden zu melden.

Nach § 28 Personenstandsgesetz ist der Tod eines Menschen zu melden.

Die Geburt eines Menschen ist ebenfalls der Behörde anzuzeigen.

2.4 Straftatbestände in der altenpflegerischen Arbeit

Durch das Handeln der Pflegekräfte werden insbesondere die Straftaten gegen das Leben, die körperliche Unversehrtheit, die persönliche Freiheit, die Verletzung des persönlichen Lebens- und Geheimbereichs sowie Urkundendelikte tangiert.

2.4.1 Körperverletzung § 223 StGB

Nach § 223 StGB begeht eine Körperverletzung, wer eine andere Person körperlich misshandelt oder an der Gesundheit schädigt. Der Versuch ist strafbar.

Eine Selbstschädigung oder Selbstverletzung ist nicht strafbar.

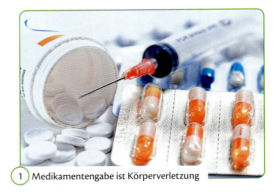

1 Medikamentengabe ist Körperverletzung

§ 223 StGB schützt das körperliche Wohl des Patienten oder Bewohners durch den Schutz seiner Gesundheit und seines physischen und psychischen Wohlbefindens.

Daher können körperliche und seelische Einwirkungen eine Körperverletzung darstellen.

Tatbestand der Körperverletzung
- Die körperliche Misshandlung oder
- Die Gesundheitsschädigung

Unter **körperlicher Misshandlung** versteht man eine üble, unangemessene Behandlung, durch die das Opfer in seinem körperlichen Wohlbefinden nicht nur unerheblich beeinträchtigt wird.

Eine strafbare Körperverletzung liegt demgemäß vor, wenn die Pflegekraft dem Patienten durch Schläge Wunden zufügt oder ihm gegen seinen Willen die Haare abschneidet oder gegen seinen Willen die Spritze verabreicht. Auch das Vorenthalten der Nahrung stellt eine derartige körperliche Misshandlung dar.

Unter einer Gesundheitsschädigung ist jedes Hervorrufen oder Steigern eines krankhaften Zustandes zu verstehen.

Hierunter fallen gesundheitliche Beeinträchtigungen infolge der fehlerhaften medizinischen Behandlung oder pflegerischen Versorgung, beispielsweise das Infizieren mit einer Krankheit wie Hepatitis oder AIDS.

Auch eine Verschlimmerung oder Aufrechterhaltung von Schmerzzuständen kann eine Gesundheitsschädigung im Sinne des § 223 StGB darstellen.

Das Unterlassen einer gebotenen Pflegehandlung bzw. medizinischen Versorgung kann ebenfalls den Tatbestand der Körperverletzung verwirklichen.

Demzufolge macht sich die Pflegekraft wegen Körperverletzung strafbar, wenn sie beim Bewohner Symptome eines Schlaganfalls wahrnimmt, jedoch keinen Arzt informiert, so dass die Gesundheit des Bewohners sich verschlechtert, weil die erforderliche medizinische Behandlung ausbleibt.

Ebenso liegt eine Körperverletzung durch Unterlassen vor, wenn die Pflegekraft bei einer Injektion nicht die erforderlichen Hygienemaßnahmen beachtet und der Patient dadurch einen Spritzenabszess erleidet.

> ● **Merke**
>
> Alle ärztlichen Eingriffe und Maßnahmen stellen grundsätzlich eine vorsätzliche Körperverletzung dar.
> Hierbei führen die Pflegekräfte im Rahmen der Delegation zahlreiche der vom Arzt angeordneten Behandlungsmaßnahmen durch und verwirklichen den Tatbestand der Körperverletzung nach § 223 StGB.

Das Vorliegen der oben genannten einschlägigen Rechtfertigungsgründe schließt die Rechtswidrigkeit der Körperverletzung und damit eine Bestrafung aus.

An erster Stelle ist hierbei die Einwilligung des Patienten in seine Behandlung zu nennen.

2.4.2 Fahrlässige Körperverletzung § 229 StGB

Kommt es aufgrund eines Behandlungs- oder Pflegefehlers zu einem Gesundheitsschaden beim Bewohner oder der Bewohnerin, dann liegt Körperverletzung vor, die seitens der handelnden Pflegekraft ohne Vorsatz begangen wurde.

Diese ist nach § 229 StGB ebenfalls strafbar.

Die Strafbarkeit ist durch die Einwilligung des Betroffenen nicht abwendbar, da der Bewohner oder der Patient zu einem fehlerhaften Pflegen und Behandeln niemals seine Zustimmung gibt.

Fahrlässige Körperverletzung durch Unterlassen:
Das OLG Karlsruhe hat 2004 einen Heimleiter und Pflegekräfte wegen fahrlässiger Körperverletzung verurteilt, da sie die erforderlichen Maßnahmen zur Dekubitusprophylaxe unterlassen haben, mit der Folge, dass bei der Bewohnerin ein Dekubitus Grad 3 aufgetreten war.
OLG Karlsruhe, Beschluss vom 06.09.2004, 1 Ss 84/04

1 Fahrlässige Körperverletzung

Folglich beinhaltet in der Regel jeder Behandlungsfehler des Arztes und jeder Pflegefehler der Altenpflegekraft auch eine strafbare fahrlässige Körperverletzung.

Trotzdem gibt es hierzu verhältnismäßig wenig Strafurteile. Dieses mag insbesondere darin begründet sein, dass die fahrlässige Körperverletzung ein sogenanntes Antragsdelikt darstellt. Demzufolge wird die Tat vom Staatsanwalt nur verfolgt, wenn der verletzte Bewohner oder Patient gemäß

§ 230 StGB einen Strafantrag stellt und damit explizit eine Strafverfolgung der Pflegekraft bzw. des Arztes möchte.

2.4.3 Aussetzung § 221 StGB

Wer einen Menschen, den er in seiner Obhut hat oder ihm sonst beizustehen verpflichtet ist, in eine hilflose Lage versetzt oder in einer hilflosen Lage im Stich lässt, und ihn dadurch der Gefahr des Todes oder einer schweren Gesundheitsschädigung aussetzt, kann mit Freiheitsstrafe bis zu 5 Jahren bestraft werden.

Es handelt sich um ein Lebens- und Gesundheitsgefährdungsdelikt, das ein vorsätzliches Handeln der Altenpflegekraft voraussetzt. Hierbei reicht es aus, wenn sie die Gefährdung der Bewohner durch ihr Tun oder Unterlassen billigend in Kauf nimmt.

Demzufolge verwirklicht eine Pflegekraft eine Aussetzung, wenn sie auf den Hilferuf des gestürzten Bewohners nicht reagiert und diesen dadurch in konkrete Todesgefahr bringt oder wenn sie untätig am Bett des kranken Bewohners verweilt, obwohl ein Arzt hinzugezogen werden müsste.

Eine Aussetzung liegt außerdem vor, wenn die allein diensthabende Pflegekraft in der Nacht den Wohnbereich verlässt, um eine Kollegin im Haus aufzusuchen und für ihre Bewohner nicht mehr erreichbar ist. Dieses stellt ein Imstichlassen in hilfloser Lage dar.

Da die Altenpflegekräfte Obhutspflichten und im strafrechtlichen Sinne eine Garantenstellung gegenüber den Bewohnern / Patienten haben, gehören sie zum potentiellen Täterkreis dieser Straftat.

···○··Info···

Fall einer Aussetzung nach § 221 StGB:

Das OLG Zweibrücken verurteilte 1997 eine Altenpflegerin zu einer Geldstrafe von rund 4.100,00 € wegen Aussetzung.

Die Altenpflegerin war beauftragt worden, eine 95 jährige Frau, die nach einem Schlaganfall linksseitig gelähmt war und deren Gesundheitszustand sich jederzeit akut verschlechtern konnte, in deren Wohnung pflegerisch zu betreuen. Bei der Patientin war mit plötzlichem Herzversagen oder einem weiteren Schlaganfall zu rechnen. Die Pflegekraft sollte daher das Schlimmste verhindern.

Entgegen der Vereinbarung hat die Altenpflegerin eines Abends um 20.30 Uhr die Patientin verlassen und kehrte erst am nächsten Morgen um 10.30 Uhr zur Patientin zurück.

Die Richter des OLG Zweibrücken stellten fest, dass die Altenpflegerin eine hilflose Person allein gelassen hat. Im Gegensatz zur „unterlassenen Hilfeleistung" setze diese Straftat der Aussetzung keinen Unglücksfall voraus.

Es genüge vorliegend die Gefahr, dass die Patientin einen Schlaganfall erleiden oder dass ein

plötzliches Herzversagen auftreten und zum Tod führen konnte, denn ohne sofortigen Notruf der Altenpflegerin wäre die Rettung unmöglich gewesen.

Mit dem Pflege- und Betreuungsauftrag hat die Altenpflegerin eine „besondere Rechtspflicht" übernommen.

Sie hat somit eine Garantenstellung im Sinne des Strafrechts inne.

Das Gericht wertet daher die Abwesenheit der Pflegerin, welche die Rettungschance der Patientin verringert hat, falls es zu einem Unglück gekommen wäre, als strafbares Vergehen.

Die Strafe sei gerechtfertigt, obwohl die Enkelin die Abwesenheit der Pflegerin bemerkt habe und ab 23.00 Uhr die Betreuung selbst übernommen habe.

Für die Straftat der Aussetzung reicht somit aus, dass die 95 jährige, akut gefährdete Patientin zweieinhalb Stunden lang einem erhöhten Risiko ausgesetzt war.

OLG Zweibrücken, Beschluss vom 18.08.1997, 1 Ss 159/97

2.4.4 Totschlag § 212 StGB

Pressemeldungen über die vorsätzliche Tötung von Patienten durch Pflegekräfte sorgen immer wieder für Aufmerksamkeit.

In diesen Fällen verabreichen Pflegekräfte einem Menschen, der sich zur Pflege in ihrer Obhut befindet, wissentlich und willentlich ein todbringendes Medikament.

> **⑤··Gesetz·**
>
> **§ 212 StGB**
> Wer einen Menschen tötet, ohne Mörder zu sein, wird als Totschläger mit Freiheitsstrafe nicht unter fünf Jahren bestraft.

Auffallend sind in derartigen Tötungsfällen, dass die Täter und Täterinnen sich in einer andauernden Überlastungssituation befunden haben.

Die emotionale Belastung durch die häufige Konfrontation mit Leiden und Tod, durch Leistungsdruck und Isolation im jeweiligen Arbeitsteam sowie mangelnde fachliche Begleitung durch die Einrichtungen können offensichtlich einzelne Pflegekräfte, die sich in ihrer Not nicht adäquate Hilfe holen, zum Täter werden lassen.

1 Überlastung

Meist nehmen Kollegen schon frühzeitig Auffälligkeiten im Verhalten und Handeln der Täter wahr. Trotzdem dauert es in der Regel viel zu lange, bis sie ihre Beobachtungen an die Vorgesetzten weiterleiten oder bis diese tätig werden. So kommt es immer wieder zu Tötungsserien durch eine einzelne Pflegekraft.

2.4.5 Mord § 211 StGB

Bei der strafrechtlichen Ahndung dieses vorsätzlichen Tötungsdelikts wird letztendlich untersucht ob es sich lediglich um einen Totschlag gemäß § 212 StGB handelt oder gar ein Mord im Sinne des § 211 StGB vorliegt.

Mörder werden mit lebenslanger Freiheitsstrafe bestraft.

> **⑤··Gesetz·**
>
> **§ 211 Abs. 2 StGB**
> Mörder ist, wer aus Mordlust, zur Befriedigung des Geschlechtstriebs, aus Habgier oder sonst aus niedrigen Beweggründen, heimtückisch oder grausam oder mit gemeingefährlichen Mitteln oder um eine andere Straftat zu ermöglichen oder zu verdecken, einen Menschen tötet.

Folglich ist bei der Differenzierung zwischen einem Totschlag oder einem Mord das Motiv sowie die Art und Weise der Tötung entscheidend.

> **○··Praxisfall 9·**
>
> Die Altenpflegerin G. hat sich in das Vertrauen der reichen Bewohnerin Frau R. eingeschlichen. Diese verfasst ein Testament zu Gunsten der Pflegerin G.. Diese soll im Falle des Ablebens der R. Alleinerbin des millionenschweren Vermögens der Bewohnerin werden.
>
> Die Pflegerin G. setzt in Erwartung dieser Erbschaft dem Leben der Bewohnerin R. ein jähes Ende. Während ihrem Nachtdienst betritt sie das Zimmer der schlafenden Bewohnerin R. und drückt ihr ein Kissen aufs Gesicht bis der Tod eintritt.
>
> Den Verdacht lenkt sie sodann auf die an einer schweren Demenz erkrankte Mitbewohnerin B., welche öfters sich nachts in fremde Zimmer begibt und dort zu anderen Bewohnern ins Bett kriecht.
>
> Habgierig schnappt sich die Pflegerin G. das Testament aus dem Schrankfach und legt es am nächsten Tag dem Nachlassgericht vor.

Die Altenpflegerin G. tötet aus Habgier. Somit wird sie für diese vorsätzliche Tötung gemäß § 211 StGB wegen eines Mordes bestraft.

Rechtlich schwieriger zu beurteilen sind dagegen die vorsätzlichen Tötungen, in welchen Pflegekräfte den schwerkranken Patienten oder den betagten Bewohner einer Betreuungseinrichtung angeblich aus Mitleid töten.

○ Praxisfall 10

Die Bewohnerin Frau S. hatte vor einem Jahr einen Schlaganfall erlitten. Seither ist sie halbseitig gelähmt, kann sich nicht mehr artikulieren und ist ans Bett gefesselt. Ernährt wird sie über eine Sonde.

Vor mehreren Monaten diagnostizierte der Arzt Darmkrebs im Endstadium bei Frau S. Untersuchungen wiesen zahlreiche Metastasen im Körper nach.

Der rechtliche Betreuer der Bewohnerin hatte daraufhin entschieden, dass lediglich eine palliativ-medizinische und pflegerische Betreuung stattfinden sollte. Eine Schmerzlinderung sollte im Vordergrund stehen.

Nachdem die Bewohnerin in der Nacht zum wiederholten Male wegen ihrer Schmerzen laut stöhnte, konnte die Altenpflegerin W. dieses Leiden nicht mehr mit ansehen.

Sie verabreicht der Frau S., die Schmerzlinderung erhofft, eine tödliche Spritze.

Wird die Altenpflegerin W. wegen einem Mord bestraft oder lediglich wegen einem Totschlag?

Frau W. hat einen Menschen vorsätzlich getötet. Möglicherweise hat sie heimtückisch die Tat begangen.

Gemäß der höchstrichterlichen Rechtsprechung ist **Heimtücke** gegeben, wenn die Arg- und Wehrlosigkeit des Opfers für die Tat ausgenutzt wird und eine feindselige Willensrichtung beim Täter vorliegt.

Glaubt der Täter zum Besten des Opfers zu handeln, kann Heimtücke im Einzelfall ausgeschlossen sein.

Im Praxisfall 10 hat die Altenpflegerin offensichtlich die Arg- und Wehrlosigkeit der Bewohnerin S., die lediglich mit einer schmerzlindernden Injektion rechnete und daher keine Gegenwehr zeigen konnte, bei der Tötung ausgenutzt.

Seitens des Strafgerichts muss daher untersucht werden, ob das Motiv „Mitleid" eine feindselige Willensrichtung bei der Pflegerin W. ausschließt. Hierzu werden psychiatrische und psychologische Gutachten eingeholt, welche die urteilenden Richter dann zu werten haben.

Hierbei spielt keine Rolle, dass die Bewohnerin Frau S. unheilbar krank ist und möglicherweise nur noch kurze Zeit zu leben hatte.

● Merke

Keine Pflegekraft darf sich als Herrin über Leben und Tod ihrer Bewohner oder Patienten erheben.

○ Literatur

Zum Fall Michaela Röder, dem sog. Todesengel von Wuppertal, ein Buch von Christiane Gibiec, „Tatort Krankenhaus. Der Fall Michaela Röder" J. H. W. Dietz Verlag, Bonn 1990;

2.4.6 Tötung auf Verlangen § 216 StGB

Dieser Straftatbestand erfordert, dass die Pflegekraft zum Tötungshandeln durch den Bewohner oder den Patienten bestimmt wird.

§ Gesetz

§ 216 Abs. 1 StGB
Ist jemand durch das ausdrückliche und ernstliche Verlangen des Getöteten zur Tötung bestimmt worden, so ist auf Freiheitsstrafe von sechs Monaten bis zu fünf Jahren zu erkennen.

Das Tötungsverlangen des Betroffenen muss ernstlich sein und zum Tatzeitpunkt noch vorliegen.
Die Rechtswidrigkeit der Tötung wird nicht durch die Einwilligung des Getöteten beseitigt.

Das grundgesetzlich verankerte Selbstbestimmungsrecht einer Person rechtfertigt nicht deren Tötung auf deren Verlangen.
Das Töten eines Menschen stellt immer eine strafbare Tat dar.

Von der strafbaren Tötung auf Verlangen ist die **straffreie Beihilfehandlung zum Suizid** zu unterscheiden.

Hinweis: Der Gesetzgeber arbeitet bereits seit 2006 an einem Gesetzesentwurf zur Strafbarkeit der gewerbsmäßigen Förderung der Selbsttötung. Es soll diesbezüglich § 217 ins Strafgesetzbuch eingefügt werden.

○ **Praxisfall 11**

Bei Frau K. wurde im Alter von 47 Jahren die Diagnose Multiple Sklerose festgestellt. Der Verlauf ist progredient. Bereits nach drei Jahren der Erkrankung kann Frau K. sich nur noch im Rollstuhl fortbewegen.

Die motorischen und sensorischen Fähigkeiten der Frau K. haben sich binnen weniger Monate sehr verschlechtert. Ihr Stimmungsbild ist labil. Sie zieht sich in die Wohnung zurück und pflegt kaum soziale Kontakte.

Bei der Körperpflege wird sie täglich durch den ambulanten Pflegedienst Humanitas unterstützt.

Angesichts dieser für Frau K. hoffungslosen Situation bittet sie die junge und noch unerfahrene Altenpflegeschülerin D. um Hilfe. Sie schildert ihr die aussichtslose Notlage und verlangt ein starkes Schlafmittel, damit sie endlich „Frieden" finden kann.

D. bringt Frau K. daraufhin Opiate mit, welche nach dem Versterben eines anderen Patienten in dessen Wohnung verblieben waren.

Einige Tage danach wird Frau K. morgens vom Pflegedienst tot aufgefunden. Sie ist nach Einnahme der Opiate an einer Atemdepression verstorben.

Hat Frau K. die Opiate in Tötungsabsicht aus freiem Willensentschluss heraus genommen, so hat sich Frau D. nicht wegen eines Tötungsdeliktes strafbar gemacht.

Da die Selbsttötung nicht strafbar ist, kann auch die Beihilfehandlung nicht bestraft werden.

Lag jedoch bei Frau K. eine psychische Erkrankung beispielsweise in Form einer Depression vor, welche eine freie Willensbildung nicht mehr zuließ, dann ist die Altenpflegeschülerin Frau D. wegen Tötung durch Unterlassen zu bestrafen.

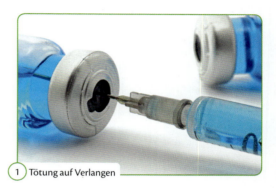

1 Tötung auf Verlangen

Ebenso verhält es sich, wenn die Pflegekraft zum bewusstlosen Patienten kommt, der in suizidaler Absicht Medikamente eingenommen hat und noch lebt. Ergreift die Pflegekraft dann keine Rettungsmaßnahmen, macht sie sich strafbar.
Pflegekräfte sind in ihrem beruflichen Tätigwerden „Garant" für das Wohlergehen und das Leben des Patienten. Sie müssen im Notfall tätig werden. Tritt der Tod eines Patienten infolge eines pflichtwidrigen Unterlassens ein kann die Pflegekraft wegen Tötung durch Unterlassen bestraft werden.

○ **Praxisfall 12**

In Abwandlung zum Fall 11 bittet Frau K. die Pflegekraft T. um die tödlich wirkende Dosis eines Morphinpräparates, das sie wegen ihrer zusätzlichen Karzinomerkrankung bereits erhält.
Frau T. verabreicht daraufhin der Frau K. per Injektion eine erhöhte Dosis und wartet bis sie „friedlich eingeschlafen" ist an ihrem Bett.

In diesem Fall handelt es sich nicht mehr nur um eine Beihilfehandlung, sondern die Pflegekraft hat im Fall 12 die Tatherrschaft. Von ihrem Handeln hängt es ab, ob Frau K. die tödliche Dosis des Medikaments erhält.

Somit liegt eine strafbare Tötung auf Verlangen vor und nicht lediglich die straffreie Beihilfe zum Suizid.

Ob eine mildere Bestrafung nach § 216 StGB (Tötung auf Verlangen) möglich ist oder das Strafmaß gemäß § 212 StGB (Totschlag) oder gar nach § 211 StGB (Mord) höher ausfällt, hängt vom ernsthaften Verlangen der Person, getötet zu werden, ab.

Der Bewohner oder Patient muss die Tötung ernstlich begehren, das bedeutet, ihn ausdrücklich an den Arzt oder die Pflegekraft richten.

Hierbei muss der Entschluss des Patienten auf einer freien Willensbildung beruhen.

○ Literatur

BGH, Beschluss vom 25.11.1986 – Az. 1 StR 613/86 zur Anforderung an ein Tötungsverlangen

VG Hamburg, Beschluss vom 06.02.2009 – Az. 8 E 3301/08 Fall des Ex-Justizsenators Kusch zur gewerbsmäßigen Beihilfe zur Selbsttötung

Verwirrte, an einer Depression oder an einer Demenzerkrankung leidende Bewohner bzw. Patienten können in der Regel im Sinne des § 216 StGB nicht ernstlich ihre Tötung verlangen.

Folglich beinhaltet das fortwährende Rufen um Hilfe einer verwirrten Bewohnerin, die sterben möchte, kein Verlangen auf Tötung nach § 216 StGB.

Die Pflegekraft, welche diesen Hilferufen nachkommt und der Bewohnerin ein tödliches Medikament einflösst, macht sich wegen vorsätzlichem Totschlag nach § 212 StGB strafbar.

2.4.7 Erlaubte Sterbehilfe oder verbotene Tötung?

Die Sterbehilfe dient der Beendigung eines schweren Leidens auf die unterschiedlichste Art und Weise durch den Tod des Patienten.
Wer aktive Sterbehilfe gewährt macht sich wegen eines Tötungsdeliktes strafbar.

○ Praxisfall 13

Die Pflegekraft Michaela spritzt der Patientin T. eine tödliche Dosis des verordneten Schmerzmittels, da sie das Leiden der unheilbar krebskranken und sich im Sterbevorgang befindlichen Frau nicht mehr ertragen kann. Sie möchte Frau T. erlösen.

Die Beendigung eines schweren Leidens durch eine aktive, gezielte Tötung ist immer strafbar.
Hiervon zu unterscheiden ist die straffreie Hilfe im Sterben. Dieses sind ärztliche und pflegerische Maßnahmen, durch die Schmerzen gelindert und der Sterbevorgang erleichtert werden, ohne ein das Leben verkürzendes Risiko auszulösen.
Jeder Arzt und jede Pflegekraft ist zu diesen sterbebegleitenden, unterstützenden Handlungen verpflichtet.
Demzufolge hat die Bundesärztekammer für die Ärzte rechtliche Pflichten bei der Sterbebegleitung festgeschrieben und letztendlich definiert, wer ein „Sterbender" ist.
Zur Abgrenzung der erlaubten Sterbehilfe von der verbotenen, strafbaren aktiven Tötung ist es erforderlich, dass der Arzt diagnostisch klärt, ob der betreffende Patient sich im Sterbevorgang befindet.
Die Grundsätze zur Sterbebegleitung der Bundesärztekammer enthalten daher eine Definition des „Sterbenden"

● Merke

Der Arzt ist verpflichtet, Sterbenden, d.h. Kranken oder Verletzten mit irreversiblem Versagen einer oder mehrerer vitaler Funktionen, bei denen der Eintritt des Todes in kurzer Zeit zu erwarten ist, so zu helfen, dass sie unter menschenwürdigen Bedingungen sterben können.

Info

Auszug aus den Grundsätzen der Bundesärztekammer zur ärztlichen Sterbebegleitung:

„Präambel
Aufgabe des Arztes ist es, unter Beachtung des Selbstbestimmungsrechtes des Patienten Leben zu erhalten, Gesundheit zu schützen und wieder herzustellen sowie Leiden zu lindern und Sterbenden bis zum Tod beizustehen. Die ärztliche Verpflichtung zur Lebenserhaltung besteht daher nicht unter allen Umständen.
So gibt es Situationen, in denen sonst angemessene Diagnostik und Therapieverfahren nicht mehr angezeigt und Begrenzungen geboten sein können. Dann tritt palliativ-medizinische Versorgung in den Vordergrund. Die Entscheidung hierzu darf nicht von wirtschaftlichen Erwägungen abhängig gemacht werden.
Unabhängig von anderen Zielen der medizinischen Behandlung hat der Arzt in jedem Fall für eine Basisbetreuung zu sorgen. Dazu gehören u. a.: menschenwürdige Unterbringung, Zuwendung, Körperpflege, Lindern von Schmerzen, Atemnot und Übelkeit sowie Stillen von Hunger und Durst. Art und Ausmaß einer Behandlung sind gemäß der medizinischen Indikation vom Arzt zu verantworten; dies gilt auch für die künstliche Nahrungs- und Flüssigkeitszufuhr. Er muss dabei den Willen des Patienten beachten. Ein offensichtlicher Sterbevorgang soll nicht durch lebenserhaltende Therapien künstlich in die Länge gezogen werden. Bei seiner Entscheidungsfindung soll der Arzt mit ärztlichen und pflegenden Mitarbeitern einen Konsens suchen. Aktive Sterbehilfe ist unzulässig und mit Strafe bedroht, auch dann, wenn sie auf Verlangen des Patienten geschieht. Die Mitwirkung des Arztes bei der Selbsttötung widerspricht dem ärztlichen Ethos und kann strafbar sein.
Diese Grundsätze können dem Arzt die eigene Verantwortung in der konkreten Situation nicht abnehmen. Alle Entscheidungen müssen individuell erarbeitet werden."

herausgegeben von der BÄK, Herbert-Lewin-Platz 1, 10623 Berlin abgedruckt in Dt. Ärzteblatt, Jg. 108, Heft 7, 18.02.2011 S.A 346 ff. oder unter www.bäk.de/Empfehlungen

Im Urteil des Bundesgerichtshofes vom 25.06.2010 wird die Abgrenzung der strafbaren aktiven Sterbehilfe von den straffreien Handlungen neu definiert. Die bisherige Differenzierung in die rechtlich erlaubte passive und die indirekte Sterbehilfe wurde aufgegeben.

Merke

Straffrei bleiben laut BGH Handlungen, d. h. aktives oder passives Tun, die Verhaltensweisen beinhalten, welche dem krankheitsbedingten Sterbenlassen mit Einwilligung des betroffenen seinen Lauf lassen.

In diesem Sinne entspricht der bisher als **Passive Sterbehilfe** bezeichnete Behandlungsabbruch oder Behandlungsverzicht mit dem Ziel, das Leben des Sterbenden nicht zu verlängern, einem straffreien und sogar einem gebotenen Sterbenlassen.
Ebenso ist die bisher als indirekte Sterbehilfe bezeichnete effektive Schmerzlinderung unter Inkaufnahme eines früheren Todes des Schwerkranken im Sinne der Leidensminderung von diesem Sterbenlassen umfasst.

Praxisfall 14

Frau K. befindet sich laut Angaben des Hausarztes im Sterben. Sie möchte weder Nahrung noch Flüssigkeit aufnehmen. Die Nierenfunktion ist erheblich eingeschränkt.

Der Arzt setzt ihre Herzmedikamente ab, da diese den Tod nicht verhindern können. Lediglich die Atemnot soll durch Sauerstoffgaben gelindert werden. Gegen Schmerzen erhält Frau K. ein Morphinpräparat.

Angesichts des unumkehrbar bevorstehenden Todes wird weder eine künstliche Ernährung noch eine Dialyse begonnen.

Von den Pflegekräften werden die unabdingbaren sterbebegleitenden Pflegemaßnahmen durchgeführt.

In der Sterbephase, die unterschiedlich andauern kann, sind die Gaben von bestimmten Medikamenten, die keine lindernde Wirkung haben, nicht mehr indiziert und können abgesetzt werden. Ebenso ist das Legen einer Ernährungssonde in dieser Lebensphase nicht mehr angezeigt, eine künstliche Ernährung darf folglich nicht mehr begonnen werden. Ebenso verhält es sich mit dem Beginn einer Dialyse oder anderen Behandlungen, die bei einem Sterbenden nicht mehr zum Erfolg führen können.

Maßnahmen der Behandlungsbegrenzung und der Leidensminderung (bisher als passive und indirekte Sterbehilfe bezeichnet) sind somit ärztlich geboten und werden von der Palliativmedizin angewendet.

> **○··Praxisfall 15**············
> Frau P. befindet sich laut Angaben des Hausarztes im Sterben. Der Arzt verabreicht gegen die starken Schmerzen Morphingaben. Diese beinhalten das Risiko einer Atemdepression und somit das Eintreten eines früheren Todes.

Weder der Arzt noch die beteiligte Pflegekräfte machen sich strafbar, wenn sie die gebotene Schmerzlinderung ordnungsgemäß durchführen, obwohl dadurch das Risiko besteht, dass der Tod durch die Nebenwirkungen der Schmerzmedikamente eintritt.

Die Linderung von Atemnot und Schmerzen sind oberstes ärztliches Gebot.

Der Bundesgerichtshof hat in dem oben genannten Urteil vom 25.06.2010 im Fall des „RA Putz" ausführlich zur Abgrenzung der erlaubten Sterbehilfe durch einen Behandlungsabbruch Stellung genommen.

Demzufolge ist der Patientenwille oberstes Gebot für das Handeln der Ärzte.

Die Richter des BGH führten aus, dass der vom Willen des Patienten getragene und die Selbstbestimmung achtende erlaubte Behandlungsabbruch neben passiven Handlungen häufig auch aktives Tun beinhaltet. Daher ist die Unterscheidung von aktiver und passiver Sterbehilfe im bisherigen Sinne rechtlich immer umstritten und bietet den Beteiligten keine Rechtssicherheit.

Das Urteil des BGH zum Fall Putz ist daher für Ärzte und Pflegekräfte von besonderer Bedeutung.

> **○··Literatur**············
> BGH, Urteil vom 25. Juni 2010 – 2 StR 454/09 im sog. Fall „RA Putz"
> **„Überblick zu den Fallgruppen der Sterbebegleitung und Sterbehilfe"**
> im Hessischen Ärzteblatt Nr. 8 in 2012, S. 501 von Prof. Dr. jur. Torsten Verrel und Dr. theol. Kurt W. Schmidt

2.4.8 Nötigung § 240 StGB und Freiheitsberaubung § 239 StGB

Wer einen Menschen ohne eine gesetzliche Rechtfertigung mit Gewalt oder durch Drohung mit einem empfindlichen Übel zu einer Handlung, Duldung oder Unterlassung nötigt, wird nach § 240 StGB mit Freiheitsstrafe bis zu drei Jahren oder mit Geldstrafe bestraft.

1 Gewalt durch Einsperren

> **○··Praxisfall 16**············
> Frau G. leidet an einer Demenzerkrankung. Sie verweigert zunehmend die Nahrungsaufnahme und zeitweise auch die Einnahme der Medikamente. Heute hat sie auch die Insulingabe abgelehnt. Trotz wiederholtem Versuch und unter gutem Zureden gelingt es nicht, ihr das lebensnotwenige Insulin zu spritzen. Sie wehrt sich tatkräftig und schlägt auf das Pflegepersonal ein.
> Der herbeigerufene Arzt ordnet die Zwangseinweisung in die geschlossene Abteilung der psychiatrischen Klinik an.

Die Straftat Nötigung beinhaltet eine rechtswidrige Gewaltanwendung, um ein bestimmtes Verhalten beim Bewohner oder Patienten herbeizuführen.

Dieses kann einerseits durch eine willensbrechende Gewalthandlung (vis absoluta) wie das Fesseln, Betäuben oder Einschließen geschehen.

Andererseits wird auch durch die willensbeugende, indirekte Gewaltanwendung (vis compulsiva) einer Pflegekraft in die freie Willensentschließung und Willensbetätigung des betroffenen Bewohners/Patienten eingegriffen.

Demzufolge stellt auch die Zwangsbehandlung eine nötigende Situation dar, die lediglich unter bestimmten gesetzlichen Vorgaben straffrei ist.

● Merke

Zwang ist eine äußere und/oder innere, physische oder psychische Nötigung zu Handlungen oder Denkinhalten, die nicht mit der freien Entscheidung einer Person übereinstimmen.

Nötigen bedeutet, dem anderen ein von ihm nicht gewolltes Verhalten aufzuzwingen.

Gewalt ist eine unausweichliche, physische oder psychische Zwangseinwirkung zur Beseitigung eines wirklichen oder vermuteten Widerstandes.

Eine Zwangsmaßnahme ist somit jede Maßnahme, die nicht dem erklärten Willen des Bewohners oder des Patienten entspricht.

Beispiele für eine nötigende Handlung in der Pflege:

- das Betäuben mit Medikamenten zur Überwindung des Widerstandes bei der Nahrungsaufnahme
- die Wegnahme der Gehhilfen, damit der unruhige Bewohner gegen seinen Willen am Tisch sitzen bleibt
- das Androhen von Nahrungsentzug oder dem Einsperren im Zimmer, wenn der Bewohner sich nicht waschen lässt

Eine strafbare Freiheitsberaubung gemäß §239 StGB liegt vor, wenn ein Mensch eingesperrt oder auf andere Weise der Freiheit beraubt wird.

Erfolgt das Einsperren oder eine andere freiheitsberaubende Maßnahme mit Einwilligung der betroffenen einwilligungsfähigen Person so liegt keine Freiheitsberaubung vor.
Unsere Verfassung schützt die persönliche Freiheit in besonderem Maße:

§ Gesetz

Art. 2 Grundgesetz: persönliche Freiheit

„Jeder hat das Recht auf die freie Entfaltung seiner Persönlichkeit, soweit er nicht die Rechte anderer verletzt und nicht gegen die verfassungsmäßige Ordnung oder das Sittengesetz verstößt.
Jeder hat das Recht auf Leben und körperliche Unversehrtheit. Die Freiheit der Person ist unverletzlich. In diese Rechte darf nur auf Grund eines Gesetzes eingegriffen werden."

Art. 104 GG: Freiheitsentziehung

„Die Freiheit der Person kann nur auf Grund eines förmlichen Gesetzes … beschränkt werden. Festgehaltene Personen dürfen weder seelisch noch körperlich misshandelt werden.
Über die Zulässigkeit und Fortdauer einer Freiheitsentziehung hat nur der Richter zu entscheiden …"

Definition: Freiheitsentziehende Maßnahmen

beinhalten die Einschränkung der potentiellen Bewegungsfreiheit einer Person.
Das setzt voraus, dass die betreffende Person noch zur Fortbewegung in der Lage ist und ein natürlicher Wille zur Ortsveränderung vorliegt.
Diese willkürlichen Bewegungen sind auch beim Demenzerkrankten und unter Umständen stark verwirrten Bewohner oder Patienten gegeben.

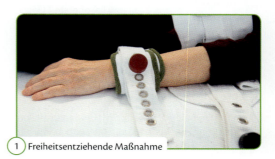

1 Freiheitsentziehende Maßnahme

Bei komatösen Bewohnern fehlt jedoch dieser natürliche Fortbewegungswille.

Ebenso verhält es sich bei den unwillkürlichen Bewegungen eines spastisch Gelähmten.

Die Fixierungen mit Gurten im Rollstuhl, um das Herausfallen zu verhindern, stellen in diesen vorgenannten Fällen keine freiheitsentziehende Maßnahme dar.

Einzelne Maßnahmen zur Freiheitsentziehung:

- unüberwindbarer Bettseitenschutz (Bettgitter)
- Fixierungsgurte
- Medikamente zur Ruhigstellung
- Stecktisch am Stuhl
- Einschließen im Zimmer, in der Wohnung oder im Haus
- anderweitige Hindernisse durch mechanische Vorrichtungen wie Schutzdecken, Trickschlösser an den Türen, Spezialoverall,
- Sicherungsetiketten an der Kleidung
- Verhindern einer Fortbewegung durch Ausübung von psychischem Druck oder Zwang, durch Täuschungen z.B. über die Verriegelung einer Tür, durch die Wegnahme des Gehwagens, einer Gehhilfe oder der Brille

Rechtlich umstritten ist, ob die Ausstattung einer Person mit einer Personenortungs- und Sendeanlage eine Freiheitsbeschränkung darstellt.

Überwiegend wird diese Maßnahme nicht als Freiheitsbeschränkung gewertet, da durch dieses Ortungssystem dem bewegungsfreudigen Bewohner die Möglichkeit zur freien Bewegung gegeben werden kann.

Erst wenn er sich in Gefahr begibt und beispielsweise das Heimgelände Richtung Straße verlässt, wird eingeschritten und eine Pflegekraft bewegt ihn dann zur Umkehr. Erst aus dieser letzten Handlung kann sich unter Umständen eine freiheitsentziehende Maßnahme ergeben.

Die Unterbringung in einer geschlossenen Abteilung einer Klinik oder in einer geronto-psychiatrischen Betreuungseinrichtung bedeutet selbstverständlich ebenfalls ein Freiheitsentzug, der im Gesetz gesondert geregelt wird.

Sämtliche Freiheitsentziehende Maßnahmen stellen eine medizinische Behandlung dar und bedürfen

daher der ärztlichen Anordnung im Sinne eines Therapievorschlages.

Die Durchführung einer ärztlich empfohlenen freiheitsentziehenden Maßnahme ist erlaubt, wenn die Einwilligung des zuständigen rechtlichen Betreuers oder des Bevollmächtigten vorliegt.

1 Voraussetzungen zur Anwendung freiheitsentziehender Maßnahmen

In bestimmten Situationen reicht die ärztliche Anordnung mit der Zustimmung des rechtlichen Betreuers oder der Bevollmächtigten Person nicht aus. Die Maßnahme bedarf darüber hinaus noch einer richterlichen Genehmigung.

◯··Praxisfall 17 ··········

Bei Herrn F. liegt eine ausgeprägte Parkinsonerkrankung vor. Er ist erhöht sturzgefährdet und kann sich nur noch mit einem Gehwagen sicher fortbewegen.

Infolge seiner fortgeschrittenen Alzheimer Erkrankung ist es ihm nicht mehr möglich, den Gehwagen zu benutzen. Er erhebt sich immer wieder vom Stuhl und vergisst sein Hilfsmittel.

Nachdem Herr F. mehrfach gestürzt ist und sich erhebliche Verletzungen zugezogen hat, empfiehlt der Hausarzt eine tägliche Fixierung am Stuhl in den Zeiten, in denen Herr F. nicht beschäftigt und begleitet werden kann.

Grundsätzlich bedarf die freiheitsentziehende Maßnahme beim einwilligungsunfähigen Bewohner der Einwilligung des Betreuers oder Bevollmächtigten.

Wird die Freiheit über einen längeren Zeitraum (überwiegende Ansicht: länger als einen Tag/24 Std.) ohne Unterbrechung oder regelmäßig, d.h. stets zur selben Zeit (immer zum Essen, immer Nachts, immer im Rollstuhl)

oder aus wiederkehrendem Anlass (z.B. wegen der Störung der Nachtruhe) entzogen, muss bei einem Aufenthalt in einer Institution (Klinik oder Betreuungseinrichtung) eine Genehmigung des Betreuungsgerichts eingeholt werden.

Grundsätzlich hat der Betreuer/Bevollmächtigte die nach § 1906 Abs. 4 BGB notwendigen Genehmigungen beim Betreuungsgericht zu beantragen. Der anordnende Arzt und die ausführenden Pflegepersonen haben sich vor der Durchführung der betreffenden Maßnahme zu vergewissern, ob die Genehmigung des Gerichtes und die Einwilligung des Betreuers/Bevollmächtigten vorliegen. Sind diese beiden Voraussetzungen nicht erfüllt, begehen sie eine strafbare Körperverletzung und/oder eine Freiheitsberaubung.

Die Anwendung freiheitsentziehender Maßnahmen im häuslichen Bereich werden von Gerichten als genehmigungspflichtig erachtet, wenn der Patient sich in der Wohnung alleine und in einer heimähnlichen Lage befindet.

Info

Rechtsprechung:

Das LG München hat in seiner Entscheidung vom 07.07.1999 beschlossen, dass eine „sonstige Einrichtung" gemäß 1906 IV BGB auch die eigene Wohnung sein kann. Weiter heißt es im Leitsatz: „Wird die Betroffene ausschließlich durch fremde, ambulante Pflegekräfte versorgt, so bedarf das zeitweise Absperren ihrer Wohnungstür als beschränkte Freiheitsentziehung der betreuungsgerichtlichen Genehmigung."

aus der Neuen Juristischen Wochenschrift (NJW) 1999, S. 3642

Im Zweifelsfalle ist es angebracht, das Betreuungsgericht einzuschalten und dort anzufragen, ob der vorliegende Sachverhalt einer Genehmigung bedarf.

Grundsätzlich sollte die Leitung der Betreuungseinrichtung das Gespräch mit den zuständigen Richtern des Betreuungsgerichts suchen, um die Handhabung des Gerichts vor Ort mit den genehmigungspflichtigen Sachverhalten zu erörtern.

Da die gesetzlichen Bestimmungen insbesondere in Bezug auf die Anwendung von Gewalt zwecks Durchführung einer Heilbehandlung oder betreffs der freiheitsentziehenden Maßnahmen auslegungsbedürftig sind, kommt es bei den Betreuungsgerichten im Bundesgebiet zu recht unterschiedlichen Handhabungen bei der Erteilung von Genehmigungen. Der enge Kontakt mit dem zuständigen Gericht führt daher zu einer vermehrten Rechtssicherheit.

Die freiheitsentziehende Maßnahme soll immer die letzte Wahl darstellen.

Kann der Betroffene noch selbst einwilligen und gibt sein Einverständnis, dann liegt keine freiheitsentziehende Maßnahme vor.

Die Betreuungsgerichte legen im Genehmigungsverfahren inzwischen überwiegend die Leitlinien des sog. „Werdenfelser Weges" zugrunde. Diese haben das Ziel, freiheitsentziehende Maßnahmen zu verhindern.

Literatur

http://www.leitlinie-fem.de/werdenfelser-weg und www.redufix.de

Neben den betreuungsrechtlichen Bestimmungen des BGB sind bei psychisch erkrankten Personen die länderrechtlichen Bestimmungen zur Zwangsunterbringung und Zwangsbehandlung zu beachten.

So ist gemäß § 18 Abs. 4 PsychKG NW eine medizinische Behandlung ohne oder gegen den Willen des Betroffenen oder seines gesetzlichen Vertreters oder Bevollmächtigten bei bestehender Lebensgefahr, erheblicher Selbst- oder Fremdgefährdung zulässig.

2.4.9 Schweigepflichtverletzung § 203 StGB

Wer unbefugt ein fremdes Geheimnis offenbart, das ihm als Arzt oder Angehörigen eines anderen Heilberufs anvertraut oder sonst bekanntgeworden ist, wird mit Freiheitsstrafe bis zu einem Jahr oder mit Geldstrafe bestraft.

Die Schweigepflicht gilt über den Tod des Bewohners oder Patienten hinaus.

Es handelt sich um ein sog. Antragsdelikt, d. h. die Schweigepflichtverletzung wird nur verfolgt, wenn der Betroffene oder nach seinem Tod ein Angehöriger bei der Staatsanwaltschaft einen Strafantrag stellt.

Diese Straftat stellt lediglich einen Bruchteil des gesamten Datenschutzes dar, der in ganz unterschiedlichen Gesetzeswerken geregelt wird.

Die Schweigepflicht in § 203 StGB betrifft die Verletzung von Privatgeheimnissen. Es werden die personenbezogenen Daten des Bewohners oder Patienten, die den Pflegekräften zur Kenntnis gelangen, strafrechtlich besonders geschützt.
Unter personenbezogenen Daten verstehen die Datenschutzgesetze Einzelangaben über persönliche oder sachliche Verhältnisse der betroffenen Person.

Der Datenschutz umfasst grundsätzlich

- das Erfassen von Daten beispielsweise bei der Dokumentation
- das Verarbeiten der Daten durch verändern, übermitteln, löschen, speichern
- generell das Nutzen der Daten
- das Weitergeben der Daten

Die Datenverarbeitung im vorgenannten Sinne ist ausschließlich zulässig

- wenn die betroffene Person eingewilligt hat oder
- eine Rechtsvorschrift sie erlaubt oder
- wenn sie zur Erfüllung einer gesetzlichen Pflicht erforderlich ist

Die Einwilligung stellt eine widerrufliche, freiwillige und eindeutige Willenserklärung der betroffenen Person, einer bestimmten Datenverarbeitung zuzustimmen, dar.

Folglich ist eine schriftliche Form der Einwilligung angemessen. Insbesondere bei der Einsichtnahme in die ärztlichen und pflegerischen Unterlagen des Bewohners oder Patienten durch Dritte sowie beim Austausch von medizinischen Daten beispielsweise von der Pflegekraft mit dem Hausarzt wird eine schriftliche Erklärung des Betroffenen oder seines rechtlichen Betreuers/Bevollmächtigten zur Entbindung von der Schweigepflicht verlangt.

Eine mündlich erteilte Einwilligung muss schriftlich dokumentiert werden.

Falls die Erklärung zur Entbindung von der Schweigepflicht zusammen mit einer anderen Erklärung in einem Schriftstück erteilt werden soll, muss die betroffene Person gesondert darauf hingewiesen und die Einwilligungserklärung muss im äußeren Erscheinungsbild hervorgehoben werden.

Die betroffene Person ist in geeigneter Weise über die Bedeutung der Einwilligung, insbesondere über den Verwendungszweck und über den Empfänger der Daten aufzuklären.

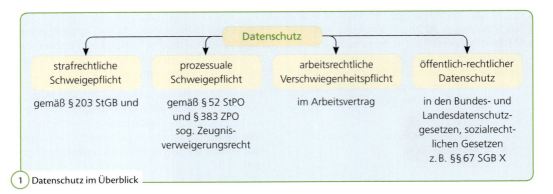

Datenschutz			
strafrechtliche Schweigepflicht	prozessuale Schweigepflicht	arbeitsrechtliche Verschwiegenheitspflicht	öffentlich-rechtlicher Datenschutz
gemäß § 203 StGB und	gemäß § 52 StPO und § 383 ZPO sog. Zeugnisverweigerungsrecht	im Arbeitsvertrag	in den Bundes- und Landesdatenschutzgesetzen, sozialrechtlichen Gesetzen z. B. §§ 67 SGB X

1 Datenschutz im Überblick

Merke

Die Schweigepflichtentbindung erfolgt durch den Bewohner oder seinen gesetzlichen Vertreter schriftlich.
Die Erklärung beinhaltet konkret, wer welche Daten an wen zu welchem Zweck weitergibt.

Die Schweigepflichtverletzung nach § 203 StGB kann einerseits durch den im Gesetz genannten Personenkreis der Ärzte, Psychologen, Apotheker etc. sowie der Angehörigen eines anderen Heilberufes wie den Alten- oder Krankenpflegekräfte begangen werden.

Ein Arbeitgeber achtet jedoch in der Regel darauf, dass sämtliche Beschäftigte durch Vertrag ebenfalls zum Schweigen über die persönlichen Daten der Bewohner bzw. Patienten, welche sie während der Tätigkeit erlangen, verpflichtet werden.

Folglich unterliegen auch die Putzhilfen einer Fremdfirma der Schweigepflicht.

Dadurch wird das Vertrauensverhältniss des Bewohners / Patienten gegenüber dem gesamten Personenkreis, der an seiner Versorgung und Behandlung teilnimmt geschützt.

Im Gesetz werden als Schutzgegenstand fremde Geheimnisse genannt.

1 Schweigepflicht

Ein Geheimnis ist jede Tatsache, die nur ein Einzelner oder ein begrenzter Personenkreis kennt und an deren Geheimhaltung der Bewohner oder Patient ein schutzwürdiges Interesse hat.

Im hippokratischen Eid der Ärzte wird dieses Patientengeheimnis wie folgt umschrieben: " Was immer ich sehe und höre …"

Der Bewohner oder Patient vertraut den Pflegekräften in einem besonderen Vertrauensakt seine „Geheimnisse" im Sinne von persönlichen, medizinischen Daten an.

Andererseits werden zahlreiche personenbezogene Daten den Pflegekräften auch außerhalb eines freiwilligen Vertrauensaktes, z.B duch Beobachtungen oder Arztberichte aus dem Krankenhaus etc. bekannt.

Das Offenbaren der Daten eines Bewohners oder Patienten als Tathandlung umfasst jede Mitteilung an einen Dritten (auch an einen anderen schweigepflichtigen Kollegen außerhalb des Teams!), dem diese nicht oder nicht sicher bekannt waren.

Ohne die gesetzlich vorgesehenen Rechtfertigungsgründe ist dieses Offenbaren der persönlichen Daten des Bewohners / Patienten strafbar.

Praxisfall 18

Frau G. leidet an einer Demenzerkrankung. Sie ist vollkommen desorientiert. Außerdem ist sie insulinpflichtig.

Am heutigen Tage hat sie leicht bekleidet den Wohnbereich unbemerkt verlassen.

Nachdem sie zum Abendbrot nicht zurück ist, wird an die Polizei eine Suchmeldung mit „Fahndungsfoto" gesandt.

Die örtliche Presse veröffentlicht daraufhin das Bild der Frau G. und beschreibt die lebensgefährliche Situation, die infolge der behandlungsbedürftigen Diabeteserkrankung sowie des kalten Winterwetters für Frau G. besteht.

Das Pflegepersonal hat sich außerdem mit dem behandelnden Psychiater und ihrer rechtlichen Betreuerin beraten, wo sie sich aufhalten könnte.

Im Praxisfall 18 werden der Polizei, den Pressevertretern und dem Psychiater Geheimnisse der Frau G. im Sinne des § 203 StGB offenbart.

Für diese Datenweitergaben können unterschiedliche Rechtfertigungsgründe vorliegen:

- **Einwilligung des Bewohners**

Diese setzt jedoch die Einwilligungsfähigkeit und die eindeutige Erklärung zur Entbindung von der Schweigepflicht voraus.

Bei einwilligungsunfähigen Bewohnern/Patienten erfolgt die Einwilligung durch den zuständigen rechtlichen Betreuer oder Bevollmächtigten.

Im Praxisfall 18 kann für den Datenaustausch im Gespräch mit dem Psychiater von der Einwilligung der Betreuerin ausgegangen werden, da diese beim Arzt mit anwesend ist.

- **Mutmaßliche Einwilligung des Bewohners**

Davon geht man beispielsweise aus bei der Benachrichtigung von engen Angehörigen nach einem Unfall.

Hierbei wird der mutmaßlichen Wille des Betroffenen zugrunde gelegt. Sollte er jedoch im Vorhinein im Zustand der Einwilligungsfähigkeit sich gegenteilig in dem Sinne geäußert haben, dass bestimmte Angehörige nicht benachrichtigt werden sollen, muss dieser Wille des Bewohners beachtet werden.

- **Rechtfertigender Notstand gemäß § 34 StGB**

Dieser beinhaltet das Vorliegen einer gegenwärtigen Gefahr für die grundrechtlich geschützten Rechtsgüter Leben, Leib, Freiheit, Ehre oder Eigentum beim Bewohner oder Patienten.

Zum Schutz der gefährdeten Rechtsgüter ist eine geeignete Abwehrhandlung erlaubt.

Der rechtfertigende Notstand im Praxisfall 18

Abwägung zwischen

dem betroffenen Rechtsgut — und — den drohenden Gefahren

persönlicher Geheimnisbereich / Leben, Gesundheit, körperliche Unversehrtheit

1 Schweigepflicht in der Abwägung

Das bedeutet im Fall 18, dass die Lebensgefahr für Frau G. nicht anders abwendbar sein darf als durch die Weitergabe der Daten an die Polizei zwecks Fahndung.

Bei der Datenweitergabe ist der Grundsatz der Verhältnismäßigkeit zu beachten. Das bedeutet, dass von der Pflegekraft, welche die Daten weitergibt, eine Abwägung der widerstreitenden Interessen vorzunehmen ist.

Das durch das Offenbaren von Daten geschützte Interesse (z. B. das Leben der Bewohnerin Frau G.) muss den Schutz des persönlichen Geheimnisbereichs wesentlich überwiegen.

Zur Rettung des Lebens der Bewohnerin ist das Offenbaren der erforderlichen Personendaten der Frau G. an die Polizei auch angemessen.

- **Gesetzliche Anzeige-, Mitteilungs- und Meldepflichten**

In vereinzelten Situationen ist der Arzt zur Weitergabe von Daten an bestimmte Behörden verpflichtet.

Hier sind insbesondere die weitreichenden Meldepflichten des Infektionsschutzgesetzes zu nennen.

Fernerhin besteht nach dem Personenstandsgesetz die Pflicht, den Tod einer Person der zuständigen Behörde zu melden.

Im SGB XI wird die Weitergabe von Daten an die Pflegekassen und im SGB V an die Krankenkassen geregelt.

§ 138 StGB stellt die Pflicht zur Anzeige bestimmter geplanter Verbrechen dar.

2.4.10 Urkundenfälschung § 267 StGB

Das Herstellen einer unechten Urkunde oder das Verfälschen einer echten Urkunde sowie der Gebrauch dieser unechten bzw. verfälschten Urkunden zum Zwecke der Täuschung im Rechtsverkehr kann mit Freiheitsstrafe bis zu fünf Jahren bestraft werden.

Die Pflegedokumentation stellt eine Urkunde im Sinne des Strafgesetzbuches dar.

Es handelt sich hierbei um eine für Eingeweihte verständliche Gedankenerklärung, die den Aussteller erkennen lässt und geeignet ist, Beweis zu erbringen. Das heißt sie enthält Tatsachen, die objektiv beweisfähig sind.

Diese Straftat kann verwirklicht werden, wenn die Pflegekraft eine Tatsache für eine Kollegin oder einen Kollegen dokumentiert und sich selbst nicht als Aussteller der Erklärung zu erkennen gibt. Dadurch wird über die Identität des Ausstellers der Urkunde getäuscht. Das ist strafbar.

○ **Praxisfall 19**

Der Altenpfleger Herr U. hat bei der Bewohnerin Frau K. in der Hektik des Pflegealltags am Sonntag, dem 06.02. den BZ-Wert der Zimmernachbarin Frau B. eingetragen.
Am nächsten Tag bemerkt die WBL diese Verwechslung und berichtigt den fehlerhaften Eintrag in der EDV gestützten Dokumentation.
Hierzu löscht sie den Eintrag und vermerkt den richtigen BZ-Wert.
Folglich erweckt die Dokumentation den Anschein, dass der Pfleger Herr U. am 06.02. den richtigen Wert eingetragen hat.

Ein unwahrer Inhalt, d. h. schriftliche Lügen erfüllen nicht den Tatbestand der Urkundenfälschung und bleiben daher straflos.

Somit hat sich der Altenpfleger im Fall 19 durch den fehlerhaften Eintrag nicht strafbar gemacht.

Werden jedoch inhaltliche Änderungen, Streichungen oder nachträgliche Ergänzungen in der Dokumentation vorgenommen ohne diese entsprechend zu kennzeichnen und mit dem aktuellen Datum zu versehen, dann liegt eine strafbare Urkundenfälschung vor.

Daher hat die WBL im Fall 19 durch ihre nicht kenntlich gemachte Korrektur eine Urkundenfälschung begangen.

● **Merke**

Nachträgliche Veränderungen in der Dokumentation sind immer als solche zu kennzeichnen, mit Datum zu versehen und mit dem eigenen Kürzel zu unterzeichnen.
Eine EDV gestützte Dokumentation darf keine Löschung oder Änderungen der Einträge zulassen.

2.4.11 Straftaten im Umgang mit Arznei- und Betäubungsmitteln

Außerhalb des Strafgesetzesbuches finden sich unter anderem auch im Arzneimittelgesetz (AMG) und im Betäubungsmittelgesetz (BtMG) für die Pflegekräfte wichtige Straftatbestände.

§ 48 AMG regelt die Verschreibungspflicht von Medikamenten.

Folglich macht sich die Pflegekraft gemäß § 96 AMG strafbar, wenn sie verschreibungspflichtige Medikamente ohne ärztliches Rezept an den Bewohnern verabreicht.

Das BtMG regelt den Umgang mit sog. Betäubungsmitteln.

Das Gesetz unterscheidet die nicht verkehrsfähigen und verkehrsfähige, aber nicht verschreibungsfähige Betäubungsmittel sowie die verkehrs- und verschreibungsfähigen Betäubungsmittel.

Eine gesonderte Betäubungsmittelverschreibungsverordnung (BtMVV) regelt im Detail das Verschreiben, die Abgabe und den Nachweis über den Verbleib eines Betäubungsmittels.

Für die Verschreibung der Betäubungsmittel gibt es besondere fälschungssichere Rezeptformulare.

Über die Abgabe und den Verbleib der Betäubungsmittel haben Arztpraxen und Krankenhäuser gesondert Buch zu führen.

Für Heimeinrichtungen gilt diese Vorschrift nicht. Allerdings empfiehlt es sich auch in diesem Bereich, die Betäubungsmittel gesondert aufzubewahren und deren Verbleib gesondert zu dokumentieren.

Die kommunale Heimaufsichtsbehörde sowie die heimrechtlichen Gesetze der einzelnen Bundesländer machen diesbezüglich häufig gesonderte Vorgaben für die Aufzeichnungspflichten einer Einrichtung.

In den Betreuungseinrichtungen ist grundsätzlich eine bewohnerbezogene Aufbewahrung von Medikamenten erforderlich, da das verordnete Medikament durch den betreffenden Bewohner erworben wird, sich also in seinem Eigentum befindet.

§1 Abs. 1 Betäubungsmittelgesetz (BtMG)

nicht verkehrsfähige BM	verkehrsfähige, aber nicht verschreibungsfähige BM	verkehrsfähige und verschreibungsfähige BM
gemäß der Anlage I zu Heroin, LSD, Mescalin, Cannabis, Cannabisharz (Haschisch), PCP u. a.	Iso-Codein, d-Cocain, Kokablätter, Dextromethadon u. a.	Amphetamin, Cocain, Fentanyl, Morphin, Opium, Dolantin, Codein, Barbital, Methadon, Diazepam u. a.

1 Betäubungsmittel

⋯◯⋯Info⋯

§5b Betäubungsmittelverschreibungsverordnung (BtMVV)

Verschreiben für Bewohner von Alten- und Pflegeheimen sowie von Hospizen

(1) Der Arzt, der ein Betäubungsmittel für einen Bewohner eines Alten- und Pflegeheimes oder eines Hospizes verschreibt, kann bestimmen, dass die Verschreibung nicht dem Patienten ausgehändigt wird. In diesem Falle darf die Verschreibung nur von ihm selbst oder durch von ihm angewiesenes oder beauftragtes Personal seiner Praxis, des Alten- und Pflegeheimes oder des Hospizes in der Apotheke vorgelegt werden.
(2) Das Betäubungsmittel ist im Falle des Absatzes 1 Satz 1 dem Patienten vom behandelnden Arzt oder dem von ihm beauftragten, eingewiesenen und kontrollierten Personal des Alten- und Pflegeheimes oder des Hospizes zum unmittelbaren Verbrauch zu überlassen.
(3) Der Arzt darf im Falle des Absatzes 1 Satz 1 die Betäubungsmittel des Patienten in dem Alten- und Pflegeheim oder dem Hospiz unter seiner Verantwortung lagern; die Einwilligung des über die jeweiligen Räumlichkeiten Verfügungsberechtigten bleibt unberührt. Für den Nachweis über den Verbleib und Bestand gelten die §§ 13 und 14 entsprechend.
(4) Betäubungsmittel, die nach Absatz 3 gelagert wurden und nicht mehr benötigt werden, können von dem Arzt für einen anderen Patienten dieses Alten- und Pflegeheims oder Hospizes erneut verschrieben werden oder an eine versorgende Apotheke zum Zweck der Weiterverwendung in einem Alten- und Pflegeheim oder einem Hospiz zurückgegeben werden.

Überzählige, nicht verbrauchte Betäubungsmittel sollten von der Betreuungseinrichtung unverzüglich an die Apotheke zwecks ordnungsgemäßer Vernichtung zurückgegeben werden. §5b BtMVV erlaubt außerdem mit einer gesonderten ärztlichen Verordnung die Verwendung für einen anderen Bewohner.

Diesbezüglich muss jedoch geklärt werden, ob dem Bewohner Kosten entstanden sind, die nun vom anderen Bewohner erstattet werden müssen.

In der ambulanten Pflege sollte der Arzt über die nicht verwendeten Betäubungsmittel unterrichtet werden.

Die §§ 29 ff. BtMG und § 16 BtMVV listen die strafbaren Zuwiderhandlungen in diesem Betäubungsmittelbereich auf.

§5b BtMVV gilt auch in der spezialisierten ambulanten Pallativversorgung.

2.5 Strafverfolgung und Bestrafung

Straftaten werden vom Staat im öffentlichen Interesse durch den Staatsanwalt verfolgt. Das Strafrecht dient somit in erster Linie der Aufrechterhaltung der öffentlichen Sicherheit und Ordnung. Andererseits hat die gerechte Strafe für das Opfer auch eine Genugtuungsfunktion.

O··Praxisfall 20

Die Bewohnerin Frau S. wurde infolge einer Medikamentenverwechslung ein blutverdünnendes Mittel gegeben. Es kommt zu einer folgenschweren Hirnblutung.

Bestimmte Straftaten sind sog. Antragsdelikte (s. unter 2.4.2.), die der Staatsanwalt nur auf Antrag des Opfers verfolgt. Hierzu zählen nach § 205 StGB die Verletzung der Schweigepflicht und gemäß § 230 StGB die einfache vorsätzliche sowie die fahrlässige Körperverletzung.

O··Praxisfall 21

Die Nachtwache Frau K. bringt am Bett der sehr unruhigen Bewohnerin Frau T. um 2.00 Uhr nachts einen unüberwindbaren Bettseitenschutz an.
Da die zuständige Berufsbetreuerin in der Nacht nicht erreichbar ist, wird diese zwecks Einwilligung nicht angerufen.
K. ruft auch keinen Arzt herbei, da sie Repressalien fürchtet. Schließlich ist sie der fehlerhaften Auffassung, dass man 24 Std. freiheitsentziehende Maßnahmen ohne weiteres anwenden darf.
Beim regelmäßigen Kontrollgang gegen 4.00 Uhr findet Frau K. die Bewohnerin tot im Bettgitter hängend vor.

Bei anderen Straftaten wie den Tötungsdelikten und der Freiheitsberaubung leitet der Staatsanwalt nach Kenntnisnahme unabhängig vom Willen des betreffenden Opfers oder seiner Erben das Ermittlungsverfahren ein.

Im Fall 21 wird der Arzt keine natürliche Todesursache feststellen. Darüber wird der Staatsanwalt informiert und leitet die erforderlichen Untersuchungen wegen fahrlässiger Tötung gegen Frau K. ein.

2.5.1 Voraussetzung für eine Bestrafung: die Schuldfähigkeit

Gemäß § 19 StGB ist schuldunfähig, wer bei Begehung der Tat noch nicht vierzehn Jahre alt ist.

Somit ist das Kind bis zum Eintritt ins jugendliche Alter nicht strafmündig.

Die Schuldfähigkeit kann infolge seelischer Störungen, psychischer Erkrankungen oder geistiger Behinderung vermindert oder gänzlich aufgehoben sein.

●··Merke

Schuldfähigkeit und damit Strafmündigkeit beinhaltet, das Unrecht einer Tat zu erkennen und nach dieser Einsicht zu handeln.

Viele der Bewohner sind aufgrund einer fortgeschrittenen Demenzerkrankung nicht mehr schuldfähig und können beispielsweise für Körperverletzungen gegenüber den Pflegenden oder gegenüber Mitbewohnern nicht bestraft werden.

2.5.2 Ermittlungs- und Klageverfahren

Das Ermittlungsverfahren durch den Staatsanwalt sowie das Klageverfahren vor dem Strafgericht werden in der Strafprozessordnung (StPO) geregelt.

Der Staatsanwalt tritt im Ermittlungsverfahren als Vertreter des Staates auf, der die verfassungsgemäße Rechtsordnung vertritt.

Er wird belastende und entlastende Tatsachen für und gegen die beschuldigte Person ermitteln.

Bei hinreichendem Tatverdacht wird er die Anklage erheben.

Die Staatsanwaltschaft ist eine vom Gericht vollkommen unabhängige Behörde.

Strafverfahren

Strafanzeige/Strafantrag

↓

Ermittlungsverfahren
durch den
Staatsanwalt

↓ ↓

Anklageerhebung **oder** Einstellung
bei hinreichendem des Verfahrens
Tatverdacht

↓

Urteil durch den Strafrichter
Geld- oder Freiheitsstrafe

1 Strafverfahren

Es kann für immer angeordnet werden, wenn die Höchstfrist von 5 Jahren zur Abwehr der vom Täter drohenden Gefahr nicht ausreicht.

Andererseits kann nach einem Jahr das Berufsverbot zur Bewährung ausgesetzt und eine Bewährungsfrist bestimmt werden.

Die Zeiten eines Gefängnisaufenthalts werden nicht angerechnet.

Das grundsätzlich zeitlich befristete und immer wieder überprüfbare Berufsverbot ist von der Aberkennung der Erlaubnis zur Führung der Berufsbezeichnung zu unterscheiden. Diese ist dauerhaft und erfolgt bei vorliegender Unzuverlässigkeit im Beruf durch die zuständige Verwaltungsbehörde.

Der Staatsanwalt ist Volljurist. Er tritt im Klageverfahren als Vertreter der Anklage auf.

Die Staatsanwaltschaft wird nach einer Verurteilung auch als Strafvollstreckungsbehörde tätig.

2.5.3 Bestrafung und Berufsverbot

Im Klageverfahren wird der Angeklagte vom Strafrichter entweder freigesprochen oder zu einer Strafe verurteilt.

Kleine Vergehen können auch ohne Hauptverhandlung durch einen Strafbefehl geahndet werden.

Das Berufsverbot gemäß §§ 70 – 70b StGB wird vom Strafrichter neben einer Strafe für die Dauer von 1 bis 5 Jahren angeordnet.

Bestrafung

Geldstrafe **oder** Freiheitsstrafe

ggf. Strafaussetzung
zur Bewährung

zuzüglich
Auflagen/Maßregeln
- Geldbetrag an eine gemeinnützige Einrichtung oder
- Therapieauflagen oder
- Entziehung der Fahrerlaubnis etc.
- ggf. Berufsverbot gemäß §§ 70 ff StGB

2 Bestrafung

•••••••••• **Aufgaben** •••

1. Was ist eine Straftat? Wie sind die Rechtsfolgen?

2. Erklären Sie das Berufsverbot.

3. Nennen Sie die Voraussetzungen der Strafbarkeit und Rechtfertigungsgründe aus dem Strafgesetzbuch.

4. In welchen Fällen ist das Unterlassen einer Handlung strafbar?

5. Erklären Sie den Unterschied von bewusster und unbewusster Fahrlässigkeit.

6. Wann liegt eine wirksame Einwilligung als Rechtfertigung für die Körperverletzung im pflegerischen Tun vor? Nennen Sie die Voraussetzungen.

7. Welche Personen sind für die Bewohner vertretungsbefugt und dürfen über die medizinischen und pflegerischen Maßnahmen entscheiden?

8. Nach welchen Kriterien entscheiden die rechtlichen Betreuer/Bevollmächtigten?

Aufgaben

9. Wann liegt ein rechtfertigender Notstand vor?

10. Wann ist eine Notwehrsituation gegeben?

11. Nennen Sie je ein Beispiel für folgende Straftaten: der fahrlässigen Körperverletzung, der Aussetzung, für Mord, Totschlag und der fahrlässigen Tötung in der Pflege.

12. Wann ist die Behandlungsbegrenzung und das Sterbenlassen rechtlich erlaubt? Stellen Sie die aktuelle Rechtsauffassung zur sog. Sterbehilfe dar.

13. Lesen Sie das Urteil des BGH vom 25.06.2010 – Az. 2 StR 454/09 im „Fall RA Putz".

14. Ist die gewerbsmäßige Förderung der Selbsttötung strafbar? Recherchieren Sie diesbezügliche Gesetzesvorhaben.

15. Lesen Sie den Beschluss des Verwaltungsgerichts Hamburg vom 06.02.2009 – Az. 8 E 3301/08im „Fall Kusch".

16. Wann liegen freiheitsentziehende Maßnahmen vor?

17. Erläutern Sie die Vorgehensweise bei der Anwendung einer freiheitsentziehenden Maßnahme.

18. Wann begehen Pflegekräfte die Straftat der Schweigepflichtverletzung?

19. Wann bleibt die Schweigepflichtverletzung durch einen rechtfertigenden Notstand straffrei?

20. Definieren Sie Voraussetzungen für eine Bestrafung und die „Schuldfähigkeit".

3 Die zivilrechtliche Haftung

Durch ein fehlerhaftes Handeln der Altenpflegekraft können die Pflegebedürftigen einen Schaden erleiden.

In einem solchen Fall bedeutet zivilrechtliche Haftung, dass die Pflegekraft dafür die Verantwortung übernehmen und bei einem zurechenbaren Verschulden Schadensersatz in Form von Geld leisten muss.

1 Schadensersatz

○ Praxisfall 22

Die Bewohnerin Frau W. ist seit einem erlittenen Schlaganfall rechtsseitig gelähmt und dadurch beim Gehen beeinträchtigt. Mit einem Gehwagen bewegt sie sich schleppend fort.

Aufgrund ihrer demenziellen Veränderung vergisst sie die Nutzung des Hilfsmittels und versucht freihändig zu gehen. Dabei stürzt sie zum wiederholten Male. Bisher hatten die Unfälle lediglich unerhebliche Prellungen zur Folge.

Die Leiterin des Wohnbereichs ist der Ansicht, dass Frau W. viel Bewegung braucht und daher nicht durch freiheitsentziehende Maßnahmen eingeschränkt werden soll. Dafür müsse man halt die Stürze in Kauf nehmen.

Der zuständigen rechtlichen Betreuerin wurde nahegelegt, Hüftprotektorenhosen für Frau W. zu kaufen. Damit können die Hüften beim Sturz abgepolstert werden. Sie dienen der Frakturprophylaxe.

Frau W. weigert sich jedoch diese dicken Polster unter ihren Hosen zu tragen. Sie entfernt sie immer wieder aus ihrer Kleidung.

Beim letzten Sturz kam es jedoch zu der gefürchteten Oberschenkelhalsfraktur, in deren Folge Frau W. ständig bettlägrig wurde.

Sie war in ihrem Zimmer über einen Läufer gestolpert. Die Pflegekraft Frau T. hatte diesen nicht entfernt, da Frau W. so sehr an dem geliebten Stück aus ihrer ehemaligen Wohnung hing und sich damit zuhause fühlen konnte.

Die Krankenkasse der Frau W. schickt an die Betreuerin einen Unfallermittlungsbogen.

Die Krankenversicherung prüft, ob für den Gesundheitsschaden der Frau W. die Pflegekräfte und / oder die Betreuungseinrichtung verantwortlich gemacht und Schadensersatz gefordert werden kann.

3.1 Anspruchsgrundlagen der zivilrechtlichen Haftung

Verletzen die verantwortlichen Pflegekräfte oder / und die Leitung der Betreuungseinrichtung oder des ambulanten Pflegedienstes ihre Sorgfaltspflichten gegenüber den Bewohnern und kommt es da-durch zu einem Schaden, dann liegt ein Haftungsfall vor.

Betrachten wir den Praxisfall 22 strafrechtlich, dann stellt sich die Frage, ob die betreffenden Altenpflegekräfte eine Straftat begangen haben.

Vorliegend kommt eine fahrlässige Körperverletzung in Betracht. Eine strafrechtliche Verfolgung wegen fahrlässiger Körperverletzung bedingt jedoch den Strafantrag der verletzten Person Frau W. Wird ein solcher Strafantrag hier ggf. durch die rechtliche Betreuerin nicht gestellt, dann wird der Staatsanwalt nicht tätig und es kommt zu keiner strafrechtlichen Haftung.

Trotzdem kann die geschädigte Person Frau W., hier vertreten durch die rechtliche Betreuerin, im Rahmen der zivilrechtlichen Haftung Schadensersatz fordern.

Hierzu beruft sie sich auf sogenannte Anspruchsgrundlagen. Diese können ein Vertrag oder / und gesetzliche Normen sein.

Im vorliegenden Praxisfall 22 kann Frau W. ihren Schadensersatzanspruch einerseits auf den Wohn- und Betreuungsvertrag mit der Betreuungseinrichtung und andererseits auf die sogenannte deliktische Haftung nach § 823 BGB und den Schmerzensgeldanspruch gemäß § 253 BGB begründen.

Potentiell haftende Personen im stationären oder ambulanten Pflegebereich sind:
- Pflege- und Betreuungskräfte
- Ärzte und andere Therapeuten
- Betreiber der Betreuungseinrichtung

1 | Haftung in der Pflege

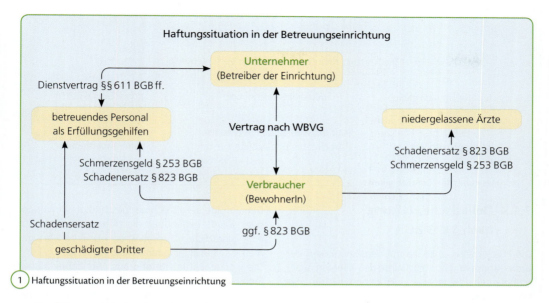

1 Haftungssituation in der Betreuungseinrichtung

- Qualitäts- und Hygienebeauftragte
- Wundmanager
- Produkthersteller

Sorgfaltspflichtverletzungen sind:
- Mangelhafte Risikoabschätzung/fehlerhafte Diagnostik
- Mangelhafte Pflege-, Behandlungs- oder Betreuungsplanung
- Pflege-, Behandlungs- und Betreuungsfehler
- Organisationsfehler
- Qualitätsmanagement- und Hygienefehler
- Mangelhafte oder fehlende Dokumentation

3.1.1 Wohn- und Betreuungsvertrag oder ambulanter Pflegevertrag

Die Betreuungseinrichtung (Heim) schließt beim Einzug mit dem betreffenden Bewohner gemäß dem bundeseinheitlichen Wohn- und Betreuungsvertragsgesetz (WBVG) einen Vertrag, der das Wohnen in der Einrichtung rundum regelt. Die Vertragspartner sichern sich gegenseitig zu, dass sie sich nicht schädigen werden.

Insbesondere wird dem Bewohner eine sorgfältige Pflege und Betreuung versprochen. Sollte es trotzdem durch eine Altenpflegekraft zu einem Schaden

kommen, ist der Vertrag verletzt und damit der Haftungsfall gegeben.

Da jedoch lediglich die Leitung der Einrichtung mit dem Bewohner eine vertragliche Bindung eingeht, richtet sich der vertragliche Schadenersatzanspruch ausschließlich gegen den Unternehmer, der Betreiber der Betreuungseinrichtung ist.

Dieser haftet aus eigenem Verschulden bei Organisationsfehlern oder aufgrund der arbeitsrechtlichen Haftungsgrundsätze für Fehler seiner Arbeitnehmer, den sog. Erfüllungsgehilfen bei der Umsetzung seiner vertraglichen Pflichten.

3.1.2 Grundsätze der Haftung für den Arbeitnehmer

Der Betreiber der Betreuungseinrichtung muss als Arbeitgeber auch für die Fehler seines Personals, den Erfüllungsgehilfen, geradestehen. Hierzu gibt es arbeitsrechtliche Haftungsgrundsätze, die sich am Ausmaß der Fahrlässigkeit des Handelns einer Altenpflegekraft orientieren.

In der ambulanten Pflege ist bei der zivilrechtlichen Haftung der Betreiber des Ambulanten Pflegedienstes in der Verantwortung.

Die Haftungsgrundsätze für das Personal sind auch im ambulanten Beschäftigungsverhältnis gleich.

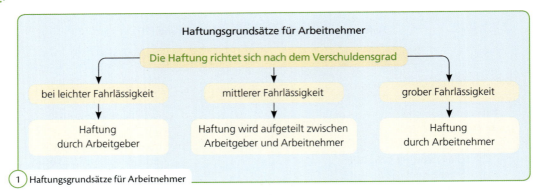

Haftungsgrundsätze für Arbeitnehmer

Die Haftung richtet sich nach dem Verschuldensgrad

bei leichter Fahrlässigkeit	mittlerer Fahrlässigkeit	grober Fahrlässigkeit
Haftung durch Arbeitgeber	Haftung wird aufgeteilt zwischen Arbeitgeber und Arbeitnehmer	Haftung durch Arbeitnehmer

1 | Haftungsgrundsätze für Arbeitnehmer

3.1.3 Deliktische Haftung nach § 823 BGB

Die Pflegekräfte schließen mit den Bewohnern der Betreuungseinrichtung bzw. mit den Klienten in der ambulanten Pflegebeziehung keinen Vertrag. Sie sind lediglich arbeitsvertraglich mit dem Betreiber der Einrichtung verbunden.

Deliktische Haftung der Pflegekraft

Haftung aus unerlaubter Handlung gemäß § 823 BGB

Handlung (aktives Tun oder Unterlassen)

und

Verletzung eines Rechtsgutes:
Leben, Gesundheit, körperliche Unversehrtheit, Freiheit, Eigentum, Besitz, allgemeines Persönlichkeitsrecht

und

ohne eine Rechtfertigung:
keine Einwilligung, kein rechtfertigender Notstand keine Notwehr

und

fahrlässige oder vorsätzliche Rechtsgutverletzung

und

Schaden

2 | Deliktische Haftung nach § 823 BGB

Demzufolge beruft sich der geschädigte Bewohner oder Klient gegenüber der Altenpflegekraft auf eine gesetzliche Anspruchsnorm und begehrt gemäß § 823 BGB Schadensersatz.

Diese sogenannte Haftung aus unerlaubter Handlung oder kurz deliktische Haftung genannt tritt immer ein, wenn ein widerrechtliches, schuldhaftes Handeln zu einem Schaden an Leib und Leben, am Vermögen, am Eigentum oder an dem Persönlichkeitsrecht des Bewohners bzw. Klienten führt.

Im Praxisfall 22 hat die Bewohnerin Frau W. einen Schaden an ihrer Gesundheit, an dem grundgesetzlich verbürgten Rechtsgut der körperlichen Unversehrtheit erlitten. Es stellt sich somit die Frage, ob eine Altenpflegekraft widerrechtlich und schuldhaft dafür zivilrechtlich verantwortlich ist.

3.2 Fahrlässiges Handeln als Haftungsvoraussetzung

Der Schaden eines Bewohners bzw. Klienten kann vorsätzlich (= bewusst und gewollt) oder fahrlässig verursacht werden.

In der Regel wird den handelnden Personen Fahrlässigkeit gemäß § 276 BGB und damit eine Sorgfaltspflichtverletzung vorgeworfen.

> ● **Merke**
>
> Fahrlässigkeit liegt vor, wenn die im beruflichen Handeln gebotene Sorgfalt missachtet wird.

Handeln umfasst das aktive Tun oder auch das Unterlassen einer Handlung.

3.2.1 Sorgfaltspflichten in der Altenpflege

Die Pflegekräfte und der Betreiber einer Betreuungseinrichtung oder des ambulanten Pflegebetriebes haben unterschiedliche Sorgfaltspflichten zu beachten:

- Fürsorge-/Schutzpflichten/Obhutspflichten
- Überwachungspflichten
- Informationspflichten
- Verkehrssicherungspflichten
- Organisationspflichten
- Dokumentationspflichten

Diese sind vertraglich mit dem zu Pflegenden vereinbart oder teilweise gesetzlich festgeschrieben. Die einzelne Altenpflegekraft ist arbeitsvertraglich verpflichtet, die ihr beruflich obliegende Sorgfalt walten zu lassen.

Was bedeutet nun Fahrlässigkeit in Zusammenhang mit diesen Sorgfaltspflichten?
Bei einer aufgetretenen Schädigung des Bewohners oder Klienten ist zu fragen, ob der Schaden bei sorgfältigem Handeln vermeidbar gewesen wäre.

3.2.2 Sorgfaltsmaßstab

Die Altenpflegekräfte haben ihre beruflichen Pflichten gemäß dem aktuellen Stand der Wissenschaft zu verrichten.
Dieser ist festgeschrieben unter anderem in den gesetzlichen Grundlagen zur Ausbildung, in aktuellen Lehrbüchern, in der Fachliteratur, in Richtlinien, in den Expertenstandards, in den Qualitätshandbüchern der Einrichtung oder in Arbeitsanweisungen, etc.

Die Verletzung der obliegenden Sorgfalt wird in drei Grade eingeteilt:

- **Leichte Fahrlässigkeit:**
Die augenblickliche Unaufmerksamkeit, die jeder sorgfältigen und pflichtbewussten Pflege-/Betreuungskraft jederzeit unterlaufen kann.

- **Mittlere Fahrlässigkeit**

- **Grobe Fahrlässigkeit:**
Eine grobe Fahrlässigkeit ist gegeben, wenn ein Fehlverhalten vorliegt, das „aus objektiver Sicht der tätigen Person bei Anlegung des für sie geltenden Ausbildungs- und Wissensmaßstabes nicht mehr verständlich und verantwortbar erscheint, weil ein solcher Fehler aus dieser Sicht schlechterdings nicht unterlaufen darf."
(gemäß der Rechtsprechung des BGH in unterschiedlichen Urteilen)

Eine grobfahrlässige Sorgfaltspflichtverletzung kann beispielsweise in den folgenden Fällen vorliegen:

- die Fixierung eines Bewohners ohne ärztliche Anordnung und ohne die erforderlichen Kontrollmaßnahmen durchzuführen.
- das Austrocknen eines Bewohners infolge ungenügender Flüssigkeitszufuhr.
- der Sturz eines Bewohners aus dem Bett während der Körperpflege infolge ungenügender Sicherung des Bewohners beim Abwenden der Pflegekraft vom Bett.

Leitsatz der BGH-Rechtsprechung zu Sturzunfällen:

Der Grundsatz, dass der Träger von Pflegeeinrichtungen ihre Leistungen nach dem allgemein anerkannten Stand medizinisch-pflegerischer Erkenntnisse bzw. – soweit Wohn- und Betreuungsverträge nach dem WBVG betroffen sind – nach dem jeweils allgemein anerkannten Stand fachlicher Erkenntnisse zu erbringen haben, ist auch bei der Frage zu beachten, wie sie auf eine hervorgetretene Sturzgefährdung von Bewohnern zu reagieren haben.

(BGH, Urteil vom 14.07.2005, III ZR 391/04)

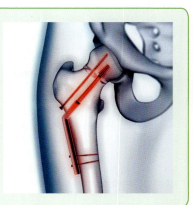

1 Rechtsprechung zum Sturzunfall

3.2.3 Obhuts- und Verkehrssicherungspflichten

Ist ein Bewohner nur noch beschränkt deliktsfähig oder gänzlich deliktsunfähig, dann setzt die gesteigerte Fürsorge- und Betreuungspflicht des Pflegepersonals für ihn ein.

In den Betreuungseinrichtungen bestehen daher insbesondere gegenüber den demenziell veränderten Bewohnern weitgehende Obhuts- und Verkehrssicherungspflichten. Diese haben einerseits die Altenpflegekräfte wahrzunehmen und andererseits hat der Betreiber der Einrichtung diese organisatorisch zu ermöglichen.

Die Pflicht zur Überwachung und Sicherung eines sich selbst gefährdenden Bewohners besteht in den Grenzen des Erforderlichen und des für das Personal und den Bewohner Zumutbaren.

Der BGH stellt bereits 1993 in einem Urteil in Bezug auf eine suizidale Person fest, dass „eine lückenlose Überwachung und Sicherung, die jede noch so fernliegende Gefahrenquelle ausschalten könnte" nicht denkbar erscheint und auch aus therapeutischen Gründen nicht angezeigt ist. „Entwürdigende Überwachungs- und Sicherungsmaßnahmen, soweit sie überhaupt zulässig sind, können nach heutiger medizinischer Erkenntnis eine erfolgversprechende Therapie gefährden." NJW 1994, 795

Diese höchstrichterliche Aussage gilt immer noch fort. Daher dürfen aus Gründen der Obhuts- und Verkehrssicherungspflichten das Anbringen von Hand- und Fußfesseln zur Fixierung des Bewohners am Bett oder am Stuhl oder das Einschließen des Bewohners im Zimmer zum Zwecke der Einschränkung der Bewegung nur als letztes Mittel bei ärztlich bestätigter medizinisch-pflegerischen Notwen-

---

Rechtssprechung zu den Obhuts- und Verkehrssicherungspflichten des Betreibers der Betreuungseinrichtung beim sturzgefährdeten Bewohner:

„Die Obhuts- und Verkehrssicherungspflichten sind allerdings begrenzt auf die in Pflegeheimen üblichen Maßnahmen, die mit einem vernünftigen finanziellen und personellen Aufwand realisierbar sind. Maßstab müssen das Erforderliche und das für die Heimbewohner und das Pflegepersonal Zumutbare sein. Dabei ist insbesondere auch zu beachten, dass beim Wohnen im Heim die Würde sowie die Interessen und Bedürfnisse der Bewohner vor Beeinträchtigungen zu schützen und die Selbständigkeit, die Selbstbestimmung und die Selbstverantwortung der Bewohner zu wahren und zu fördern sind.

Es kann nicht generell, sondern nur aufgrund einer sorgfältigen Abwägung sämtlicher Umstände des jeweiligen Einzelfalls entschieden werden, welchen konkreten Inhalt die Verpflichtung hat, einerseits die Menschenwürde und das Freiheitsrecht eines alten und kranken Menschen zu achten und andererseits sein Leben und seine körperliche Unversehrtheit zu schützen.

Allein aus dem Umstand, dass die Heimbewohnerin im Bereich des Pflegeheims gestürzt ist und sich dabei verletzt hat, kann nicht auf eine schuldhafte Pflichtverletzung des Pflegepersonals geschlossen werden. (→ keine Beweislastumkehr)

Eine lückenlose Überwachung durch die Mitarbeiter des Pflegeheims würde den Interessen der Heimbewohner an der Wahrung der Privatsphäre widersprechen."

(BGH, Urteil vom 28.04.2005 in NJW 2005, 1937 ff.)

1 Überwachung bei Sturzgefährdung

digkeit ausschließlich mit der Einwilligung des Bewohners bzw. seines zuständigen Betreuers oder der bevollmächtigten Person vorgenommen werden.

Aufgrund der zahlreichen Sturzunfälle in den Betreuungseinrichtungen mit schwerwiegenden gesundheitlichen Folgen bei den Bewohnern kommt es zu kostenträchtigen medizinischen Behandlungen. Daher haben die betroffenen Krankenversicherungen ein besonderes Interesse an der zivilrechtlichen Haftung und veranlassen unter Umständen den geschädigten Bewohner, Schadensersatz geltend zu machen.
Demgemäß finden sich zahlreiche höchstrichterliche Urteile zu der Sturzproblematik in den Betreuungseinrichtungen.

> ·○··Info····················
>
> **Haftung im Rahmen der Schutzpflichten und der Aufsichtsführung**
>
> **Voraussetzungen:**
> - Ein schutzbedürftiger Mensch
> - Obhuts- und Verkehrssicherungspflicht der Altenpflegekraft
> - Pflichtwidriges Unterlassen der Aufsicht
> - Keine Rechtfertigungsgründe/Rechtswidrigkeit
> - Verschulden der Altenpflegekraft
>
> **Umfang der Aufsichtspflicht:**
> Dieser bestimmt sich nach der Vorhersehbarkeit des schädigenden Verhaltens.
> Charakter und körperliche sowie geistige Eigenarten des Aufsichtsbedürftigen sind dafür entscheidend.
>
> **Leitsatz der Rechtssprechung des BGH:**
> „Das Ausmaß der Aufsichtspflicht bestimmt sich danach, was verständige Aufsichtspflichtige nach vernünftigen Anforderungen in der konkreten Situation an erforderlichen und zumutbaren Maßnahmen treffen müssen, um Schädigungen durch den Aufsichtsbedürftigen zu verhindern."

Diese Rechtsprechung wahrt die Grundrechte des sturzgefährdeten Bewohners auf ein würdevolles Leben in Freiheit und Selbstbestimmung unabhängig von den Kosten, die ein Sturzunfall für Gemeinschaft der Versicherten erzeugt.

Außerdem wird ein für die Altenpflegekraft und den Betreiber der Betreuungseinrichtung erträgliches Maß an Pflichterfüllung der Haftung zugrunde gelegt.

Aus den Obhuts- und Verkehrssicherungspflichten ergeben sich im Einzelnen Schutz- und Aufsichtspflichten gegenüber den Bewohnern.

Das Ausmaß hängt von den kognitiven Fähigkeiten der Bewohner ab, eigenständig das Verhalten steuern und über eine Eigengefährdung bestimmen zu können.

Jeder Mensch darf im Rahmen seiner grundrechtlich gewährten Autonomie sich selbst gefährden, soweit er dadurch nicht in die Rechte des Mitmenschen eingreift und diese beispielsweise schädigt.

Wir sprechen in diesem Sinne vom „Recht auf Verwahrlosung" oder vom „Recht auf den eigenen Sturz" oder vom „Recht auf Verwirrtheit".

3.2.4 Vorgehen bei Schutz- und Aufsichtsmaßnahmen

Ist ein Bewohner nur noch beschränkt deliktsfähig oder gänzlich deliktsunfähig, dann setzt die gesteigerte Fürsorge- und Betreuungspflicht ein, die gegebenenfalls eine besondere Aufsichtsführung erfordert.

In drei Stufen können die Maßnahmen der Aufsichtsführung im Einzelfalle festgelegt werden:

- **Erste Stufe: Vorhersehbarkeit der Selbst- oder Fremdgefährdung**

Risikoanalyse erstellen
Individuell wird eine aktuelle und exakte Risikoanalyse erarbeitet. Welche Gefährdung (Sturz, Brandlegung, Suizid, Ertrinken in der Badewanne, etc.), ist konkret beim Bewohner vorhersehbar?
Eine intensive Befassung mit der einzelnen Person, deren Verhaltensauffälligkeiten, der Symptome der Erkrankung, der Vorgänge in der Vergangenheit etc. sind hierzu erforderlich. Von der Altenpflegekraft sind hierbei die aktuellen Expertenstandards zum Sturz und anderer Gefährdungen heranzuziehen.

Info

Risikoanalyse

Beispielhafte Fragen zur aufsichtsbedürftigen Person und zur Umgebung:

- Welches Krankheitsbild liegt vor? (ärztliche Gutachten, Stellungnahmen)
- Welche Verhaltensauffälligkeiten sind bekannt und sind erkennbar?
- Bestehen Wahrnehmungs- und Orientierungsstörungen?
- Grad der Einsichtsfähigkeit?
- Werden Medikamente verabreicht, deren Wirkungsweise eine ständige Beobachtung erfordern?
- Besteht Selbstschädigungs- bzw. Suizidgefahr?
- Besteht eine Fremdgefährdung?
- Liegen spezielle Absprachen mit dem Betreuer oder Bevollmächtigten vor?
- Gibt es Gefahrenquellen im Haus und der örtlichen Umgebung z. B. Straßen, Seen etc.?

- **Zweite Stufe: Vermeidbarkeit der Verwirklichung des Risikos**

Mögliche Aufsichtsmaßnahmen finden

An dieser zweiten Stufe kann ein Brainstorming mit allen Beteiligten stattfinden, um völlig wertfrei Maßnahmen zu sammeln, welche geeignet sind, den Eintritt des bei Stufe eins festgestellten Risikos zu verhindern. Wichtig ist hierbei auch die Abklärung möglicher therapeutischer Maßnahmen mit dem behandelnden Arzt.

Maßnahmen bei einer festgestellten Sturzgefährdung: Hilfsmittel beim Gehen, sicheres Schuhwerk, die Entfernung von Sturzquellen z. B. den Läufern im Zimmer, die ständige Begleitung durch einen MitarbeiterIn, das Unterbinden der Bewegungsfreiheit durch Fixierungsmaßnahmen, Medikamente bei einer krankheitsbedingten Fallneigung, etc.;
oder
Maßnahmen bei einer festgestellten Brandlegungsgefahr: die ständige Begleitung durch einen MitarbeiterIn, Videoüberwachung, intensive Verhaltensbeobachtung incl. Dokumentation, intensive Be-

schäftigungsmaßnahmen per Plan, regelmäßige Durchsuchung des Zimmers und der Person, das Aufstellen von Regeln (Verbot des Besitzes von Zündhölzern, Feuerzeugen; Rauchen ausschließlich unter Aufsicht in bestimmten Räumen, etc.), regelmäßige Gespräche der MitarbeiterIn mit dem Bewohner, Psychotherapie, verhaltenstherapeutische Maßnahmen, Psychopharmakatherapie, das Benennen einer Vertrauensperson für den Bewohner, das Verbessern des Brandschutzes, der Austausch / die Informationsanforderung von Personen außerhalb der Einrichtung z. B. aus der WfB / Absprachen mit diesen Personen festlegen, die Anwendung von zeitweise freiheitsbeschränkenden Maßnahmen, etc.;

- **Dritte Stufe: Zumutbarkeit und Verhältnismäßigkeit der Maßnahmen**

Durchführbarkeit der Maßnahmen

Letztendlich müssen die bei der zweiten Stufe gesammelten Maßnahmen auf ihre Anwendbarkeit und mögliche Durchführbarkeit überprüft werden. Die Rechtsprechung fordert, dass die Maßnahmen für den Betroffenen aber auch für die Einrichtung bzw. den Mitarbeiter zumutbar sein müssen.

Beispielsweise ist die ständige Begleitung durch eine Betreuungsperson für die Einrichtung aus finanziellen Gründen unzumutbar und für den Bewohner ist sie nicht zumutbar, da diese totale Überwachung ebenso wie die ständige Videoüberwachung keine Intimsphäre zulässt.
Die Eingriffe in die Grundrechte des Bewohners müssen einer Verhältnismäßigkeitsprüfung standhalten. So ist die unablässige Fixierung des Bewohners bei einer vorliegenden Sturzgefährdung nicht verhältnismäßig und für den Bewohner unzumutbar. Sie ist somit verfassungswidrig.

3.2.5 Organisationsverschulden

Die Verletzung eines allgemein anerkannten fachspezifischen und aktuellen Sorgfaltsmaßstabes in Bezug auf bestimmte Organisationspflichten im Rahmen der pflegerischen Versorgung der Bewohner bzw. Klienten im ambulanten Bereich sowie in der Betreuung und Unterbringung von Bewohnern stellt ein sogenanntes Organisationsverschulden dar.

Die Leitung einer Betreuungseinrichtung oder eines ambulanten Pflegedienstes hat die Pflege und Betreuung der Bewohner bzw. Klienten so zu organisieren, dass jede vermeidbare Gefährdung des Bewohners/Klienten ausgeschlossen ist.

Im Rahmen des Organisationsverschuldens trifft den Betreiber einer Betreuungseinrichtung die Haftung wegen personeller Unterversorgung.

1 Organisationspflicht bei Sturzgefährdung

Er hat die umfassende Pflicht, alle zumutbaren Anstrengungen zur optimalen Pflege und Betreuung zu treffen und einen umfassenden Schutz vor unzulänglichen oder fehlerhaften Organisations- und Behandlungsmaßnahmen zu gewährleisten. Ein solches Organisationsverschulden liegt beispielsweise vor, wenn der Träger nicht für einen ausreichenden personellen Ausstattungsstandard sorgt und auch keine eindeutigen Anweisungen gibt, wie bei einem plötzlichen Engpass beispielsweise in der medizinisch-pflegerischen Versorgung zu verfahren ist.

3.2.6 Überlastungsanzeige

Die entsprechend befugten leitenden Personen müssen die Anordnungen treffen, die geeignet sind, um eine ausreichende Pflege und Betreuung sicherzustellen. Ist dieses wegen Personalknappheit nicht möglich, so dürfen die Führungskräfte nicht untätig bleiben. Sie müssen beim Betreiber den Mangel anzeigen und ihm somit Gelegenheit zur Abhilfe geben. Diese Anzeige sollte in Form der sog. Überlastungsanzeige schriftlich erfolgen. Eine nachvollziehbare Schilderung des Sachverhaltes mit Angaben von Ort und Zeit sowie ggf. Veränderungsvorschlägen sind inhaltlich zu beachten. Vorteilhaft ist es, wenn im Team Einigkeit besteht und ein gemeinsames Vorgehen möglich ist.

Beispiel für eine Überlastungsanzeige:

○ Beispiel

**An das
Haus Abendrot
z. Hd. der Pflegedienstleitung**

Betr.: Personalsituation im Wohnbereich.../ Organisationsverantwortung

Sehr geehrte/r ...,
seit ... ist die Personalbesetzung unseres Wohnbereiches aus verschiedenen Gründen dezimiert. Die in Kopie beigefügten Dienstpläne geben Ihnen hierüber Aufschluss.
So stehen derzeit pro Schicht für ... BewohnerInnen mit Pflegestufe III, ... BewohnerInnen mit Pflegestufe II und ... BewohnerInnen mit Pflegestufe I maximal eine examinierte Pflegefachkraft und zwei Altenpflegeschülerinnen zur Verfügung. In der Nacht muss eine Pflegekraft zwei räumlich getrennte Wohnbereiche alleine versorgen.
Erschwerend kommt hierbei hinzu, dass seit 1 Woche fünf BewohnerInnen aufgrund der ausgeprägten selbstgefährdenden Verhaltensweisen, die bisher therapeutisch nicht zu beeinflussen sind, eine besonders intensive Aufsichtsführung benötigen.
Unter diesen oben genannten personellen Bedingungen zeichnet sich inzwischen ab, dass eine sorgfältige pflegerische Versorgung nicht weiter gewährleistet werden kann. Insbesondere die Aufsichtspflicht ist nicht mehr in dem Maße durchführbar, wie sie bei einzelnen BewohnerInnen erforderlich und ärztlich angeordnet ist. Die Decubitus- und Sturzprophylaxe kann zeitweise ebenfalls nur in einem reduzierten Umfange erfolgen.
Ich sehe keine Möglichkeit, die personelle Situation insbesondere nach dem langfristigen Ausfall der schwangeren Mitarbeiterin Frau ... zu ändern und damit wieder eine ordnungsgemäße, sorgfältige Pflege zu sichern. Meine organisatorischen Mittel sind voll ausgeschöpft.
Ich zeige Ihnen daher hiermit meine Bedenken als verantwortungsbewusste Wohnbereichs-

....▶

leitung an und bitte Sie, unverzüglich durch die in Ihrer Macht stehenden organisatorischen Maßnahmen für Entlastung zu sorgen, um der sich abzeichnenden gefährlichen Pflege begegnen zu können.
Für eine gesprächsweise Erörterung der Situation und die Suche nach einer Lösung stehe ich gerne zur Verfügung.
Ihre Antwort wird bis zum … entgegengesehen.

Ort, den …

_____

Wohnbereichsleitung

Eine Kopie dieses Schreibens erhält die Leitung und die Mitarbeitervertretung bzw. der Betriebsratsvorsitzende

3.2.7 Delegation von ärztlichen Aufgaben

Die Altenpflegekraft erledigt im Rahmen der Behandlungspflege zahlreiche ärztliche Aufgaben.

Dieses erfolgt in Delegation des behandelnden Arztes. Dieser überträgt die Durchführung der angeordneten therapeutischen Maßnahmen auf das Pflegepersonal. Die Sorge für eine ordnungsgemäße medizinische Behandlung wird dem betreffenden Bewohner im Wohn- und Betreuungsvertrag durch die Betreuungseinrichtung zugesichert. In der ambulanten Pflege wird dementsprechend ein Pflegevertrag mit dem Klienten vereinbart.

Die Übertragung ärztlicher Aufgaben an nichtärztliches Personal führt immer wieder zu Unsicherheiten, da diesbezüglich eine gesetzliche Regelung fehlt.

● **Merke**

Grundsätzlich ist die Delegation von ärztlichen Aufgaben an nichtärztliche Mitarbeiter nur insoweit zulässig, als sie nicht dem ärztlichen Personal vorbehalten sind.

Die Grenze ist dort, wo die betreffende Tätigkeit gerade dem Arzt eigene Fähigkeiten und Kenntnisse voraussetzt und somit persönlich zu erbringen ist.

Entscheidend für die Delegationsfähigkeit einzelner Maßnahmen ist, ob sich bei der Durchführung durch nachgeordnetes Personal die Gefährdung des Patienten erhöht.

Inwieweit Aufgaben des Arztes auf Pflegekräfte oder anderes nichtärztliches Personal übertragen werden können hängt im Wesentlichen von

- der Art der Aufgabe,
- der Schwere des Krankheitsfalles und
- der Qualifikation des „Hilfspersonals"

ab.

Nicht-delegierbare ärztliche Aufgaben sind insbesondere die Anamnese, Indikationsstellung, Untersuchung des Patienten einschließlich invasiver diagnostischer Leistungen, Stellen der Diagnose, Aufklärung und Beratung des Patienten, Entscheidung über die Therapie und die Durchführung der invasiven Therapien einschließlich der operativen Eingriffe.

Fernerhin muss der Patient mit der Delegation und damit der Durchführung der ärztlichen Behandlungsmaßnahme durch die Altenpflegekraft einverstanden sein.

Die Übertragung der medizinischen Behandlungsmaßnahmen auf die Altenpflegekraft in einer Betreuungseinrichtung erfolgt in der Regel auf Weisung der Leitung der Einrichtung bzw. des Wohnbereichs des Bewohners. Der Arzt hat gegenüber dem Personal der Betreuungseinrichtung oder dem eines ambulanten Pflegedienstes keine unmittelbare Weisungsbefugnis.

Es bestehen keine arbeitsvertragliche Bindungen zwischen den die medizinische Behandlung ausführenden Pflegepersonen und dem anordnenden Arzt.

Die Delegation im Sinne der Übertragung von Aufgaben ist daher von der arbeitsrechtlichen Weisung zu unterscheiden.

In der Betreuungseinrichtung oder in der ambulanten häuslichen Pflege ordnet der Arzt beispielsweise im Rahmen eines Hausbesuches behandlungspflegerische Leistungen an. In einem derartigen Fall muss der Arzt sich auch von der Qualifikation des durchführenden Personals vergewissern. Er ist dafür verantwortlich, dass die angeordnete Therapie durch eine ausreichend ausgebildete Pflegekraft durchgeführt wird.

In einer Betreuungseinrichtung oder der ambulanten Pflegesituation darf er in der Regel darauf vertrauen, dass die Einrichtung bzw. der Pflegebetrieb als solcher für eine ordnungsgemäße Durchführung Sorge trägt.

Bestehen jedoch aufgrund von Angaben des betreffenden Patienten oder aufgrund von früheren Erfahrungen Anlass zu Zweifel darüber, ob die angeordnete Behandlungsmaßnahme von der Altenpflegekraft der Einrichtung oder des ambulanten Pflegebetriebes ordnungsgemäß durchgeführt wird, muss der Arzt von einer Delegation absehen und die Leistung selbst erbringen oder durch eigene Praxismitarbeiter erbringen lassen.

Im Rahmen der Delegation hat die delegierende Person bis zur Erledigung der Aufgabe die Anordnungsverantwortung zu tragen.

dem nicht für Aufgaben einsetzen, die gerade die eigenen Kenntnisse und Fähigkeiten erfordern.

Bei der Beurteilung der Qualifikation bzw. der Fähigkeiten einer Pflegekraft, Pflegehilfskraft oder eines Auszubildenden dürfen keine zu hohen Anforderungen gestellt werden. So ist es gemäß der höchstrichterlichen Rechtsprechung den Ärzten und Ärztinnen unmöglich alle Tätigkeiten der nichtärztlichen Hilfspersonen zu kontrollieren.

Wichtige Anhaltspunkte für die Qualifikation und den Aufgabenbereich des nichtärztlichen Personals ergeben sich aus deren Ausbildungsprogrammen.

So hat der Bundesgerichtshof in der Ausbildungsordnung für Krankenpflegerhelferinnen keinen Hinweis auf die Anleitung zur Verabreichung von intramuskulären Injektionen gefunden und dementsprechend verneinte er für den Regelfall auch die Zulässigkeit solcher Injektionen durch diese Mitarbeiter.

Die Anforderungen an die Überwachung und Anleitung der nachgeordneten Personen und damit die Organisationspflichten der Leitung einer Einrichtung sind insgesamt sehr hoch.

○ Info

Anordnungsverantwortung

Sorgfaltspflichten der delegierenden Person:
- die sorgfältige Auswahl der ausführenden Person
- die sorgfältige Instruktion der ausführenden Person
- die sorgfältige Überwachung der ausführenden Person

● Merke

Fehler bei der Auswahl des Personals und deren Anleitung sowie Überwachung stellen ein Organisationsverschulden dar.

Der Delegationsempfänger hat die Durchführungsverantwortung zu übernehmen.

○ Info

Durchführungsverantwortung

Sorgfaltspflichten der ausführenden Person:
- sorgfältige Prüfung der eigenen Fähigkeiten und der formalen Ausbildung
- kritische Prüfung der Anordnung
- Gefährdung für den Bewohner/Klienten bei Durchführung der Behandlung durch die Altenpflegekraft?
- Prüfen der Remonstrationspflicht
- sorgfältige Durchführung der Anordnung

Hat die delegierende Person keine ausreichende Kenntnis über die Qualifikation des nachgeordneten Personals, muss sie dieses in die notwendigen Verrichtungen einweisen oder sich der korrekten Ausführung vergewissern. Kein Vertrauen blindlings!

Weiß die delegierende Person die Leistungsfähigkeit der Altenpflegekraft einzuschätzen und stellt sie bei ihr eine über ihre formelle Qualifikation hinausgehende Fähigkeit fest, so darf sie diese trotz-

● Merke

Jede Person ist grundsätzlich für ihr Handeln (Tun oder Unterlassen) verantwortlich.

Führt die Durchführung der ärztlichen Aufgabe durch eine Pflegekraft zu einer Gefährdung beim Bewohner oder Klienten, ist die Delegation zurückzuweisen.

Es besteht diesbezüglich eine Remonstrationspflicht.

Ist die handelnde Pflegekraft durch die Ausführung der Anordnung aufgrund ihrer zu geringen Qualifikation oder aufgrund der mangelhaften Organisation des Betreibers der Betreuungseinrichtung (z. B. bei erheblichem Personalnotstand) überfordert, ist sie verpflichtet, die Durchführung der Maßnahme abzulehnen ohne dass ihr hieraus arbeitsrechtliche Nachteile entstehen.

Bedenken gegen die Rechtmäßigkeit einer Anordnung müssen vom Delegationsempfänger unverzüglich gegenüber der delegierenden Person bzw. dem anordnenden Arzt geäußert werden. Sollte die Anordnung trotzdem aufrechterhalten werden, so muss der nächst höhere Vorgesetzte eingeschaltet werden.

Übernimmt der Delegationsempfänger die Aufgabe, obwohl er weiß, dass er zur Durchführung der Anordnung nicht geeignet ist oder diese offensichtlich behandlungsfehlerhaft ist, muss er im Schadensfall wegen sog. Übernahmeverschulden haften.

Werden Delegationsaufgaben nicht erledigt aus Gründen vorliegender sog. Überlastung, dann ist ggf. eine Überlastungsanzeige an den verantwortlichen Vorgesetzten bzw. Arbeitgeber zu richten.

○ Literatur

Bekanntmachung der Bundesärztekammer: „Persönliche Leistungserbringung, Möglichkeiten und Grenzen der Delegation ärztlicher Leistungen."

Im Dt. Ärzteblatt, Heft 41 vom 10. 10. 2008/ siehe unter www.baek.de

3.2.8 Dokumentationspflicht

In der Pflege- und Betreuungstätigkeit hat die Altenpflegekraft zahlreichen Dokumentationspflichten nachzukommen. Diese sind einerseits heimrechtlich geregelt und andererseits in den sozialrechtlichen Leistungsgesetzen festgeschrieben und werden somit durch die Heimaufsichtsbehörden und den MDK überprüft.

Im Rahmen der therapeutischen Maßnahmen hat der Patient gemäß § 630 f BGB ein Anspruch auf Dokumentation aus dem Behandlungsvertrag mit dem Arzt.

Die Dokumentation der pflegerischen und therapeutischen Handlungen dient der
● Pflege- und Therapiesicherung
● Beweissicherung
● Qualitätssicherung
● Rechenschaftslegung

Der Umfang der Dokumentation richtet sich nach dem Sinn und Zweck der Aufzeichnung. Grundsätzlich sind die Pflege- und Behandlungsmaßnahmen für einen Fachmann transparent darzustellen. Das bedeutet, dass der Pflege- und Behandlungsverlauf nachvollziehbar und verständlich aus der Dokumentation hervorgehen muss. Das pflegerisch und medizinisch Übliche und Erforderliche muss erkennbar erbracht worden sein. Insbesondere ist die Abweichung vom Standard zu dokumentieren.

Die Durchführung freiheitsentziehender Maßnahmen sind gesondert zu dokumentieren. Hierzu bestehen spezielle gesetzliche Regelungen.

Die Dokumentation erfolgt schriftlich, wobei auf Leserlichkeit zu achten ist.

1 Dokumentation

Stichworte und der Hinweis auf vorliegende Standards oder Ausführungsbeschreibungen z. B. im Qualitätshandbuch der Einrichtung genügen.

Inzwischen erfolgt die Dokumentation häufig computergestützt und bei Bedarf mit Fotos und Videoaufnahmen versehen. Zu beachten ist, dass ausschließlich gesicherte elektronische Datenträger Verwendung finden und die Dokumentation nur mit dem Einverständnis des Bewohners bzw. Klienten stattfinden darf. Werden beispielsweise bei der Heimaufnahme eines Bewohners an dessen Gesäß vorliegende Druckgeschwüre fotodokumentarisch festgehalten, ist zuvor die schriftliche Einwilligung ggf. beim zuständigen Betreuer oder Bevollmächtigten einzuholen.

Grundsätzlich ist eine zeitnahe Dokumentation sinnvoll, obwohl das nachträgliche Schließen von Dokumentationslücken rechtlich nicht ausgeschlossen ist. Allerdings sind der Nachtrag sowie Korrekturen in der Dokumentation kenntlich zu machen.

Im Haftungsprozess können Dokumentationslücken durch andere Beweismittel ersetzt werden, insbesondere durch Sachverständigengutachten. Dokumentationsmängel können jedoch zur Beweislastumkehr führen.

Da die Verjährung der Schadensersatzansprüche von drei bis dreißig Jahre reicht, empfiehlt sich, eine Aufbewahrung der Dokumenationsunterlagen entsprechend lange vorzunehmen.

Teilweise bestehen für bestimmte Unterlagen gesetzliche Aufbewahrungsfristen.

Der Bewohner bzw. Klient hat ein jederzeitiges Einsichtsrecht in die Dokumentationsunterlagen. Dieses kann auch durch den zuständigen rechtlichen Betreuer oder Bevollmächtigten und gegebenenfalls durch Erben wahrgenommen werden.

§ Gesetz

Wohn- und Teilhabegesetz NRW
§ 8 Gewaltprävention, freiheitsbeschränkende und freiheitsentziehende Maßnahmen

(1) …

(2) Freiheitsbeschränkende und freiheitsentziehende Maßnahmen sind unter Berücksichtigung des besonderen Schutzbedürfnisses der Nutzerinnen und Nutzer auf das unbedingt notwendige Maß zu beschränken und unter Angabe der Genehmigung des Betreuungsgerichts oder der rechtswirksamen Einwilligung der Nutzerin oder des Nutzers sowie der oder des für die Anordnung und Überwachung der Durchführung der Maßnahme Verantwortlichen zu dokumentieren. Sofern im Rahmen des Angebotes freiheitsbeschränkende oder freiheitsentziehende Maßnahmen umgesetzt werden, müssen die Leistungsanbieterinnen und Leistungsanbieter schriftlich in einem Konzept Möglichkeiten der Vermeidung freiheitsbeschränkender und freiheitsentziehender Maßnahmen festlegen. In diesem Konzept ist darzulegen, wie die Trennung zwischen Durchführung und Überwachung der Maßnahmen geregelt ist. (…).

§ 10 Dokumentationspflichten

(1) Leistungsanbieterinnen und Leistungsanbieter haben zu dokumentieren, dass und wie sie die Anforderungen nach diesem Gesetz oder auf Grund dieses Gesetzes erfüllen. Aufzeichnungen, die für andere Stellen als die zuständige Behörde angelegt worden sind, können seitens der Leistungsanbieterinnen und Leistungsanbieter zum Nachweis der Erfüllung der Anforderungen des Satzes 1 verwendet werden, wenn sie nicht älter als ein Jahr sind. Die Dokumentation muss sich je nach Angebotstyp und Leistungsumfang erstrecken auf die tatsächliche Art der Nutzung, die Betreuung der Nutzerinnen und Nutzer einschließlich deren Versorgung mit Arzneimitteln und der Zusammenarbeit mit Ärztinnen und Ärzten, die Umsetzung von Konzepten, insbesondere zur Teilhabeförderung und Gewaltprävention, und die Verwaltung von Geldern. Aus der Dokumentation müssen auch Angaben über die Beschäftigten und ihre Aufgaben ersichtlich sein.

(2) Leistungsanbieterinnen und Leistungsanbieter haben die aktuellen und für die Leistungserbringung erforderlichen nutzerinnen- und nutzerbezogenen Teile der Dokumentation am Ort der Leistungserbringung zur Prüfung vorzuhalten. Die anderen Teile der Dokumentation können auch am Ort der Verwaltung der Leistungsanbieterin oder des Leistungsanbieters vorgehalten werden.

3.3 Schadensersatzforderung durch den Geschädigten

Im Praxisfall 22 hat die Bewohnerin Frau W. einen Gesundheitsschaden erlitten. Die rechtliche Betreuerin macht daher namens und in Vertretung der geschädigten Bewohnerin gegenüber der Betreuungseinrichtung Schadensersatz geltend.

> ● Merke
>
> Der Schaden ist die unfreiwillige Einbuße eines Rechtsgutes.

Bei Frau W. sind die Rechtsgüter Gesundheit und die körperliche Unversehrtheit verletzt worden.

Dem Betreiber der Einrichtung wird eine Vertragsverletzung vorgeworfen, die zu dieser Schädigung geführt hat.

Der Schadensersatz soll einerseits die Vermögenseinbußen, die infolge der Schädigung beim Geschädigten und dessen Krankenversicherung entstanden sind, ausgleichen. Andererseits verlangt der Geschädigte eine gewisse Wiedergutmachung für sein erlittenes Leiden.

3.3.1 Materieller Schaden

Die Gesundheitsschädigung führt bei der Bewohnerin Frau W. und deren Krankenversicherung zu Kosten für die Krankenhaus- und Rehabilitationsbehandlung, für Hilfs- und Heilmittel, für Medikamente, für einen vermehrten Pflegeaufwand (höhere Pflegestufe) und gegebenenfalls höheren Unterbringungskosten in der Einrichtung. Lebt der

1 | Schadensersatzanspruch

Geschädigte im häuslichen Bereich, werden unter Umständen Umbaumaßnahmen zum behindertengerechten Wohnen erforderlich, die ebenfalls als materieller Schaden geltend gemacht werden können.

Als materieller Schaden sind sämtliche Kosten zu verzeichnen, die infolge der Schädigung für den Geschädigten entstehen.

3.3.2 Immaterieller Schaden: Schmerzensgeld

Das Schmerzensgeld stellt den immateriellen Schaden dar. Daran hat der Geschädigte selbst ein gesteigertes Interesse, da es neben dem Kostenersatz der Wiedergutmachung dient und somit eine Genugtuungsfunktion besitzt.

> ● Merke
>
> Das Schmerzensgeld gleicht die durch die Schädigung entgangene Lebensfreude aus.

Das Schmerzensgeld erfolgt in der Regel als Einmalzahlung. In besonderen Fällen kann auch eine fortlaufende Schmerzensgeldrente gezahlt werden.

Die Höhe des Schmerzensgeldes bemisst sich am erlittenen Schaden und den damit verbundenen vorübergehenden oder gar dauerhaften Beeinträchtigungen. In den sogenannten Schmerzensgeldtabellen finden sich zahlreiche Schadensfälle, die zur Orientierung bei der Festlegung eines Forderungsbetrages herangezogen werden.

3.3.3 Durchsetzung des Schadensersatzanspruches

Im Schadensfalle kann die geschädigte Person vorerst außergerichtlich den Schaden geltend machen. Hierzu ist es erforderlich, das Schadensereignis genau zu beschreiben und die Forderung gegenüber der schädigenden Person bzw. dem Vertragspartner zu beziffern.

Aus dem Anspruchschreiben an den Betreiber der Betreuungseinrichtung oder des betreffenden Ambulanten Pflegedienstes oder in Ausnahmefällen an eine bestimmte Pflegekraft muss hervorgehen, wer durch welche Pflichtverletzung wann welche Schädigung verursacht und verschuldet hat.

Im Praxisfall 22 ist möglicherweise die mangelhafte Sturzprophylaxe durch das Personal der Einrichtung für die dauerhafte Gesundheitsschädigung der Frau W. ursächlich geworden.

Die durch den Schlaganfall erhöht sturzgefährdete Bewohnerin ist über den Läufer gestolpert. Es stellt sich somit die Frage, ob eine Sorgfaltspflichtverletzung der Pflegekräfte den Sturz und damit die Schädigung verursacht haben, da der Läufer als bekannte Sturzquelle entgegen jeglicher wissenschaftlicher Erkenntnisse nicht entfernt worden war.

Fernerhin ist zu erörtern, ob dieses pflichtverletzende Verhalten des Pflegepersonals gegebenenfalls durch das Selbstbestimmungsrecht der Frau W., die sich gegen die Entfernung des Läufers und gegen die Nutzung der Hüftprotektoren zur Wehr gesetzt hat, gerechtfertigt ist. War der Schadensfall nicht durch andere zumutbare und verhältnismäßige Maßnahmen durch die Pflegekräfte zu vermeiden, liegt kein Verschulden vor und eine Haftung entfällt.

3.3.4 Beweislast

Wird Schadensersatz geltend gemacht, hat in der Regel der geschädigte Anspruchsteller die Beweislast. Das bedeutet, dass im Praxisfall 22 die geschädigte Bewohnerin Frau W. den vorgetragenen Sachverhalt und insbesondere die Ursächlichkeit der vorgeworfenen Pflichtverletzung für ihren erlittenen Schaden sowie das Verschulden des Pflegepersonals bzw. gegebenenfalls das Organisationsverschulden des Betreibers der Einrichtung beweisen muss.

Hierzu bedarf es der Einsichtnahme in die Dokumentation. Bei jedem Sturz wird ein sogenanntes Sturzprotokoll erstellt, das als Urkunde zum Beweis heranzuziehen ist.

Außerdem kann ein Gutachten erforderlich werden, das unter Umständen durch die Krankenversicherung des Geschädigten beim MDK veranlasst wird.

Wird in einem Schadensfalle dem Arzt ein Behandlungsfehler vorgeworfen, so kann auch die unabhängige Gutachterkommission der Ärztekammern eingeschaltet werden.

Die Tätigkeit der Sachverständigen des MDK oder der Gutachterkommission der Ärztekammern erfolgt für den Geschädigten unentgeltlich.

3.3.5 Beweislasterleichterungen

In Ausnahmefällen kommt es für den geschädigten Anspruchsteller zu Beweislasterleichterungen bis hin zur Beweislastumkehr.

Diese tritt ein, wenn ein typisches Fehlverhalten des Schädigers vorliegt, so dass nach der allgemeinen Lebenserfahrung oder nach der Erfahrung der Wissenschaft von dem eingetretenen Schaden auf einen schuldhaften Fehler der handelnden Person als Ursache geschlossen werden kann, dem sogenannten Beweis des ersten Anscheins.

> **◯ Info**
>
> **Beweislastumkehr und Beweiserleichterungen**
>
> - beim sog. Beweis des ersten Anscheins
> - bei grobfahrlässigen Pflege- oder Behandlungsfehlern
> - bei mangelhafter Dokumentation

Außerdem kommt es bei schweren, grobfahrlässigen Fehlern zu Beweiserleichterungen. Hierbei ergibt die Gesamtbetrachtung des Geschehens, dass der Schädiger gegen elementare Regeln verstoßen hat und dies nicht mehr verständlich und verantwortbar erscheint.

Beispiele: die mangelnde Desinfektion der Hände vor einer Injektion oder wenn das Pflegepersonal bei auftretenden Komplikationen im Rahmen der Grund- und Behandlungspflege nicht unverzüglich den Arzt verständigt.

Die mangelhafte Dokumentation kann zugunsten des Bewohners/Klienten die Vermutung begründen, dass eine nicht dokumentierte Maßnahme auch nicht durchgeführt worden ist, mit der Folge der Beweislastumkehr. Dieser Grundsatz ist dem Dekubitus-Urteil des BGH aus 1986 zu entnehmen.

> ○ Info
>
> **Rechtsprechung:**
>
> Entscheidung des BGH vom 18. 03. 1986, sog. Dekubitus-Urteil:
>
> „Im Krankenblatt eines Krankenhauspatienten, bei dem die ernste Gefahr eines Durchliegegeschwürs (Dekubitus) besteht, sind sowohl die Gefahrenlage (Dekubitus-Risiko), als auch die ärztlich angeordneten Vorbeugungsmaßnahmen zu dokumentieren."
>
> Der vorliegende Dokumentationsmangel führt zur Verlagerung der Beweislast auf die Seite des Schädigers.

3.3.6 Zivilrechtliches Klageverfahren

Kommt außergerichtlich mit dem Betreiber der Einrichtung oder des ambulanten Pflegedienstes keine Einigung zustande, kann der Schadensersatzanspruch auf dem Klagewege vor dem zuständigen Amts- oder Landgericht durchgesetzt werden.

Die Zuständigkeit richtet sich nach dem Streitwert. Bei einer Schadensersatzforderung bis 5.000.– € ist die Klage beim Amtsgericht einzureichen.

3.3.7 Hilfen im Zivilprozess

Die Rechtsantragstellen beim Amtsgericht vor Ort helfen beim Formulieren von Anträgen. Sie dürfen aber keine Rechtsberatung durchführen.

Im außergerichtlichen Verfahren gibt es für mittellose Geschädigte staatliche Beratungshilfe gemäß dem Beratungshilfegesetz.

Diese umfasst Beratung und außergerichtliche Vertretung durch einen frei ausgewählten Rechtsanwalt. Die Mittellosigkeit ist glaubhaft zu machen.

Hinsichtlich der Kosten eines gerichtlichen Verfahrens kann der mittellose Geschädigte auf Antrag Prozesskostenhilfe vom Staat beanspruchen.

Er erhält ganz oder teilweise eine kostenlose anwaltliche Vertretung im Prozess und die Übernahme der Gerichtskosten, wenn Erfolgsaussichten bestehen. Eine mutwillige Prozessführung ist nicht erlaubt.

3.3.8 Regressansprüche der Kranken- und Pflegekassen

Tritt infolge einer Pflichtverletzung durch das Pflegepersonal oder durch den Betreiber einer Einrichtung bzw. durch den ambulanten Pflegedienst ein Gesundheitsschaden beim Bewohner / Klient auf, so werden dadurch zusätzliche Pflege- und Behandlungskosten erzeugt. Die Pflege- und Krankenversicherung des Geschädigten hat demzufolge ein besonderes Interesse an einer Erstattung dieser aufgewendeten Kosten durch den Schädiger.

Es handelt sich hierbei um einen Teil des Schadensersatzanspruches des geschädigten Bewohners / Klienten, der gemäß § 116 I SGB X auf die zuständige Kranken- und Pflegekasse übergeht.

Aus diesem Grunde wenden sich bei Schadensereignissen wie einem Sturz oder dem Auftreten eines Druckgeschwürs die Kranken- und Pflegekassen mit sogenannten Unfallermittlungsbögen an ihren geschädigten Versicherten und unter Umständen an die Leitung der Einrichtungen.

Im Umgang mit diesen Unfallermittlungsbögen sollte das Pflegepersonal größte Sorgfalt walten lassen. Sie sind in der Regel an den Versicherten selbst gerichtet und von diesem bzw. seinem rechtlichen Betreuer oder der bevollmächtigten Person auszufüllen. Keinesfalls sollte die Pflegekraft sich damit befassen und diese gar unterzeichnen.

Sie kann lediglich Hilfestellung geben, in dem sie das Sturzprotokoll oder ein Auszug aus der Dokumentation dem Geschädigten in Kopie zur Verfügung stellt.

Wird die Einrichtung selbst von der Kranken- und Pflegekasse um Auskunft über das Unfall- bzw. Schadensereignis gebeten, ist der betroffene Geschädigte um die Entbindung von der Schweigepflicht anzufragen und mit ihm das Vorgehen abzustimmen.

3.3.9 Gesamtschuldnerische Haftung

In der zivilrechtlichen Haftung sind häufig mehrere Verursacher für den Schaden auszumachen.

○··Praxisfall 23··············

Der Bewohner Herr P. hat sich beim Baden in dem 60 °C. heißen Badewasser schwerste Verbrennungen zugezogen.
Die Altenpflegefachkraft Herr M. hat die Temperatur des Wassers nicht überprüft und den demenziell veränderten Bewohner mit dem Lifter einfach ins dampfende Wasser gelassen.

Im vorliegenden Fall haftet der Betreiber der Betreuungseinrichtung wegen der fehlerhaften Temperaturregelung an der Badewanne. Diese technische Fehlorganisation führt zu einer eigenständigen Haftung des Betreibers. Darüber hinaus ist ihm gegebenenfalls ein Auswahl und Überwachungsverschulden hinsichtlich der Pflegekraft vorzuwerfen.

Außerdem hat der Pfleger Herr M. seine Sorgfaltspflichten aufs gröbste verletzt, da er den Bewohner ohne eine Überprüfung der Badewassertemperatur einfach in die Wanne gesetzt hat. Das darf einer Altenpflegefachkraft nicht passieren.

Somit kommen für den Schaden als Gesamtschuldner der Betreiber der Betreuungseinrichtung und der Pfleger Herr M. auf. Der geschädigte Bewohner kann sich aussuchen, von welchem der beiden Gesamtschuldner er den Schadensersatz fordert. Diese müssen sodann untereinander klären, wer welchen Anteil aufzubringen hat.

3.3.10 Berufshaftpflichtversicherung

Wird die Altenpflegekraft zum Schadensersatz herangezogen bedarf es einer speziellen Berufshaftpflichtversicherung.

Die Mitgliedschaft in einem Berufsverband oder einer Gewerkschaft beinhaltet eine Rechtsschutzversicherung und in der Regel auch eine Berufshaftpflichtversicherung.

Der Arbeitgeber hat in der Regel eine Betriebshaftpflichtversicherung abgeschlossen. Die Pflegekraft

sollte sich erkundigen, welche Schäden dadurch abgesichert sind.
Fernerhin bieten manche Privathaftpflichtversicherungen ohne zusätzliche Mehrkosten auch die Berufshaftpflichtversicherung an.
Die strafrechtliche Verantwortung kann grundsätzlich nicht durch eine Versicherung abgewendet werden.

3.4 Schadensersatzpflichten des Bewohners

In den Betreuungseinrichtungen können auch die Pflegekräfte selbst oder Mitbewohner einen Sach – oder Gesundheitsschaden durch einen Bewohner erleiden.

○··Praxisfall 24··············

Die Bewohnerin Frau S. leidet an einer fortgeschrittenen Alzheimererkrankung.
Sie hat einen ausgeprägten Bewegungsdrang und strebt immer wieder in die Zimmer der Mitbewohner auf ihrer Etage.
Dort steckt sie diverse Sachen wie Nachttischuhren oder andere Gegenstände in ihre Taschen. Außerdem schüttet sie das Kölnisch Wasser der Mitbewohnerin Frau D. in den Ausguss des Waschbeckens.
Diese ist darüber sehr verärgert. Es kommt zu einem Handgemenge, in deren Folge Frau S. die schwache Frau D. zu Boden wirft und verletzt.

Dabei stellt sich die Frage, ob der Bewohner für den Schaden aufzukommen hat.

Zum Schadensersatz kann der Bewohner herangezogen werden, wenn er voll oder beschränkt deliktsfähig ist.

Im Praxisfall 24 haftet die Bewohnerin Frau S. nur, wenn sie trotz ihrer kognitiven Einschränkungen ihr Verhalten noch steuern und die Konsequenzen ihres Handelns erkennen kann.

Die Beurteilung der Deliktsfähigkeit ist eine diagnostische Maßnahme. Ein auf dem Gebiet der Psychiatrie tätiger Arzt ist dafür heranzuziehen.

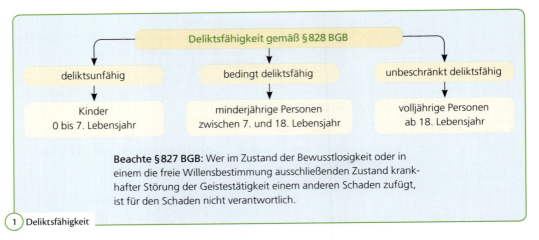

Beachte §827 BGB: Wer im Zustand der Bewusstlosigkeit oder in einem die freie Willensbestimmung ausschließenden Zustand krankhafter Störung der Geistestätigkeit einem anderen Schaden zufügt, ist für den Schaden nicht verantwortlich.

1 Deliktsfähigkeit

Stellt sich die Deliktsunfähigkeit des schädigenden Bewohners heraus, so ist zu prüfen, ob die Pflegekräfte ihre Obhuts- und Verkehrssicherungspflichten verletzt haben und damit die Haftung der Einrichtung wie oben beschrieben einsetzt.

Kann den Pflegekräften bzw. dem Betreiber der Einrichtung keine Pflichtverletzung vorgeworfen werden, bleibt der Schaden ein schicksalshafter Unfall, der vom Geschädigten hingenommen werden muss.

······Aufgaben··●··

1. Prüfen Sie den Praxisfall 22 hinsichtlich der strafrechtlichen und der zivilrechtlichen Haftung.

2. Hat sich die Altenpflegekraft Frau T. strafbar gemacht?

3. Welche Straftat kann ihr vorgeworfen werden?

4. Hat sie im strafrechtlichen Sinne eine Rechtfertigung für ihr Handeln?

5. Hat sie im zivilrechtlichen Sinne fahrlässig gehandelt?

6. Definieren und erklären Sie den Begriff der Fahrlässigkeit in der zivilrechtlichen Haftung.

7. Welchen Schaden hat Frau W. im Praxisfall 22 erlitten?

8. Erläutern Sie den Begriff des Organisationsverschuldens im Praxisfall 24.

9. Welchen Zweck verfolgt eine sogenannte Überlastungsanzeige?

10. Erläutern Sie die Prinzipien der Delegation.

11. Was ist unter der Remonstrationspflicht zu verstehen?

12. Stellen Sie die Grundzüge der Schadensersatzhaftung dar.

13. Definieren Sie die Deliktsfähigkeit in Zusammenhang mit der Haftung im Schadensfalle.

4 Betreuungsrecht: Stellvertretung der volljährigen Person

1 Geschichtliche Entwicklung des Betreuungsrechts

Am 01.01.1992 ist das Gesetz zur Reform des Rechts der Vormundschaft und Pflegschaft für Volljährige, das sogenannte Betreuungsgesetz (BtG), in Kraft getreten.

Dieses neue Betreuungsrecht war verbunden mit verschiedenen Änderungen in über 50 Gesetzen. Inzwischen erfolgten mehrere Überarbeitungen.

Historisch betrachtet gab es bereits im germanischen Stammesrecht ein Schutzverhältnis für „Wahnsinnige", die sog. „Munt". Dieses beinhaltete eine Vermögensverwaltung und Vertretung im Prozess.

Im römischen Recht wurde die Fürsorge für psychisch Kranke den nächsten männlichen Verwandten übertragen. Für Stumme und Taube gab es Gebrechlichkeitspfleger.

In der sächsischen Vormundschaftsordnung von 1782 für „Wahn- und Blödsinnige" und im preußischen Allgemeinen Landrecht von 1794 war die Anordnung der Vormundschaft bei Vorliegen einer sog. „Blödsinnigkeitserklärung" mit der Folge der Geschäftsunfähigkeit der Person verbunden.

Der französische Code Civil von 1803 sah eine Entmündigung bei Verstandesschwäche, Wahnsinn oder Raserei einer Person vor.

Die Preußische Vormundschaftsordnung von 1875 führte zu einer Reform des Rechts, in dem die Unterscheidung zwischen Vormundschaft als Fürsorge in allen Angelegenheiten und der Pflegschaft als Fürsorge beschränkt auf besondere Aufgabenbereiche eingeführt wurde.

Mit der Einführung des Bürgerlichen Gesetzbuches vom 01.01.1900, des noch geltenden BGB, hatte das Entmündigungs-, Vormundschafts- und Pflegschaftsrecht für Volljährige erneut eine Reform erfahren.

Vormundschaftsrecht des BGB von 1900:

- Entmündigung verbunden mit Vormundbestellung
  Entmündigung bei Geisteskrankheit mit der Folge der Geschäftsunfähigkeit oder Entmündigung in anderen Fällen z. B. bei Trunksucht.
- Gebrechlichkeitspflegschaft für Volljährige
  Pflegerbestellung mit Einwilligung des Gebrechlichen oder ohne seine Einwilligung (Zwangspflegschaft)

Die Pflegschaft war für einzelne Angelegenheiten beispielsweise der Vermögensverwaltung möglich. Sie war keine Vormundschaft und hatte keine Auswirkungen auf die Geschäftsfähigkeit der betreffenden Person.

Für die freiheitsentziehende Unterbringung wurde im Laufe der Jahre ein gerichtlicher Genehmigungsvorbehalt eingeführt.

Entmündigungen und Vormundschaften wurden restriktiv angeordnet. Dafür kam es vermehrt zu Gebrechlichkeitspflegschaften z. B. für die Aufgabenkreise Aufenthaltsbestimmung, ärztliche Heilbehandlung und Vermögensangelegenheiten.

Dieses Vormundschaftsrecht führte insbesondere
- zu unverhältnismäßigen Rechtseingriffen. Eine Vormundschaft bedeutete für den Betroffenen den Verlust der Geschäftsfähigkeit, des Wahlrechts, der Testierfähigkeit und der Eintragung ins Bundeszentralregister
- zur Diskriminierung
- zu einer Vernachlässigung der Personensorge. Ein Vormund hatte cirka 110 bis 220 Mündel zu betreuen.

Diese Mängel gaben Anlass zur umfassenden Reform in 1992. Das neue Betreuungsrecht bezweckte insbesondere die Verwirklichung der Selbstbestimmung des Betreuten und seiner Grundrechte allgemein sowie die Klarstellung von Verfahrens- und Sachfragen.

Am 01.01.2005 trat das Betreuungsrechtsänderungsgesetz in Kraft. Hierdurch wurde insbesondere das bisherige Vergütungssystem der Berufsbetreuer auf eine pauschale Vergütung nach festgelegten Zeitkontingenten unabhängig von der tatsächlich erbrachten Arbeitszeit umgestellt.

Außerdem soll die Erstellung von Vorsorgevollmachten gefördert werden, um dadurch rechtliche Betreuungen zu verhindern.

Am 01.09.2009 erfolgte bereits die 3. Änderung des Betreuungsrechts verbunden mit der Reform der Verfahrensregeln im Gesetz der Freiwilligen Gerichtsbarkeit (FGG). Das FGG wurde durch das Gesetz über das Verfahren in Familiensachen und in den Angelegenheiten der Freiwilligen Gerichtsbarkeit (FamFG) ersetzt.

○ Info

Betreuungsgesetz (BtG):

seit dem 01.01.1992 in Kraft
- Selbstbestimmung des Betreuten
- Wahrung seiner Grundrechte

am 01.01.2005 trat das 2. Betreuungsrechtsänderungsgesetz in Kraft
- pauschaliertes Vegütungssystem für Berufsbetreuer
- Förderung der Errichtung von Vorsorgevollmachten

am 01.09.2009 traten das 3. Betreuungsänderungsgesetz und das FamFG in Kraft
- neue Regeln für das Verfahren der Betreuung und Unterbringung im 3. Buch des FamFG
- neue Begrifflichkeiten: Betreuungsgericht statt Vormundschaftsgericht

2 Die Stellvertretung für eine volljährige Person unter Berücksichtigung vorsorgender Regelungen

Die Altenpflegekräfte versorgen und betreuen häufig Menschen, die insbesondere aufgrund vorliegender Demenzerkrankungen kognitiv eingeschränkt sind. Hierbei stellt sich dann die Frage, ob die Bewohner oder Klienten noch selbst über die durchzuführenden Pflege- und Behandlungsmaßnahmen bestimmen können.

○ Praxisfall 25

Bei Frau A. liegt eine langjährige Diabeteserkrankung vor. Das rechte Bein ist amputiert. Sie sitzt im Rollstuhl. Infolge eines Schlaganfalls wird sie völlig hilflos. Sie soll in eine Betreuungseinrichtung umziehen.
Frau A. benötigt Hilfe bei der Körperpflege und tägliche s.c. Insulingaben.
Frau A schließt den Wohn- und Betreuungsvertrag mit der Betreuungseinrichtung.

Die rechtliche Voraussetzung für die Durchführung der Pflege- und Behandlungsmaßnahmen im Praxisfall 25 ist die Einwilligung durch Frau A. Diese

Einwilligung kann sie selbst erklären, da sie kognitiv nicht eingeschränkt und einwilligungsfähig ist.

Für die Vertragsschließung mit der Betreuungseinrichtung muss Frau A. geschäftsfähig sein.

○ Praxisfall 26

Bei der Bewohnerin Frau B. liegen eine insulinpflichtige Diabetes- und eine fortgeschrittene Demenzerkrankung verbunden mit einer ausgeprägten „Weglauftendenz" vor. Sie kann aufgrund ihres geistigen Zustandes keine eigenen Entscheidungen mehr treffen.

Frau B. benötigt Hilfe bei der Körperpflege, s.c. Insulingaben und zeitweise freiheitsentziehende Maßnahmen.

Im Praxisfall 26 kann Frau B. selbst nicht mehr die Einwilligung für die Durchführung der Pflege- und Behandlungsmaßnahmen erklären. Sie ist aufgrund der schweren demenziellen Veränderung offensichtlich einwilligungsunfähig.

Somit muss ein rechtlicher Stellvertreter für sie die Entscheidungen treffen und erforderliche Willenserklärungen abgeben.

Vertretungsbefugt bei Volljährigen sind Bevollmächtigte oder rechtliche Betreuer.

Es stellt sich somit die Frage, ob die Bewohnerin Frau B als sie noch einwilligungs- und geschäftsfähig war eine Vorsorgevollmacht errichtet hat und demgemäß eine bevollmächtigte Person die erforderlichen Einwilligungen in die Pflege- und Behandlungsmaßnahmen geben kann.

Falls keine Vollmacht vorliegt muss vom Betreuungsgericht eine rechtliche Betreuung beschlossen werden.

● Merke

Das Handeln und Entscheiden für eine andere Person bedarf einer Vertretungsbefugnis.

Der berechtigte Stellvertreter wird durch ein Gericht oder durch eine Vollmacht bestimmt.

Angehörige bzw. Ehepartner sind ohne Bevollmächtigung oder ohne eine Bestellung zum rechtlichen Betreuer durch das Betreuungsgericht für diese nicht vertretungsbefugt!

1 Stellvertretung

Schließen nicht vertretungsbefugte Personen wie beispielsweise Angehörige Rechtsgeschäfte für einen geschäftsunfähigen Bewohner/Klient ab, so hängt deren Wirksamkeit von der Zustimmung der vertretungsbefugten Person ab.

Die Vertreter ohne Vertretungsbefugnis laufen Gefahr, für die Verpflichtungen einstehen zu müssen im Rahmen der Geschäftsführung ohne Auftrag.

2.1 Die Vorsorgevollmacht

In einer Vorsorgevollmacht ernennt eine Person eine oder mehrere vertraute Personen zur Stellvertretung entweder in einzelnen oder in allen Angelegenheiten.

Diese sogenannte gewillkürte Stellvertretung erfolgt vorsorglich, das heißt die bevollmächtigte Person soll erst im Falle der Geschäftsunfähigkeit oder der Einwilligungsunfähigkeit des Vollmachtgebers in Vertretung für diesen Entscheidungen treffen dürfen.

Bei Erstellung der Vorsorgevollmacht muss der Vollmachtgeber noch geschäftsfähig sein. Im Gegensatz zur Betreuungs- und Patientenverfügung handelt es sich bei der Vorsorgevollmacht um ein Rechtsgeschäft.

Wesentlicher Inhalt der Vorsorgevollmacht:
* Personalien des Vollmachtgebers und der bevollmächtigten Person/Personen
* ggf. Ersatzbevollmächtigte und/oder Kontrollbevollmächtigte
* umfangreiche Aufgabenkreise festlegen
* Wirksamkeit: bei vorliegender Einwilligungs-oder/und Geschäftsunfähigkeit
* Dauer: bis zu einem Widerruf/ggf. über den Tod hinaus
* Unter Umständen koppeln mit einer Betreuungsverfügung

Die Bevollmächtigten sind den gesetzlichen Betreuern gleichgestellt. Das bedeutet, dass beim Vorhandensein einer wirksamen Vollmacht die Betreuerbestellung nur für die nicht von der Vollmacht erfassten Aufgabenbereiche erfolgen darf.

In einer Vorsorgevollmacht sind in Bezug auf den Aufgabenkreis der Gesundheitsangelegenheiten häufig Ausführungen einer Patientenverfügung enthalten.

① Vorsorgevollmacht

Registrierung der Vorsorgevollmacht:
www.vorsorgeregister.de

② Vorsorgeregister

Eine strikte Trennung von Vorsorgevollmacht und der Patientenverfügung ist von Vorteil. Im Gegensatz zur Vollmacht soll die Patientenverfügung jährlich aktualisiert werden. Außerdem bedarf die Patientenverfügung nicht der Geschäftsfähigkeit des Verfügenden, sondern lediglich dessen Einwilligungsfähigkeit.

Die Vorsorgevollmacht bedarf insbesondere bei größeren Vermögensverwaltungen und vorhandenem Immobilieneigentum zur Anerkenntnis durch die Banken oder Behörden der notariellen Beurkundung.

Empfehlenswert ist insbesondere bei älteren Menschen, die eine Vorsorgevollmacht errichten, die Bestätigung der Geschäftsfähigkeit durch den behandelnden Hausarzt und die Bekanntgabe der Vorsorgevollmacht bei den kontoführenden Bankinstituten.

Außerdem sind die Betreuungsbehörden befugt, die Vorsorgevollmacht zu beglaubigen. Diese Unterschriftenbeglaubigung erhöht die spätere Anerkennung im Rechtsverkehr.

Eine regelmäßige Aktualisierung der Vollmacht ist nicht erforderlich. Sie bleibt bis zu ihrem Widerruf bestehen und kann bei entsprechendem Zusatz über den Tod hinaus gelten.

Eine Registrierung im Vorsorgeregister der Bundesnotarkammer ist möglich.

Die Betreuungsgerichte holen bei Einleitung eines Betreuungsverfahrens Auskunft aus dem Register ein und benachrichtigen gegebenenfalls unverzüglich die bevollmächtigte Person. Es bedarf dann keiner rechtlichen Betreuung.

2.2 Die Betreuungsverfügung

Im Anhang einer Vorsorgevollmacht befindet sich häufig auch eine sogenannte Betreuungsverfügung.
Diese ist eine schriftliche, vorsorgende Verfügung für den gegebenenfalls später eintretenden Betreuungsfall.
Eine rechtliche Betreuung kann trotz Vorsorgevollmacht erforderlich werden, wenn bestimmte Aufgabenkreise in der Vollmacht fehlen oder wenn die Vollmacht formale Mängel aufweist oder wenn die bevollmächtigte Person ihr Amt nicht ausüben kann, beispielsweise weil sie nicht mehr geschäftsfähig ist. Dieses ist teilweise ein Problem bei der gegenseitigen Bevollmächtigung von nahezu gleichaltrigen Personen / Ehepartnern.

Zum Zeitpunkt der Erstellung einer Betreuungsverfügung ist die Geschäftsfähigkeit des Verfügenden nicht erforderlich, da es sich lediglich um die Äußerung des natürlichen Willens handelt. Sie stellt kein Rechtsgeschäft dar.

In einer Betreuungsverfügung kann eine Person für eine Betreuerbestellung Wünsche zur Person des Betreuers äußern und in Bezug auf dessen inhaltliche Tätigkeit Ausführungen machen.

Das Betreuungsgericht und der Betreuer müssen die Wünsche soweit möglich in die Tat umsetzen.

Selbstverständlich kann eine Betreuungsverfügung auch unabhängig von einer Vorsorgevollmacht errichtet werden.

Betreuungsverfügungen sind bei Kenntniserlangung von einem Betreuungsbestellungsverfahren gemäß § 1901 c BGB unverzüglich beim Betreuungsgericht abzuliefern.

1 Betreuungsverfügung

2.3 Die Patientenverfügung

Durch eine Patientenverfügung kann eine einwilligungsfähige Person ihren natürlichen Willen zur zukünftigen medizinischen Behandlung und Pflege für den Fall der Einwilligungsunfähigkeit kundtun. Die Geschäftsfähigkeit ist nicht Voraussetzung für die Rechtsverbindlichkeit dieser Willensäußerung.

Seit 01.09.2009 liegen mit § 1901 a,b,c BGB und § 1904 Abs. 4 BGB eine gesetzliche Regelung vor. Diese soll eine rechtliche Verbindlichkeit der Patientenverfügung herbeiführen und beruht auf den Rechtsgrundsätzen der Rechtsprechung des Bundesgerichtshofes (BGH).

 Gesetz

§ 1901 a BGB Patientenverfügung

(1) Hat ein einwilligungsfähiger Volljähriger für den Fall seiner Einwilligungsunfähigkeit schriftlich festgelegt, ob er in bestimmte, zum Zeitpunkt der Festlegung noch nicht unmittelbar bevorstehende Untersuchungen seines Gesundheitszustands, Heilbehandlungen oder ärztliche Eingriffe einwilligt oder sie untersagt (Patientenverfügung), prüft der Betreuer, ob diese Festlegungen auf die aktuelle Lebens- und Behandlungssituation zutreffen. Ist dies der Fall, hat der Betreuer dem Willen des Betreuten Ausdruck und Geltung zu verschaffen. Eine Patientenverfügung kann jederzeit formlos widerrufen werden.

(2) Liegt keine Patientenverfügung vor oder treffen die Festlegungen einer Patientenverfügung nicht auf die aktuelle Lebens- und Behandlungssituation zu, hat der Betreuer die Behandlungswünsche oder den mutmaßlichen Willen des Betreuten festzustellen und auf dieser Grundlage zu entscheiden, ob er in eine ärztliche Maßnahme nach Absatz 1 einwilligt oder sie untersagt. Der mutmaßliche Wille ist aufgrund konkreter Anhaltspunkte zu ermitteln. Zu berücksichtigen sind insbesondere frühere mündliche oder schriftliche Äußerungen, ethische oder religiöse Überzeugungen und sonstige persönliche Wertvorstellungen des Betreuten.

(3) Die Absätze 1 und 2 gelten unabhängig von Art und Stadium einer Erkrankung des Betreuten.

(4) Niemand kann zur Errichtung einer Patientenverfügung verpflichtet werden. Die Errichtung oder Vorlage einer Patientenverfügung darf nicht zur Bedingung eines Vertragsschlusses gemacht werden.

(5) Die Absätze 1 bis 3 gelten für Bevollmächtigte entsprechend.

§ 1901 b BGB Gespräch zur Feststellung des Patientenwillens

(1) Der behandelnde Arzt prüft, welche ärztliche Maßnahme im Hinblick auf den Gesamtzustand und die Prognose des Patienten indi-

ziert ist. Er und der Betreuer erörtern diese Maßnahme unter Berücksichtigung des Patientenwillens als Grundlage für die nach § 1901 a zu treffende Entscheidung.

(2) Bei der Feststellung des Patientenwillens nach § 1901 a Absatz 1 oder der Behandlungswünsche oder des mutmaßlichen Willens nach § 1901 a Absatz 2 soll nahen Angehörigen und sonstigen Vertrauenspersonen des Betreuten Gelegenheit zur Äußerung gegeben werden, sofern dies ohne erhebliche Verzögerung möglich ist.

(3) Die Absätze 1 und 2 gelten für Bevollmächtigte entsprechend.

§ 1901 c BGB Schriftliche Betreuungswünsche, Vorsorgevollmacht

Wer ein Schriftstück besitzt, in dem jemand für den Fall seiner Betreuung Vorschläge zur Auswahl des Betreuers oder Wünsche zur Wahrnehmung der Betreuung geäußert hat, hat es unverzüglich an das Betreuungsgericht abzuliefern, nachdem er von der Einleitung eines Verfahrens über die Bestellung eines Betreuers Kenntnis erlangt hat. Ebenso hat der Besitzer das Betreuungsgericht über Schriftstücke, in denen der Betroffene eine andere Person mit der Wahrnehmung seiner Angelegenheiten bevollmächtigt hat, zu unterrichten. Das Betreuungsgericht kann die Vorlage einer Abschrift verlangen.

Der Gesetzgeber fordert, dass die Patientenverfügung schriftlich mit den Personalien, Datum, Ort und Unterschrift versehen, vorliegt. Der geäußerte Wille muss der betreffenden Person eindeutig zugeordnet werden können.

Die Benutzung eines vorgefertigten Formulars ist möglich. Persönliche Veränderungen können darin vorgenommen werden und sind zu empfehlen.

Soweit die Person noch einwilligungsfähig ist sollte die Verfügung in 1–2 jährlichem Abstand erneuert werden. Hierzu reicht die Bestätigung des Gewollten mit Datum, Ort und Unterschrift aus.

Bei Eintritt der Einwilligungsunfähigkeit ist der letztmalig geäußerte Wille entscheidend.

Der Inhalt bedarf detaillierter Umschreibungen zur jeweiligen Situation in der die (nicht) gewollte Maßnahme Geltung erlangen soll beispielsweise für die Sterbephase oder im komatösen Zustand bei bestimmten nicht aufhaltbaren schweren Leiden etc..

Für die genannte Situation können Patientenverfügungen Aussagen zur Unterlassung oder Beendigung von Behandlungsmaßnahmen wie der künstlichen Ernährung, der Beatmung oder der Reanimation enthalten sowie Wünsche zur Schmerzbehandlung, der Art der Unterbringung und Pflege oder des Hinzuziehens weiterer sachkundiger Vertrauenspersonen.

Die Grenze für die Befolgung des geäußerten Willens ist die nicht erlaubte, strafbare aktive Sterbehilfe im Sinne der strafbaren Tötung auf Verlangen nach § 216 StGB oder des Totschlags nach § 212 StGB.

Ein Widerruf der Patientenverfügung ist jederzeit formlos möglich soweit die Einwilligungsfähigkeit noch gegeben ist.

Das jeweilige Verhalten der betreffenden Person (Kopfschütteln, Abwehrhaltung etc.) ist auch bei einer vorliegenden Patientenverfügung und der ggf. eingetretenen Einwilligungsunfähigkeit immer zu beachten und in der Gesamtsituation zu bewerten.

Eine Behandlungsvereinbarung nach § 2 PsychKG NW ist rechtlich wie eine Patientenverfügung zu betrachten.

Merke

Rechtliche Vorgaben für die Patientenverfügung gemäß §§ 1901 a, b, c BGB sind unter anderem die inhaltliche Konkretheit: das heißt die konkrete gewollte oder nicht gewollte Behandlungs- und Pflegemaßnahmen in bestimmten näher beschriebenen Situationen bei einer erkennbaren Werthaltung des Verfügenden und der Auslegung der schriftlichen Patientenverfügung mit der Frage, ob ein tatsächlicher oder lediglich mutmaßlicher Wille vorliegt.

Die Grenzen und Probleme einer Patientenverfügung sind rechtlicher und ethischer Natur.

Grundsätzlich ist es dem Menschen unmöglich schicksalhafte Verläufe im Vorhinein zu erfassen und somit eine inhaltlich konkrete Patientenverfügung für alle später auftretende Behandlungsgeschehen zu erstellen.

Die Abgrenzung zur Sterbehilfe und insbesondere zum assistierten Suizid ist im Einzelfall zu klären.

Wir bewegen uns bei der Beachtung einer konkreten Patientenverfügung gegebenenfalls im strafrechtlichen Bereich der Tötung auf Verlangen bzw. des Totschlags.

○ Literatur

Die Mitteilung der Pressestelle des BGH zum Fall RA Putz Nr. 129/2010 vom 25.06.2010

„Abbruch lebenserhaltender Behandlung auf der Grundlage des Patientenwillens ist nicht strafbar"

BGH, Urteil vom 25. Juni 2010 – 2 StR 454/09

Aufgrund dieser Nähe zu strafbaren Handlungen und dem Vorliegen ethischer Konfliktsituationen kommt es immer wieder zu Rechtsfällen, in denen Pflegekräfte und Betreuungseinrichtungen das Absetzen der künstlichen Ernährung bei Wachkomapatienten trotz eindeutiger Patientenverfügungen bzw. dem Vorliegen eines tatsächlichen Patientenwillens verweigern. Die ethische Verpflichtung, grundsätzlich Leben zu erhalten, wird von Ärzten und Pflegekräften häufig über die rechtlichen Vorgaben der §§ 1901 a,b,c BGB gestellt.

Der Bundesgerichtshof musste sich in den letzten 20 Jahren zunehmend mit den Fällen eines Abbruchs der künstlichen Ernährung oder dem Unterlassen anderer lebenserhaltender medizinischer Behandlungen teilweise bei Vorlage einer Patientenverfügung befassen.

Hierbei waren einerseits strafrechtliche Fragen zu klären und andererseits die zivilrechtlich Frage der genehmigungspflichtigen Behandlung nach § 1904 BGB.

Wegweisend sind unter anderem die folgenden beiden Entscheidungen:

- Urteil des BGH 2 StR 320/10 vom 10.10.2010 zur Vorgehensweise bei Vorliegen einer Patientenverfügung
- Urteil zum Fall H.S., BGH, Beschluss vom 17.03.2003 – XVII ZB 2/03 (Schleswig); NJW 2003, 1588 ff.;

○ Literatur

Literaturempfehlungen zum Thema Patientenverfügung und Sterbebegleitung:

„Grundsätze der Bundesärztekammer zur ärztlichen Sterbebegleitung"
Dt. Ärzteblatt, Jg. 108, Heft 7, 18.2.2011
S. A 346 ff.

„Handreichungen für Ärzte zum Umgang mit Patientenverfügungen"
Dt. Ärzteblatt 96, Heft 43, 29.10.1999
S. A 2720 ff.

„Empfehlungen der Bundesärztekammer und der Zentralen Ethikkommission bei der Bundesärztekammer zum Umgang mit Vorsorgevollmacht und Patientenverfügung in der ärztlichen Praxis" aus 2013

„Arbeitspapier der BÄK zum Verhältnis der Patientenverfügung und einer Organspendeerklärung" vom 19.03.2013"
siehe www.bundesaerztekammer.de

Stellungnahmen unter www.hospize.de zur Patientenverfügung

Vorsorge für Unfall, Krankheit, Alter durch Vollmacht, Betreuungsverfügung, Patientenverfügung vom Bayerischen Justizministerium www.justiz.bayern.de

kritische Anmerkungen zum Instrument der Patientenverfügung als Ausdruck der Selbstbestimmung finden sich in „Patientenverfügungen … in Frage gestellt", Hrsg.: BioSkop e.V. in Essen, www.bioskop-forum.de

Ratgeber „Patientenverfügung",
Hrsg.: Bundesministerium der Justiz,
www.bmj.de

3 Die rechtliche Betreuung

Während die Vorsorgevollmacht eine gewillkürte Stellvertretung darstellt, handelt es sich bei der rechtlichen Betreuung um eine gesetzliche Stellvertretung.

> **Merke**
>
> Die rechtliche Betreuung ist keine Entmündigung und darf nicht mehr als Vormundschaft bezeichnet werden.
> Der rechtliche Betreuer ist kein Vormund.

Die rechtliche Betreuung stellt außerdem keine soziale Betreuung dar. Die Bezeichnung für diese gesetzlich geregelte Stellvertretung ist daher trügerisch, da unter dem Begriff des „Betreuens" hilfebedürftige Menschen eine soziale Begleitung und emotionale Unterstützung verstehen und erwarten.

3.1 Voraussetzungen für die Einrichtung einer rechtlichen Betreuung nach § 1896 BGB

Die Voraussetzungen, welche für die Einrichtung einer rechtlichen Betreuung bei der zu betreuenden Person vorliegen müssen, sind im § 1896 BGB geregelt.

Demgemäß muss die Person volljährig sein. Für Minderjährige gilt ein anderes Vertretungsrecht.

Außerdem muss eine psychische Krankheit oder geistige, körperliche oder seelische Behinderung vorliegen verbunden mit der sozialen Folge unfähig zur Besorgung von Angelegenheiten rechtlicher und tatsächlicher Art zu sein.
Trotz der Gegebenheit der genannten Voraussetzungen ist die Betreuerbestellung nur zulässig bei Erforderlichkeit.

Die rechtliche Betreuung ist somit subsidär gegenüber tatsächlichen Hilfen im Sinne des § 1896 Abs. II S. 2 BGB und gegenüber wirksamen Vorsorgevollmachten.

> **Info**
>
> **Rechtliche Betreuung gemäß 1896 BGB**
>
> **Voraussetzung:**
> Volljährigkeit und psychische Krankheit oder geistige, körperliche oder seelische Behinderung verbunden mit der sozialen Folge der Unfähigkeit zur Besorgung von Angelegenheiten
> **Erforderlichkeit der rechtlichen Betreuung:**
> keine wirksame Vorsorgevollmacht keine ausreichende tatsächliche Hilfe
>
> Gegen den **freien** Willen der Person darf kein Betreuer bestellt werden!

> **Merke**
>
> Die gewillkürte Stellvertretung durch eine Vorsorgevollmacht geht der gesetzlichen Stellvertretung in Form der rechtlichen Betreuung vor.

Die gesetzliche Regelung verdeutlicht, dass die Tatsache einer Angehörigeneigenschaft zu keiner rechtlichen Vertretung des Volljährigen führt.

Im Unterschied zum Minderjährigen, bei welchem die Eltern in der Regel gesetzlich zur rechtlichen Vertretung vorgesehen sind, sind bei der volljährigen Person der Ehepartner oder die leiblichen Kinder nicht gesetzlich als Stellvertreter benannt.

Soll ein Angehöriger die Vertretungsbefugnis erhalten für bestimmte Aufgabenkreise, dann muss die betroffene Person diesem eine Vollmacht erteilen oder der Angehörige muss vom Betreuungsgericht zum rechtlichen Betreuer bestellt werden.

> **Merke**
>
> Gemäß § 1896 Abs. 1a BGB darf gegen den freien Willen der Person kein Betreuer bestellt werden.
> Bei der Einrichtung einer rechtlichen Betreuung bleibt die Geschäftsfähigkeit des Betreuten sowie seine Einwilligungsfähigkeit in Behandlungs- und Pflegemaßnahmen unberührt.

Erst die richterliche Anordnung eines Einwilligungsvorbehaltes nach § 1903 BGB bedeutet für den Betreuten eine Beschränkung seiner Geschäftsfähigkeit in der zu besorgenden Angelegenheit.

Im Bereich der Gesundheitsfürsorge betreffend der Einwilligung in Behandlungsmaßnahmen ist ein solcher Einwilligungsvorbehalt rechtlich nicht möglich, da es sich bei der Einwilligung in Behandlungs- und Pflegemaßnahmen um keine Rechtsgeschäftliche Willenserklärung handelt.

Ohne die Anordnung eines Einwilligungsvorbehalts muss im Zweifel bei jeder Einzelmaßnahme die Geschäftsfähigkeit des Betreuten geprüft werden.

Zur Kontrolle eines Bevollmächtigten kann bei gegebenem Anlass vom Betreuungsgericht ein sog. Kontroll- oder Überwachungsbetreuer bestellt werden.

Unter Umständen wird dem Betreuer die Aufgabe auferlegt, eine Vorsorgevollmacht zu widerrufen, wenn der Bevollmächtigte nicht mehr in der Lage ist, diese ordnungsgemäß zu erfüllen.

3.2 Verfahren zur Bestellung eines rechtlichen Betreuers

Während die Voraussetzungen zur Einrichtung einer rechtlichen Betreuung und die sonstigen inhaltlichen Vorgaben zur Aufgabenwahrnehmung als rechtlicher Betreuer im Bürgerlichen Gesetzbuch (BGB) zu finden sind, sind die Normen zum gerichtlichen Verfahren bei der Bestellung des Betreuers, bei Änderungen in der Betreuung sowie bei Beschwerden und das Unterbringungsverfahren in den §§ 271 ff. FamFG, dem Gesetz über das Verfahren in Familiensachen und in den Angelegenheiten der freiwilligen Gerichtsbarkeit, in der ab 01.09.2009 geltenden Fassung enthalten.

3.2.1 Reguläres Verfahren zur Bestellung des Betreuers

Das reguläre Betreuungsverf<ahren läuft wie folgt ab:

- Anregung einer Betreuung
  Jede volljährige Person kann durch ein formloses Schreiben gegebenenfalls verbunden mit einem ärztlichen Attest beim zuständigen Betreuungsgericht, das sich im jeweiligen Amtsgericht befindet, oder bei der kommunalen Betreuungsbehörde das Betreuungsverfahren auslösen.
  Häufig sind es Angehörige oder Pflegekräfte bzw. die sozialen Dienste der Betreuungseinrichtungen oder Krankenhäuser, welche das Betreuungsgericht einschalten und die Notwendigkeit einer rechtlichen Betreuung für eine Person vortragen.

Beachte:
Wollen die Ehepartner oder andere Angehörige am Verfahren beteiligt werden, können sie dieses gemäß § 271 Abs. 4 FamFG beim Betreuungsgericht beantragen.

- sozial-psychiatrisches Gutachten
  Im Auftrag des Betreuungsgerichts wird dann in der Regel durch einen Psychiater ein ausführliches sozial-psychiatrisches Betreuungsgutachten erstellt.
  Unter Umständen kann das Gutachten des MDK zur Feststellung der Pflegestufe bei der Pflegekasse vom Gericht gemäß § 280 ff. FamFG i.V.m. § 94 Abs. 2 SBG XI angefordert werden. Da dieses jedoch zu den Voraussetzungen nach § 1896 BGB wenig Angaben enthält, reicht es als Betreuungsgutachten selten aus.
  Weigert sich die zu betreuende Person kann eine zwangsweise Vorführung gegebenenfalls verbunden mit einer Unterbringung in einer geschlossenen psychiatrischen Abteilung zur Begutachtung erfolgen.

- richterliche Anhörung
  Nach Vorlage des Gutachtens verschafft sich der Betreuungsrichter selbst einen unmittelbaren Eindruck vom Betroffenen und sucht diesen in der Regel in seinem Wohnumfeld auf.

- Verfahrenspfleger
  Soweit es zur Wahrnehmung der Interessen des Betroffenen erforderlich ist, bestellt das Gericht ihm gemäß § 276 FamFG einen Pfleger für das Verfahren.
  Auch bei bestimmten Änderungen wie der Anordnung des Einwilligungsvorbehaltes oder bei genehmigungspflichtigen Geschäften nach §§ 1904, 1906 oder 1821 BGB in der laufenden Betreuung wird bei Erforderlichkeit ein solcher Verfahrenspfleger bestellt, der nicht weisungs-

gebunden, nur den objektiven Interessen des Betroffenen verpflichtet ist. Der Verfahrenspfleger hat die Stellung eines gesetzlichen Vertreters im Verfahren. Es können Angehörige oder andere geschäftsfähige Personen dieses Amt wahrnehmen. Häufig sind es Rechtsanwälte, die zum Verfahrenspfleger bestellt werden und somit das durch das Betreuungsgericht betriebene rechtliche Verfahren begleiten.

● Beteiligung der Betreuungsbehörde
Die kommunale Betreuungsbehörde erstellt einen Sozialbericht für das Gericht und nimmt hierzu Kontakt mit dem sozialen Umfeld des Betroffenen auf.

● Betreuungsbeschluss
Das Betreuungsgericht erlässt gemäß § 286 FamFG den Betreuungsbeschluss. Die Betreuerbestellung ist dem Richter vorbehalten.
Der Beschluss enthält die notwendigen Personalien des Betreuten und des Betreuers sowie gegebenenfalls des Ersatzbetreuers, die Aufgabenkreise, gegebenenfalls versehen mit einem Einwilligungsvorbehalt, die Dauer der Befristung und Gründe für die Anordnung der Betreuung nebst der Rechtsmittelbelehrung und Datum mit Unterschrift des Richters.

Die Entscheidung des Gerichts wird mit Bekanntmachung an den Betreuer oder durch Anordnung der sofortigen Wirksamkeit durch das Gericht wirksam.

Die Betreuung wird auf maximal 7 Jahre befristet. Hierbei handelt es sich lediglich um eine Überprüfungsfrist. Das bedeutet, dass das Betreuungsgericht die Betreuung nach Ablauf der festgesetzten Frist überprüft. Dieses Überprüfungsverfahren endet mit einem erneuten Beschluss über das Fortbestehen oder die Aufhebung der Betreuung.

Gegen die Beschlüsse des Betreuungsgerichts haben der Betroffene und der Betreuer sowie weitere am Verfahren Beteiligte gemäß §§ 58 ff. FamFG ein Beschwerderecht.

3.2.2 Eilverfahren: Betreuung im Wege der einstweiligen Anordnung

Das reguläre Verfahren zur Bestellung eines Betreuers dauert häufig mehrere Monate.

Unter Umständen sind jedoch sofortige Entscheidungen beispielsweise in Gesundheits- oder Aufenthaltsangelegenheiten zu fällen, so dass binnen weniger Tage eine rechtliche Betreuung für eine Person erforderlich wird.

In derartigen Eilfällen kann das Betreuungsgericht im Wege der einstweiligen Anordnung eine vorläufige Entscheidung fassen.

Eilverfahren:
Die Anregung einer Betreuung im Wege der einstweiligen Anordnung beim Betreuungsgericht zusammen mit der Vorlage eines
● ärztlichen Attestes, aus welchem die Gründe und Eilbedürftigkeit für die Betreuung hervorgehen.
● Beschluss über die Betreuung im Wege der einstweiligen Anordnung

Diese vorläufige Betreuerbestellung durch das Betreuungsgericht ist auf maximal 6 Monate befristet. Diese Betreuung endet nach Fristablauf, da es sich um eine Beendigungsfrist handelt.
Demzufolge sind die Verfahrenshandlungen der Einholung eines sozial-psychiatrischen Gutachtens sowie der richterlichen Anhörung und gegebenenfalls der Bestellung eines Verfahrenspflegers unverzüglich nachzuholen, um dann einen Betreuungsbeschluss zu fassen.

1 Rechtliche Betreuung

Aktenzeichen:
8 XVII L 0000

Zur Geschäftsstelle gelangt am
21.08.2015 um 15:00 Uhr.

AMTSGERICHT XXXXXXXX

BESCHLUSS

In dem Betreuungsverfahren

für Frau/Herrn .... , geboren am .... ,

wohnhaft: .... ,

wird als Berufsbetreuerin

....

zur Betreuerin bestellt.

Der Aufgabenkreis umfasst:

Gesundheitsfürsorge,
alle Vermögensangelegenheiten,
Vertretung gegenüber Behörden und Versicherungen und anderen Institutionen.

Als Ersatzbetreuerin wird bestellt:

als Berufsbetreuerin

....

zur Vertretung der Betroffenen bei Verhinderung von ....
....

Das Gericht wird spätestens bis zum **21.08.2022** über die Aufhebung oder Fortdauer
der Betreuung entscheiden.

Diese Entscheidung ist sofort wirksam.

Gründe:

Nach dem Gutachten des Sachverständigen Dr. XXXXXXXX vom 00.00.0000 leidet Frau/Herr .... an einer mittelgradigen Demenz vom Typus Alzheimer.

Danach und nach dem Ergebnis der Anhörung vom 00.00.0000 ist Frau/Herr .... aus gesundheitlichen Gründen gehindert, in den oben genannten Bereichen eigene Angelegenheiten interessengerecht zu regeln und benötigt insoweit Hilfe durch Betreuung.

Die Frist zur erneuten Prüfung der Notwendigkeit der Betreuung ist entsprechend dem Gutachten festgesetzt.

Die Anordnung der sofortigen Wirksamkeit beruht auf § 287 FamFG.

Rechtsmittelbelehrung:

Gegen diese Entscheidung ist das Rechtsmittel der Beschwerde gegeben. Die Beschwerde ist innerhalb einer Frist von einem Monat beim Amtsgericht XXXXXX, ..., ... durch Einreichung einer Beschwerdeschrift in deutscher Sprache oder zur Niederschrift der Geschäftsstelle einzulegen. Während einer Unterbringung kann die/der Betroffene die Beschwerde fristwahrend auch bei dem am Unterbringungsort zuständigen Amtsgericht einlegen. Die Frist beginnt mit der schriftlichen Bekanntgabe der Entscheidung an den jeweiligen Beschwerdeführer. Wenn an ihn eine schriftliche Bekanntgabe nicht erfolgen konnte, beginnt die Frist spätestens mit Ablauf von fünf Monaten nach Erlass des Beschlusses.

Die Beschwerdeschrift muss die Erklärung enthalten, dass Beschwerde gegen diesen Beschluss eingelegt wird und sie muss den angefochtenen Beschluss bezeichnen. Auch ist sie vom Beschwerdeführer oder seinem Bevollmächtigten zu unterzeichnen.

XXXXXXXX, 00.00.2015

XXXXXXXXXX, Richter am Amtsgericht

Ausgefertigt

XXXXXXXXXX, Justizbeschäftigte
Als Urkundsbeamtin der Geschäftsstelle

3.3 Die Person des rechtlichen Betreuers

Die rechtliche Betreuung ist ein Ehrenamt und somit kann grundsätzlich jeder volljährige Bürger dazu verpflichtet werden.

3.3.1 Die Auswahl des rechtlichen Betreuers

Die Auswahl des Betreuers obliegt dem Richter. Grundsätzlich stehen zur Auswahl:

● ehrenamtlich tätige Betreuer
Diese sind Personen, die ohne Entgelt die rechtliche Betreuung führen. Sie stammen häufig aus dem Angehörigen- oder Freundeskreis des Betroffenen. Ihnen steht auf Antrag beim Betreuungsgericht eine jährliche Aufwandsentschädigung in Höhe von 399,00 € zu.

● Berufsbetreuer
Dieses sind Personen, welche beruflich gegen Entgelt die rechtliche Betreuung führen. Das Gericht setzt fest, wer beruflich eine Betreuung führt. Berufsmäßigkeit liegt gemäß § 1 Vormünder- und Betreuervergütungsgesetz (VBVG) im Regelfall vor, wenn der Betreuer mehr als 10 Betreuungen führt.

Es gibt selbständig tätige Berufsbetreuer mit einem eigenen Bürobetrieb oder in einem Betreuungsverein oder einer Behörde angestellte Berufsbetreuer (sog. Vereins- oder Behördenbetreuer).

Bei der Auswahl der Person des rechtlichen Betreuers hat der Betreuungsrichter die Vorgaben des § 1897 BGB zu beachten.

Insbesondere sind folgende Kriterien zu beachten:

● Berücksichtigung der Wünsche des Betroffenen. Diese können in einer Betreuungsverfügung zuvor geäußert worden sein oder im laufenden Verfahren vorgetragen werden.

● Geschäftsfähigkeit des Betreuers

● Geeignetheit für die erforderliche Aufgabenerledigung
Hierbei sind insbesondere auch bestehende Interessenskonflikte zu beachten. Diese können bei-

spielsweise zum Ausschluss des Angehörigen als rechtliche Betreuer insbesondere in den Vermögensangelegenheiten führen.

● Ehrenamtlich tätige Betreuer werden vorgezogen.

Berufsbetreuer, die für ihre Tätigkeit entlohnt werden müssen, werden somit nur bestellt, wenn die Betreuung nicht durch eine ehrenamtlich tätige Person geführt werden kann.

§ Gesetz

§ 1897 BGB Bestellung einer natürlichen Person

(1) Zum Betreuer bestellt das Betreuungsgericht eine natürliche Person, die geeignet ist, in dem gerichtlich bestimmten Aufgabenkreis die Angelegenheiten des Betreuten rechtlich zu besorgen und ihn in dem hierfür erforderlichen Umfang persönlich zu betreuen.

(2) Der Mitarbeiter eines nach § 1908 f anerkannten Betreuungsvereins, der dort ausschließlich oder teilweise als Betreuer tätig ist (Vereinsbetreuer), darf nur mit Einwilligung des Vereins bestellt werden. Entsprechendes gilt für den Mitarbeiter einer in Betreuungsangelegenheiten zuständigen Behörde, der dort ausschließlich oder teilweise als Betreuer tätig ist (Behördenbetreuer).

(3) Wer zu einer Anstalt, einem Heim oder einer sonstigen Einrichtung, in welcher der Volljährige untergebracht ist oder wohnt, in einem Abhängigkeitsverhältnis oder in einer anderen engen Beziehung steht, darf nicht zum Betreuer bestellt werden.

(4) Schlägt der Volljährige eine Person vor, die zum Betreuer bestellt werden kann, so ist diesem Vorschlag zu entsprechen, wenn es dem Wohl des Volljährigen nicht zuwiderläuft. Schlägt er vor, eine bestimmte Person nicht zu bestellen, so soll hierauf Rücksicht genommen werden. Die Sätze 1 und 2 gelten auch für Vorschläge, die der Volljährige vor dem Betreuungsverfahren gemacht hat, es sei denn, dass er an diesen Vorschlägen erkennbar nicht festhalten will.

Geschäfts-Nr.:

8 XVII L 0000

Bitte bei allen Schreiben angeben

Amtsgericht XXXXXXXX

....

....

Bestellung

Für **Frau/Herrn** ...., **geb. am** ....,

ist

Frau ...., ..., ...
als Berufsbetreuerin

zur Betreuerin bestellt.

Der Aufgabenkreis umfasst:

Gesundheitsfürsorge, alle Vermögensangelegenheiten, Vertretung gegenüber Behörden, Versicherungen und anderen Institutionen.

Willenserklärungen der Betroffenen bedürfen in folgenden Bereichen der Einwilligung der Betreuerin:
entfällt.

Als Ersatzbetreuerin ist bestellt:
Frau ...., ..., ... , als Berufsbetreuerin
zur Vertretung der Betroffenen bei Verhinderung der Betreuerin.

Hinweis:
entfällt

Die Betreuerin vertritt die Betroffene im Rahmen ihres Aufgabenkreises gerichtlich und außergerichtlich.

XXXXXXXX, 00.00.0000
Amtsgericht

(XXXXXXXX)
Rechtspfleger/in

Diese Bestellung dient als Ausweis. Sie ist deshalb **sorgfältig aufzubewahren** und in allen Fällen vorzulegen, in denen es eines Ausweises bedarf, namentlich im Verkehr mit Behörden.
Nach Beendigung des Amtes ist die Bestellung dem Betreuungsgericht **zurückzugeben.**

(5) Schlägt der Volljährige niemanden vor, der zum Betreuer bestellt werden kann, so ist bei der Auswahl des Betreuers auf die verwandtschaftlichen und sonstigen persönlichen Bindungen des Volljährigen, insbesondere auf die Bindungen zu Eltern, zu Kindern, zum Ehegatten und zum Lebenspartner, sowie auf die Gefahr von Interessenkonflikten Rücksicht zu nehmen.

(6) Wer Betreuungen im Rahmen seiner Berufsausübung führt, soll nur dann zum Betreuer bestellt werden, wenn keine andere geeignete Person zur Verfügung steht, die zur ehrenamtlichen Führung der Betreuung bereit ist. Werden dem Betreuer Umstände bekannt, aus denen sich ergibt, dass der Volljährige durch eine oder mehrere andere geeignete Personen außerhalb einer Berufsausübung betreut werden kann, so hat er dies dem Gericht mitzuteilen.

(7) Wird eine Person unter den Voraussetzungen des Absatzes 6 Satz 1 erstmals in dem Bezirk des Betreuungsgerichts zum Betreuer bestellt, soll das Gericht zuvor die zuständige Behörde zur Eignung des ausgewählten Betreuers und zu den nach § 1 Abs. 1 Satz 1 zweite Alternative des Vormünder- und Betreuervergütungsgesetzes zu treffenden Feststellungen anhören. Die zuständige Behörde soll die Person auffordern, ein Führungszeugnis und eine Auskunft aus dem Schuldnerverzeichnis vorzulegen.

(8) Wird eine Person unter den Voraussetzungen des Absatzes 6 Satz 1 bestellt, hat sie sich über Zahl und Umfang der von ihr berufsmäßig geführten Betreuungen zu erklären.

1 Betreuerauswahl

3.3.2 Vergütungsregeln für den Berufsbetreuer

Die Vergütungsregeln finden sich für die beruflich tätigen rechtlichen Betreuer im sogenannten Vormünder- und Betreuervergütungsgesetz (VBVG).

Vergütung der Berufsbetreuer

vergüteter Zeitaufwand in Stunden pro Monat bei mittellosen Betreuten

Betreuungsdauer	bei Aufenthaltsort:	
	im Heim	**in der Wohnung**
ab 1–3 Monate:	4,5	7,0
ab 4–6 Monate:	3,5	5,5
ab 7–12 Monate:	3,0	5,0
ab 13. Monat ff.:	2,0	2,5

bei vermögenden Betreuten

Betreuungsdauer	bei Aufenthaltsort:	
	im Heim	**in der Wohnung**
ab 1–3 Monate:	5,5	8,5
ab 4–6 Monate:	4,5	7,5
ab 7–12 Monate:	4,0	6,0
ab 13. Monat ff.:	2,5	4,5

Die Feststellung, ob die rechtliche Betreuung berufsmäßig geführt wird, obliegt dem Amtsgericht.
Der rechtliche Betreuer stellt die Anträge auf Vergütung seiner Tätigkeit jeweils für ein Betreuungsquartal beim zuständigen Betreuungsgericht.
Der Brutto-Stundensatz der Vergütung ist von den verwertbaren Kenntnissen bzw. beruflichen Qualifikationen des Berufsbetreuers abhängig.
Ohne die für die Betreuungsführung vorhandenen besonderen Kenntnisse bzw. ohne einschlägige Ausbildung erhält der Berufsbetreuer 27,00 € pro vergütete Betreuungsstunde.

Bei Berufsbetreuern mit einer einschlägigen abgeschlossenen Ausbildung beträgt der Stundensatz 33,50 € pro vergütete Betreuungsstunde.

Ein Berufsbetreuer mit einer einschlägigen Hochschulausbildung erhält 44,00 € pro vergütete Betreuungsstunde.

Diese Stundensätze sind Bruttobeträge, die somit alle Auslagen beispielsweise Bürokosten, die eigenen Sozialversicherungsabgaben, die verpflichtende Berufshaftpflichtversicherung, die Altersvorsorge, Steuern etc. enthalten.

Demzufolge verbleibt ein geringer Nettostundensatz als Entlohnung, so dass der Berufsbetreuer gemäß den Berechnungen des Gesetzgebers bei einer Vollzeittätigkeit durchschnittlich 50 rechtliche Betreuungen führen muss, um davon seinen Lebensunterhalt bestreiten zu können.

Da die Festlegung der Vergütung nicht nach aufgewendeter Zeit erfolgt, sondern nach festgelegten Zeitkontingenten, ist laut Gesetzgeber eine „gute" Mischung von mittellosen und vermögenden Betreuten, Betreuten die im Heim oder in der Wohnung leben sowie von zeitaufwendigen und weitgehend selbständigen Betreuten notwendig.

Ob und wie der Berufsbetreuer dieses Mischungsverhältnis beeinflussen kann sei dahingestellt.

4 Befugnisse des rechtlichen Betreuers oder des Bevollmächtigten

Im festgelegten Aufgabenkreis ist der rechtliche Betreuer oder der Bevollmächtigte der befugte Stellvertreter des Betroffenen.

Während die Aufgabengebiete des Bevollmächtigten durch den Vollmachtgeber selbst im Vorhinein festgeschrieben werden (siehe Vorsorgevollmacht), muss bei der rechtlichen Betreuung die Festlegung der Zuständigkeiten des rechtlichen Betreuers durch den Betreuungsrichter im Betreuungsbeschluss erfolgen.

4.1 Aufgabenkreise in der rechtlichen Betreuung

Das Betreuungsgericht legt im Betreuungsbeschluss die in der Betreuung jeweils erforderlichen Aufgabengebiete fest.

Häufig finden sich die folgenden Aufgabenkreise:
- Gesundheitsfürsorge, Vermögenssorge, Aufenthaltsbestimmung,
- Entscheidung über freiheitsentziehende / unterbringungsähnliche Maßnahmen,
- Häusliche Versorgung, Wohnungs- und Mietangelegenheiten,
- Vertretung gegenüber Behörden, Versicherungen und anderen Institutionen,
- Post- und Fernmeldeangelegenheiten, Schuldenregulierung, Rechtsangelegenheiten.

Der Richter kann sehr differenziert einzelne Aufgabenkreise nach Bedarf festlegen.

Ausnahmsweise können auch „Alle Angelegenheiten" als Aufgabenkreis genannt werden. Dieses hat zur Folge, dass der Betreute sein Wahlrecht verliert.

Für den Bereich der „Sterilisation" wird gemäß § 1905 BGB ein gesonderter Betreuer erforderlich.

4.1.1 Der Aufgabenkreis der Gesundheitsfürsorge

Die Pflegekräfte werden bei rechtlich betreuten Bewohnern oder Klienten insbesondere vom Aufgabenkreis der Gesundheitsfürsorge oder Gesundheitsangelegenheiten tangiert.

Fragen über die Pflege- und Behandlungsmaßnahmen, über erforderliche Hilfs- und Heilmittel, bezüglich der Zuzahlungen bei der Krankenkasse oder hinsichtlich der Beantragung der Pflegestufe bei der Pflegekasse sind dann in der Regel mit dem zuständigen Betreuer oder bei einer vorliegenden Vorsorgevollmacht mit dem Bevollmächtigten zu klären.

Allerdings ist zu beachten, dass in der rechtlichen Betreuung der Betreute möglicherweise trotz bestehender Gesundheitsfürsorge in den jeweiligen Behandlungssituationen noch einwilligungsfähig ist und somit selbst seine Behandlung oder Nichtbehandlung bestimmen kann.

○ Praxisfall 27

Die Bewohnerin Frau R. ist seit Jahren aufgrund der vorliegenden Diabeteserkrankung insulinpflichtig.

Nachdem die 76 jährige Frau R. vor zwei Jahren ihre gesamten Ersparnisse einem 25 jährigen Staubsaugervertreter, der ihr die Ehe versprochen hat, übergeben hat, wurde bei Vorliegen einer beginnenden Demenzerkrankung eine rechtliche Betreuung für die Aufgabenkreise der Vermögenssorge und der Gesundheitsangelegenheiten vom Gericht angeordnet.

Während eines Krankenhausaufenthaltes werden schwere Durchblutungsstörungen des rechten Beines festgestellt. Der Arzt rät der Patientin zur Amputation des Beines. Die zuständige rechtliche Betreuerin stimmt zu und beantragt beim Betreuungsgericht die nach § 1904 BGB erforderliche Genehmigung.

Bei der richterlichen Anhörung äußert sich Frau R. vehement gegen eine Amputation. Daraufhin wird ein psychiatrisches Konsil zur Klärung der Einwilligungsfähigkeit der Frau R. veranlasst. Der Psychiater Dr. M. stellt fest, dass Frau R. trotz geringfügiger kognitiver Einschränkungen in Bezug auf diese vorliegende Behandlung noch einwilligungsfähig ist. Sie kann die Tragweite, die Notwendigkeit und Alternativen der vorgeschlagenen Behandlung noch einsehen und beurteilen.

Demzufolge bestimmt die Betreute Frau R. selbst über die weitere medizinische Behandlung. Nach einem erneut vorgenommenen ausführlichen Aufklärungsgespräch durch den Chefarzt der Klinik wird die Entscheidung der Frau R. akzeptiert und das Bein wird nicht amputiert.

Insbesondere bei einer Verweigerung der für medizinisch erachteten Pflege- oder Behandlungsmaßnahmen ist die ärztliche Klärung und schriftliche Bestätigung der Einwilligungsfähigkeit des Bewohners oder Klienten einzuholen.
Von der Einwilligungsfähigkeit des Bewohners oder Klienten hängt es folglich ab, ob Sie den zuständigen Betreuer oder bevollmächtigten einschalten und das weitere Vorgehen mit der vertretungsbefugten Person besprechen.

○ Praxisfall 28

Die an fortgeschrittenem Morbus Alzheimer erkrankte, bettlägrige Frau D. verweigert die Durchführung von erforderlichen Dekubitusprophylaxen.
Die in Gesundheitsangelegenheiten bevollmächtigte Tochter möchte nicht, dass ihre Mutter durch nächtliche Lagerungsmaßnahmen im Schlaf gestört wird.
Es entsteht ein Decubitus Grad II. Sie halten den Verlauf fotodokumentarisch fest.

Fernerhin ist darauf zu achten, dass der Bewohner oder Klient, der eine Maßnahme verweigert, trotz unter Umständen bestehender Einwilligungsunfähigkeit immer wieder zu der pflegerisch oder medizinisch indizierten Maßnahme angehalten wird und der Vorgang genauestens dokumentiert wird.

○ Praxisfall 29

Die an fortgeschrittenem Morbus Alzheimer erkrankte Frau A. isst und trinkt zu wenig. Sie ist demzufolge untergewichtig. Dieses wird vom MDK bei der routinemäßigen Prüfung der Betreuungseinrichtung moniert.

Trotz der vorliegenden Sturzgefährdung aufgrund einer Parkinsonerkrankung benutzt sie selten den Gehwagen. Es kommt häufig zu schweren Stürzen.

Der behandelnde Arzt und die Wohnbereichsleitung der Betreuungseinrichtung erörtern die Situation mit der zuständigen rechtlichen Betreuerin. Der Arzt schlägt das Legen einer Ernährungssonde vor. Die Stürze sollen durch ein zeitweiliges Anbringen eines Stecktisches am Stuhl der Frau A. verhindert werden.

Die rechtliche Betreuerin lehnt beide Maßnahmen ab. In der Patientenverfügung habe Frau A. eine künstliche Ernährung im Falle einer Demenzerkrankung ausdrücklich abgelehnt.

Die Beschränkung ihrer Bewegungsfreiheit wegen der Sturzgefährdung stelle fernerhin ein unzumutbarer Eingriff in ihr Grundrecht dar. Gerade die vorliegende Erkrankung bringe einen erhöhten Bewegungsdrang mit sich. Es stellt daher eine besondere, unzumutbare Qual für den Demenzerkrankten dar, wenn er am Stuhl durch den Stecktisch fixiert wird.

Die Betreuerin beruft sich auf ein Rechtskundebuch für die Altenpflege, in welchem sie gelesen habe, dass jeder Mensch ein „Recht auf den eigenen Sturz" habe.

Stattdessen soll Frau A. durch eine Betreuungskraft begleitet und immer wieder zur Nahrungsaufnahme angehalten werden.

Bei Einwilligungsunfähigkeit des Betreuten bestimmt der Vertreter für die Gesundheitsfürsorge die medizinische Behandlung gemäß dem mutmaßlichen Willen oder des in einer Patientenverfügung eindeutig festgelegten tatsächlichen Willens des Betreuten.

Fernerhin sind im Einzelfalle vom rechtlichen Betreuer die Vorgaben des § 1904 BGB zu beachten und gegebenenfalls eine Genehmigung des Betreuungsgerichts für die Durchführung oder Unterlassung einer medizinisch indizierten Behandlungsmaßnahme einzuholen.

Wenn zwischen Betreuer und behandelndem Arzt kein Einvernehmen über die Vornahme von medizinisch angezeigten Therapiemaßnahmen oder über einen beabsichtigten Behandlungsabbruch besteht, weil ein Dissens hinsichtlich des (mutmaßlichen) Willen des Betreuten vorliegt, ist das Betreuungsgericht zur Klärung einzuschalten.

Im Praxisfall 29 ist nicht nur der Aufgabenkreis der Gesundheitsfürsorge betroffen.

Die Anbringung eines Stecktisches gegen den Willen der Frau A. beinhaltet eine sogenannte sonstige freiheitsentziehende Maßnahme und somit ist ein diesbezüglicher Aufgabenkreis in der Betreuung erforderlich.

Genehmigung des Betreuungsgerichts nach § 1904 BGB

bei lebensgefährdenden Behandlungen

oder

bei Behandlungen mit der Gefahr eines länger andauernden, schweren gesundheitlichen Schadens

z. B. Operation mit Vollnarkose beim älteren, multimorbiden Menschen

z. B. bei Chemotherapie, Strahlentherapie oder der Behandlung mit bestimmten Psychopharmaka sowie bei der Amputation

Eine Genehmigung des Gerichts ist nicht erforderlich, wenn zwischen Betreuer und behandelndem Arzt Einvernehmen darüber besteht, dass die Entscheidung dem nach § 1901a BGB (Patientenverfügung) festgestellten Willen des Betreuten entspricht.

1 **Genehmigungspflichtige medizinische Behandlungen**

4.1.2 Der Aufgabenkreis der Entscheidung über freiheitsentziehende unterbringungsähnliche Maßnahmen

Im Rahmen der medizinischen Behandlung kann auch eine freiheitsentziehende, unterbringungsähnliche Maßnahme vom Arzt vorgeschlagen werden.

Wie bereits in Kapitel III unter Ziff. 2.4.8 zu der Straftat § 239 StGB Freiheitsberaubung erläutert, handelt es sich bei den sogenannten sonstigen freiheitsentziehenden Maßnahmen um Therapiemaßnahmen. Daraus ergibt sich im jeweiligen Einzelfall neben der Einschaltung des zuständigen rechtlichen Betreuers oder des Bevollmächtigten auch das verpflichtende Hinzuziehen des Arztes. Dieser muss beispielsweise bei einer Sturzgefährdung oder bei einer „Weglaufproblematik" oder bei Unruhezuständen die Ursachen abklären und aufgrund der Diagnose dann die möglichen Behandlungsmaßnahmen dem Betreuer oder Bevollmächtigten vorschlagen.

○ Praxisfall 30

Die an fortgeschrittenem Morbus Alzheimer erkrankte Frau C. wird in der Nacht unruhig und versucht ständig das Bett zu verlassen.

Die Nachtwache hat Sorge, dass die gangunsichere Bewohnerin hierbei stürzt. Da sie alleine für zwei Wohnbereiche zuständig ist, kann sie Frau C. nicht ausreichend überwachen.

Sie schiebt daher das Bett an die Wand und bringt an der frei zugänglichen Seite einen unüberwindbaren Bettseitenschutz an.

Beim Kontrollgang nach 30 Minuten findet die Nachtwache Frau C. halb im „Bettgitter" hängend. Sie drückt die sich wehrende Bewohnerin zurück ins Bett und flößt ihr einige Tropfen Atosil ein. Diese waren aufgrund der tagsüber bestehenden Weglaufproblematik als Bedarfsarznei vom Hausarzt verordnet worden.

Als die Nachtwache kurz vor Dienstende ihren letzten Kontrollrundgang macht, kann sie bei Frau C. keine Vitalzeichen mehr wahrnehmen.

Sie alarmiert sofort den Notarzt. Dieser weist Frau C. ins Krankenhaus ein. Dort stellt man einen Darmverschluss fest. Frau C. verstirbt trotz einer Notfall-OP.

Lediglich in Notfällen kann im Rahmen des sogenannten rechtfertigenden Notstandes aufgrund einer ärztlichen Anordnung eine freiheitsentziehende Maßnahme durchgeführt werden.

Allerdings ist der zuständige Betreuer oder Bevollmächtigte unverzüglich zu benachrichtigen und dessen Einwilligung einzuholen.

Der Praxisfall 30 zeigt wie gefährlich die gewaltsame Beschränkung der Bewegungsfreiheit sein kann und dass immer diagnostisch die Ursachen eines Unruhezustandes abgeklärt werden müssen, bevor solche freiheitsentziehende Maßnahmen, die eindeutig Behandlungsmaßnahmen darstellen, eingesetzt werden.

● Merke

Eine Pflegekraft darf hinsichtlich der Erhebung einer Diagnose und der Anordnung einer Therapie nicht eigenmächtig handeln.

Freiheitsentziehenden Maßnahmen sind Behandlungsmaßnahmen und obliegen somit dem Therapievorschlag des Arztes.

Die Therapieentscheidung wiederum nimmt bei Einwilligungsunfähigkeit des Bewohners bzw. Klienten der zuständige Betreuer oder Bevollmächtigte vor. Deren Einwilligung ist für die Durchführung der freiheitsentziehenden Maßnahme die grundlegende Voraussetzung.

Wird einem Bewohner in einer Betreuungseinrichtung die Freiheit durch mechanische Vorrichtungen, Medikamente oder auf eine andere Weise über einen längeren Zeitraum oder regelmäßig entzogen, ist gemäß § 1906 Abs. 4 BGB zusätzlich zur Einwilligung des Betreuers oder des Bevollmächtigten die Genehmigung des Betreuungsgerichts erforderlich.

Die freiheitsentziehende Maßnahme darf nur als letztes Mittel, wenn keine anderen milderen Maßnahmen greifen, angewendet werden.

○ Literatur

Rechtssprechung zur Freiheitsbeschränkung bei Sturzgefährdung:
BGH, Urteil vom 14.07.2005, III ZR 391/04

Ausführliche Erläuterungen im Kapitel III Ziff. 2.4.8 zu § 239 StGB Freiheitsberaubung in diesem Buch

4.1.3 Der Aufgabenkreis des Aufenthaltsbestimmungsrechts

Bei der Versorgung von Bewohnern oder Klienten können Situationen auftreten, die zu einer Einweisung in eine geschlossene Abteilung einer psychiatrischen Klinik oder zu einem Wohnen in einer geschlossenen geronto-psychiatrischen Einrichtung führen.

Im Rahmen des Aufgabenkreises des Aufenthaltsbestimmungsrechts ist der Betreuer befugt, die Unterbringung zu veranlassen.

Die Unterbringung bedeutet, dass der Aufenthaltsort des Bewohners oder Klienten nicht nur vorübergehend durch den zuständigen Betreuer oder Bevollmächtigten festgelegt wird.

····◯··Praxisfall 31·········

Die an fortgeschrittenem Morbus Alzheimer erkrankte und desorientierte Frau B. verlässt häufig die Betreuungseinrichtung und irrt in der Stadt oder im nahen Waldgebiet umher.

In der nun beginnenden kalten Jahreszeit wurde sie bereits mehrfach lediglich mit ihrem Nachthemd bekleidet draußen aufgegriffen und teilweise unter Anwendung körperlicher Gewalt von den hinzugezogenen Polizeikräften zurückgebracht.

Die Einrichtung droht die Kündigung des Wohn- und Betreuungsvertrages an, da die sichere Versorgung der Frau B. in einer offenen Einrichtung nicht mehr gewährleistet sei.

Die rechtliche Betreuerin sucht daraufhin einen Wohnplatz in einer geschlossenen geronto-psychiatrischen Einrichtung.

Die Voraussetzungen der betreuungsrechtlichen Unterbringung sind in § 1906 Abs. 1 bis 3 BGB geregelt.

Die Unterbringung zum Wohnen in einer geschlossenen Einrichtung setzt demzufolge voraus:

- das Vorliegen einer rechtlichen Betreuung oder einer Bevollmächtigung mit dem Aufgabenbereich der Aufenthaltsbestimmung und

- das Vorliegen einer psychischen Erkrankung oder geistigen oder seelischen Behinderung beim Betroffenen verbunden mit
- einer konkreten Selbstgefährdung bzw. Selbstschädigung

Bei der Bewohnerin Frau B. im Praxisfall 31 liegt eine psychische Erkrankung vor, die eine konkrete Selbstgefährdung zur Folge hat.

Das Betreuungsgericht hat fernerhin auf Antrag der rechtlichen Betreuerin den Aufgabenkreis des Aufenthaltsbestimmungsrechts angeordnet.

In einem Gespräch mit dem hinzugezogenen behandelnden Psychiater und mit der Wohnbereichsleitung der Einrichtung wurde mit der Betreuerin die Gefährdung für Frau B. in der offenen Wohnsituation erörtert. Für den Antrag der Betreuerin auf die betreuungsrechtliche Unterbringung der Frau B. hat der Arzt für das Betreuungsgericht ein entsprechendes ärztliches Attest ausgestellt.

Dieses enthält Angaben zur psychischen Erkrankung der Frau B. und zu der daraus sich ergebenden Selbstgefährdung sowie zur Notwendigkeit des Wohnens in einer geschlossenen Betreuungseinrichtung, da es keine milderen, therapeutischen Maßnahmen gibt, welche die Selbstgefährdung mindern bzw. beseitigen können.

Der Arzt bestätigt somit, dass ein geschlossenes Wohnen für den Schutz und das Wohl der Frau B. alternativlos und erforderlich ist.

Der Betreuungsrichter sucht im Rahmen der richterlichen Anhörung Frau B. in der Einrichtung auf. Er wird in der Regel vom zuvor bestellten Verfahrenspfleger begleitet.

Das Unterbringungsverfahren gemäß §§ 312 ff. FamFG findet seinen Abschluss im Unterbringungsbeschluss des Betreuungsgerichts.

····●··Merke·········

Eine Unterbringung ist immer eine freiheitsentziehende Maßnahme, die neben der Einwilligung des rechtlichen Betreuers oder des Bevollmächtigten der Genehmigung des Betreuungsgerichts bedarf.

Andere weniger einschneidende Maßnahmen müssen ausgeschlossen sein.

Die Zwangsunterbringung rechtfertigt nicht eine Zwangsbehandlung.

Der Beschluss zur Unterbringung einer Person ist immer befristet und enthält genaue Angaben zum künftigen Aufenthaltsort.

○ Praxisfall 32

Der an fortgeschrittenem Morbus Alzheimer erkrankte und desorientierte Herr W. ist vor wenigen Wochen auf Veranlassung der Tochter in eine Betreuungseinrichtung eingezogen.

Herr W. verlässt mehrfach unkontrolliert die Einrichtung und wird orientierungslos in der Stadt von Passanten aufgegriffen.

Im vergangenen Winter war es sogar zu einer aufwendigen Suchaktion mit Hubschraubereinsatz gekommen.

Der hinzugezogene Psychiater verordnet zur regelmäßigen Behandlung ein Psychopharmaka, dessen Einnahme Herr W. verweigert.

Die inzwischen für den Aufgabenkreis des Aufenthaltsbestimmungsrechts und der Gesundheitsfürsorge bestellte rechtliche Betreuerin beantragt beim Betreuungsgericht die Unterbringung des Herrn W. in einer geschlossenen Abteilung des zuständigen psychiatrischen Krankenhauses. Beabsichtigt ist die medizinische Behandlung gegebenenfalls gegen den Willen des Herrn W..

Die Zwangsunterbringung nach § 1906 BGB wird auf Antrag des zuständigen rechtlichen Betreuers in die Wege geleitet. Dieser wird nach medizinischer Abklärung die konkrete Maßnahme der Unterbringung in einer bestimmten Klinik beantragen. Zur Begründung der Notwendigkeit der Zwangsunterbringung ist eine ärztliche Stellungnahme eines auf dem Gebiet der Psychiatrie erfahrenen Arztes erforderlich.

Voraussetzung ist die krankheitsbedingte konkrete Gefahr der Selbstschädigung oder Selbsttötung.

Die betreuungsrechtliche Unterbringung setzt somit voraus, dass eine rechtliche Betreuung mit dem Aufgabenkreis des Aufenthaltsbestimmungsrechts besteht.

Der Verfahrensablauf von der Antragstellung durch den rechtlichen Betreuer bis zur Genehmigung durch den Richter des Betreuungsgerichts erfordert in der Regel einen Zeitaufwand von mehreren Wochen bis Monaten.

Somit ist diese betreuungsrechtliche Zwangsunterbringung nicht für akute Krisensituationen geeignet.

Sie findet Anwendung für längerfristige Unterbringungsmaßnahmen wie im Praxisfall 31 und ist ein Akt der Krankenfürsorge bei vorliegender Selbstgefährdung.

Eine Zwangsbehandlung ist mit der Unterbringung jedoch nicht zwangsläufig verbunden.

1 Zwangsbehandlung

Sie muss vom rechtlichen Betreuer oder die durch eine konkrete Vollmacht befugte Person eigenständig beantragt und vom Betreuungsgericht genehmigt werden.

Voraussetzungen für die ärztliche Zwangsbehandlung nach § 1906 BGB:

Die Einwilligung des rechtlichen Betreuers und die Genehmigung zur Unterbringung durch das Betreuungsgericht erlauben jedoch nicht die Zwangsbehandlung, die im Praxisfall 32 für Herrn W. beabsichtigt ist.

Eine Zwangsbehandlung stellt einen schwerwiegenden Eingriff in die Grundrechte eines Menschen dar. Sie bedarf somit einer eindeutigen, konkreten gesetzlichen Grundlage.

Für eine ambulante Zwangsbehandlung fehlt eine gesetzliche Erlaubnis. Demzufolge dürfen Patienten weder in der Arztpraxis, noch in der ambulanten Versorgung in der Wohnung oder in der Betreuungseinrichtung unter körperlicher oder psychischer Gewaltanwendung gegen ihren natürlichen Willen behandelt werden.

Die Einwilligung des rechtlichen Betreuers oder des Bevollmächtigten erlaubt lediglich die indizierte medizinische Behandlung bei vorliegender Einwilligungsunfähigkeit des Patienten. Sie befugt aber nicht zur zwangsweisen Durchführung der angeordneten medizinischen Behandlung. Beispielsweise dürfen die Medikamente nicht mit Gewalt verabreicht werden.

> ○ **Literatur**
>
> Rechtssprechung zur Zwangsbehandlung:
> BGH, Beschluss vom 20.06.2012, XII ZB 99/12
> BGH, Beschluss vom 20.06.2012, XII ZB 130/12
> BGH, Beschluss vom 23.01.2008, XII ZB 185/07
> OLG Karlsruhe, Beschluss vom 07.02.2008, 19 Wx 44/07
> BGH, Beschluss vom 11.10.2000, XII ZB 69/00

> ● **Merke**
>
> Die ambulante Zwangsbehandlung ist verboten.
> Der Zwang kann durch körperliche oder psychische Gewalt ausgeübt werden.

Der BGH hatte in zwei Beschlüssen vom 20.06.2012 festgestellt, dass die bis Februar 2013 bestehende Fassung des § 1906 BGB für eine stationäre Zwangsbehandlung als gesetzliche Grundlage nicht ausreiche, da es an der verfassungsrechtlich erforderlichen Konkretheit fehlte.

Somit war ab Juni 2012 eine Unterbringung zur zwangsweisen Heilbehandlung nicht mehr zulässig und daher nicht genehmigungsfähig.

Mit Änderung des § 1906 BGB hat der Gesetzgeber am 26.02.2013 durch Einfügen der Absätze 3 und 3a eine ausreichend konkrete Gesetzesgrundlage geschaffen und damit wieder Unterbringungen zur stationären Zwangsbehandlung ermöglicht.

Gemäß § 1906 Abs. 3 BGB kann der Betreuer oder der Bevollmächtigte in eine ärztliche Zwangsbehandlung nur einwilligen, wenn

- der Betreute auf Grund seiner psychischen Krankheit oder geistigen Behinderung nicht einwilligungsfähig ist und
- zuvor versucht wurde, den Betreuten von der Notwendigkeit der ärztlichen Maßnahme zu überzeugen und
- die Zwangsbehandlung im Rahmen der Unterbringung zum Wohl des Betreuten erforderlich ist, um einen drohenden erheblichen gesundheitlichen Schaden abzuwenden und dieser durch keine andere dem Betreuten zumutbare Maßnahme abgewendet werden kann und
- der zu erwartende Nutzen der ärztlichen Zwangsmaßnahme die Beeinträchtigungen deutlich überwiegt.

Gemäß § 1906 Abs. 3a BGB bedarf die Einwilligung des Betreuers oder des Bevollmächtigten in die stationäre ärztliche Zwangsmaßnahme der Genehmigung des Betreuungsgerichts.
Fallen die Voraussetzungen für die Zwangsbehandlung weg, hat der Betreuer oder der Bevollmächtigte die Einwilligung zu widerrufen und das Betreuungsgericht zu informieren.

Der Betreuer oder die bevollmächtigte Person hat somit das Vorgehen mit dem Arzt und dem durchführenden Pflegepersonal zu besprechen und zu bestimmen.

Bei Eilbedürftigkeit:

Eine eilbedürftige Zwangsunterbringung ist aufgrund der Landesgesetze über Hilfen und Schutzmaßnahmen bei psychischen Krankheiten, das sog. PsychKG möglich.

Diese Unterbringung betrifft den Akutbereich der Psychiatrie und dient der kurzfristigen Krisenintervention. Sie kann ohne Betreuerbestellung erfolgen.

Voraussetzung für eine Zwangsunterbringung nach den PsychKG der einzelnen Bundesländer ist eine krankheitsbedingte, unabwendbare, gegenwärtige Selbst- oder Fremdgefährdung und damit eine gegenwärtige Gefahr für die öffentliche Sicherheit und Ordnung.

Der Schutz von Dritten beziehungsweise der Allgemeinheit steht im Vordergrund dieser öffentlichrechtlichen Unterbringung.

Die Psychischkrankengesetze der Länder enthalten außer den Vorschriften zur Unterbringung auch konkrete Regelungen zur Behandlung des untergebrachten Patienten, unter anderem auch zur Zwangsbehandlung.

Gemäß § 18 Abs. 4 PsychKG NW ist eine medizinische Behandlung ohne oder gegen den Willen des Betroffenen oder seines gesetzlichen Vertreters oder Bevollmächtigten bei bestehender Lebensgefahr, erheblicher Selbst- oder Fremdgefährdung zulässig.

Die Verfahrensvorschriften für den Ablauf der Unterbringung und Zwangsbehandlung nach § 1906 BGB aber auch nach PsychKG sind in den §§ 312 ff. FamFG geregelt, dem Gesetz über das Verfahren in Familiensachen und in den Angelegenheiten der freiwilligen Gerichtsbarkeit.

Die richterlichen Entscheidungen sowie die Rechtsbehelfe des Betroffenen gegen die Beschlüsse des Gerichts sind beim Familien- bzw. Betreuungsgericht konzentriert.

1 Zwangsunterbringung und Zwangsbehandlung

4.1.4 Der Aufgabenkreis der Vermögenssorge

Häufig löst eine finanzielle Misere bei einer psychisch kranken oder geistig behinderten Person die Anregung einer rechtlichen Betreuung aus.

Beispielsweise bemerkt der ambulante Pflegedienst, dass sich unerledigte Rechnungen beim Klienten ansammeln oder dass der Gerichtsvollzieher beim Demenzerkrankten vor der Tür steht.

In manchen Fällen teilt das kontoführende Bankinstitut dem Gericht ein auffälliges Verhalten des Kunden oder seiner Angehörigen mit, wenn der Eindruck einer Kontoplünderung besteht oder der Kunde verwirrt am Bankschalter auftaucht.

In derartigen Situationen lässt sich die rechtliche Betreuung für den Aufgabenkreis der Vermögenssorge und gegebenenfalls auch für eine Schuldenregulierung meist nicht verhindern.

1 Vermögenssorge

Der Betreuer erledigt in diesem Aufgabenkreis sämtliche sich auf die Vermögenssituation des Betreuten auswirkende Angelegenheiten.

Hierzu zählen insbesondere die Verwaltung der Konten und der mündelsicheren Geldanlagen, das Erledigen von Rechnungen, das Einteilen des Haushaltsgeldes, das Beantragen der Zuzahlungsbefreiung bei der Krankenkasse, die Beantragung von Renten und Sozialleistungen, die grundsätzliche Sicherstellung des Lebensunterhaltes des Betreuten sowie der Abschluss von Kaufverträgen oder anderen Rechtsgeschäften mit finanziellen Auswirkungen und das Durchsetzen von Ansprüchen.

Im Einzelfall kann das Gericht gesonderte Aufgabenkreise festlegen zum Beispiel die Regelung von Unterhaltsansprüchen oder die Hausverwaltung und die Grundstücksveräußerung etc..

Bei manchen Betreuertätigkeiten kommt es zu Überschneidungen zu anderen Aufgabenkreisen beispielsweise mit dem Aufgabenkreis der Behördenangelegenheit oder der Sicherstellung der häuslichen Versorgung oder der Gesundheitsangelegenheiten, wenn es um Ansprüche gegenüber der Kranken- und Pflegeversicherung geht.

Gerade in der Vermögenssorge werden den rechtlichen Betreuern immer wieder Veruntreuungen von Geldern bzw. Vermögen des Betreuten unterstellt.

Hierbei ist zu beachten, dass das Gesetz eine Kontrolle der rechtlichen Betreuer durch das Betreuungsgericht vorsieht.

Das Ausmaß der Kontrollen richtet sich nach der Art des Betreuers. Sind Angehörige ehrenamtlich durch das Betreuungsgericht zum rechtlichen Betreuer bestellt, können diese zahlreiche Vermögensverfügungen ohne Genehmigung des Gerichts treffen.

Die Berufsbetreuer dürfen dagegen lediglich über das Girokonto, welches kein über den monatlichen Bedarf hinausgehendes Guthaben aufweisen darf, frei verfügen.

Für sämtliche Transaktionen von Sparkonten oder für neue Geldanlagen, für Verträge mit regelmäßigen Zahlungsverpflichtungen sowie der Kündigung von Lebensversicherungen oder Grundstücksgeschäften etc. bedarf der Berufsbetreuer einer vorherigen Genehmigung durch das Betreuungsgericht.

Fernerhin hat der rechtliche Betreuer jährlich zusammen mit dem Betreuungsbericht eine Rechnungslegung mit Originalbelegen für die einzelnen Konten dem Gericht zur Kontrolle vorzulegen. Bei vermögenden Betreuten ist zusätzlich das Vermögensverzeichnis, welches zu Beginn einer Betreuung erstellt wird, zu aktualisieren und ebenfalls dem Gericht einzureichen.

> **Literatur**
>
> Betreuungsrechtslexikon unter
>
> www.bundesanzeiger-verlag.de/betreuung/wiki/Vermögenssorge
>
> www.bundesanzeiger-verlag.de/betreuung/wiki/Rechnungslegung

Die ehrenamtlichen Betreuer aus dem angehörigen Kreis des Betreuten haben keine allgemeine Rechnungslegungspflicht. Sie müssen nur nach Aufforderung des Betreuungsgerichts im Einzelfall eine derartige Rechnungslegung erstellen.

4.1.5 Der Aufgabenkreis der Post- und Fernmeldeangelegenheiten

Der Post- und Fernmeldeverkehr ist durch Art. 10 GG besonders geschützt. Demzufolge kann jede Person, auch der rechtlich Betreute ungehindert Briefe schreiben und empfangen sowie telefonieren.

Die Verletzung des Briefgeheimnisses ist gemäß § 202 StGB eine Straftat.

§ · Gesetz

§ 202 Verletzung des Briefgeheimnisses

(1) Wer unbefugt
1. einen verschlossenen Brief oder ein anderes verschlossenes Schriftstück, die nicht zu seiner Kenntnis bestimmt sind, öffnet oder
2. sich vom Inhalt eines solchen Schriftstücks ohne Öffnung des Verschlusses unter Anwendung technischer Mittel Kenntnis verschafft, wird mit Freiheitsstrafe bis zu einem Jahr oder mit Geldstrafe bestraft, wenn die Tat nicht in § 206 StGB mit Strafe bedroht ist.
(2) Ebenso wird bestraft, wer sich unbefugt vom Inhalt eines Schriftstücks, das nicht zu seiner Kenntnis bestimmt und durch ein verschlossenes Behältnis gegen Kenntnisnahme besonders gesichert ist, Kenntnis verschafft, nachdem er dazu das Behältnis geöffnet hat.
(3) Einem Schriftstück im Sinne der Absätze 1 und 2 steht eine Abbildung gleich.

Das Anhalten und Öffnen der Post sowie das Kontrollieren des Fernmeldeverkehrs durch den rechtlichen Betreuer bedarf daher gemäß § 1896 Abs. 4 BGB einer richterlichen Anordnung.

Angesichts des Eingriffs in ein Grundrecht ist die Übertragung der Post- und Fernmeldekontrolle auf den Betreuer restriktiv zu handhaben.

Der Aufgabenkreis der Post- und Fernmeldeangelegenheiten darf lediglich bei einer konkreten Gefährdung dieser Rechtsgüter des Betreuten angeordnet werden.

1 Briefgeheimnis

○ · Praxisfall 33

Der an Morbus Alzheimer erkrankte und desorientierte Herr W. erhält häufig Anrufe von unterschiedlichen Lotterieunternehmen. Auf Nachfrage gibt er diesen Anrufern seine Bankverbindung preis.

Der rechtliche Betreuer entdeckt zu Beginn der Betreuung zahlreiche Abbuchungen in beträchtlicher Höhe vom Konto des Herrn W. an diese dubiosen Unternehmen.
In seiner Verwirrtheit ist Herr W. außerdem nicht mehr in der Lage die eingehende Post zu verwalten. Er öffnet die Briefe, kann deren Inhalt aber nicht mehr erfassen.
Häufig sind wichtige Behördenschreiben oder Rechnungen nicht mehr auffindbar, wenn der Betreuer bei Herrn W. die Post zur Bearbeitung und Erledigung abholen möchte.
Dadurch kommt es teilweise zu Mahn- und Vollstreckungsverfahren oder anderen Schwierigkeiten für den Herrn W..

Dieses ist der Fall, wenn der Betreute beispielsweise immer wieder wichtige Poststücke vernichtet und ihm dadurch ein erheblicher finanzieller Schaden droht.

Oder wie im Praxisfall 33 wenn der Betreute am Telefon seine Bankdaten weitergibt und somit betrügerischen Firmen die Möglichkeit eröffnet, jederzeit vom Konto des Betreuten Abbuchungen vorzunehmen.

Hier ist einerseits das Anhalten der Post bzw. ein Umleiten auf den Betreuer zum Schutze des Betreuten und zur ordnungsgemäßen Wahrnehmung der Betreueraufgaben erforderlich.

Andererseits ist im Praxisfall 33 die Kontrolle des Fernmeldeverkehrs notwendig.

Der Betreuer wird dadurch in die Lage versetzt, beispielsweise einen Einzelverbindungsnachweis anzufordern, Rufnummernsperren einzurichten, die Telefonnummer zu ändern oder den Telefonanschluss ganz abzumelden.

Trotz Anordnung des Aufgabenkreises der Post- und Fernmeldeangelegenheit darf der Betreuer den Schrift- und Telefonverkehr des Betreuten unter anderem mit dem Betreuungsgericht, mit dem Verfahrenspfleger oder mit einem beauftragten Rechtsanwalt sowie bestimmten Petitionsausschüssen nicht anhalten und diesen nicht kontrollieren.

In der Betreuungspraxis führen die Behörden und sonstige Institutionen den im jeweiligen Aufgabenkreis anfallenden Schriftverkehr in der Regel unmittelbar mit dem rechtlichen Betreuer, da dieser als gesetzlicher Stellvertreter dazu befugt ist.

Lässt der Betreuer den Betreuten in die sog. Robinsonliste zur Vermeidung unerwünschter Direktwerbung eintragen, bedarf es hierzu keiner Genehmigung durch den Betreuungsrichter.

○ Literatur

Deutsche Robinsonliste
c/o QUADRESS GmbH
Josef-Haumann-Str. 7a
44866 Bochum

Tel. 01805 – 450 650
www.robinsonliste.de

4.2 Der Einwilligungsvorbehalt in der rechtlichen Betreuung

Die rechtliche Betreuung führt nicht zur Geschäftsunfähigkeit des Betreuten. Ebenso bleibt seine Einwilligungsfähigkeit in Behandlungs- und Pflegemaßnahmen davon unberührt.

● Merke

Im Zweifel muss bei jeder Maßnahme die Geschäftsfähigkeit oder die Einwilligungsfähigkeit des Betreuten im Einzelfall festgestellt werden.

Erst die richterliche Anordnung eines Einwilligungsvorbehaltes nach § 1903 BGB bedeutet für den Betreuten eine Beschränkung seiner Geschäftsfähigkeit oder die gänzliche Geschäftsunfähigkeit in der zu besorgenden Angelegenheit.

Somit wohnt dem Einwilligungsvorbehalt ein entmündigender Charakter inne. Eine derart weitgehende, die Grundrechte des Betreuten betreffende Anordnung darf der Betreuungsrichter nur bei schwerwiegendem selbst- und fremdschädigendem Verhalten des Betreuten im Rechtsverkehr treffen.

Im Bereich der Gesundheitsfürsorge kann bezogen auf die Einwilligung in Behandlungsmaßnahmen kein Einwilligungsvorbehalt angeordnet werden, da es sich hierbei lediglich um die Äußerung des natürlichen Willens handelt.

Der Einwilligungsvorbehalt nach § 1903 BGB bedeutet dagegen, dass der Betreute bei der Abgabe einer rechtsgeschäftlichen Willenserklärung der Einwilligung durch den Betreuer bedarf.

Demzufolge bleiben die betreffenden Rechtsgeschäfte wie beispielsweise der Abschluss eines Kaufvertrages, eines Darlehenvertrages oder Mietvertrages bei einem vorliegenden Einwilligungsvorbehalt in der Vermögenssorge oder beim Aufenthaltsbestimmungsrechts bis zur Zustimmung des Betreuers schwebend unwirksam.

Der Betreute kann in solchen Fällen keine rechtsverbindlichen Willenserklärungen mehr abgeben. Der rechtliche Betreuer hat als gesetzlicher Stellvertreter das letzte Wort und tätigt für ihn die Rechtsgeschäfte. Der Betreuer kann beim Einwilligungsvorbehalt in der Vermögenssorge sogar das Taschengeld des Betreuten kontrollieren und einteilen.

> ● Merke
>
> Die Eheschließung des Betreuten oder die Testamentserrichtung werden durch den Einwilligungsvorbehalt in der Vermögenssorge nicht tangiert. Das Vorliegen der erforderlichen Ehefähigkeit oder der Testierfähigkeit müssen im Einzelfall geprüft werden.

Der Einwilligungsvorbehalt ersetzt jedoch nicht die Zustimmung des Betreuungsgerichts bei den im Gesetz genannten genehmigungspflichtigen Rechtsgeschäften.

Demgemäß hat der Betreuer bei bestimmten Vermögensverfügungen wie der Veräußerung eines Wohnhauses, der Kündigung der Wohnung des Betreuten oder der Unterbringung in einer geschlossenen Klinik bzw. Betreuungseinrichtung zusätzlich zu seiner Einwilligung immer die Genehmigung des Betreuungsgerichts einzuholen.

> ○ Literatur
>
> **Genehmigungspflichtige Rechtsgeschäfte**
>
> Betreuungsrechtslexikon unter
> www.bundesanzeiger-verlag.de/betreuung/
> wiki/Genehmigungspflichten

5 Allgemeine Ausführungen zur rechtlichen Betreuung

Im Gegensatz zur Bevollmächtigung durch eine Vorsorgevollmacht ist die rechtliche Betreuung eine gesetzlich festgelegte Stellvertretung, die durch zahlreiche Normen insbesondere im BGB und im FamFG geregelt wird.
Das Betreuungsgericht und der Betreuer dringen in das Leben und Wirken des Betreuten ein.
Der rechtliche Betreuer unterliegt der betreuungsgerichtlichen Kontrolle.

5.1 Kosten der rechtlichen Betreuung

Die rechtliche Betreuung erzeugt gemäß §92 der Kostenordnung jährliche Gerichtsgebühren.

Hinzu kommen die Auslagen für den Sachverständigen, der das Betreuungsgutachten erstellt, ggf. für den Verfahrenspfleger, für Taxikosten anlässlich der richterlichen Anhörung, für Porto- und Schreibauslagen etc.

Der Betreute hat diese Kosten für die Führung der Betreuung selbst zu tragen, wenn sein Vermögen den Freibetrag von 25.000,00 € übersteigt.

Demzufolge treffen bei vermögenden Betreuten jährlich Gebührenrechnungen des Betreuungsgerichts ein.

Wird die rechtliche Betreuung durch einen ehrenamtlichen Betreuer beispielsweise aus dem Angehörigenkreis geführt, kann dieser nach Abschluss eines Betreuungsjahres eine steuerfreie Aufwandspauschale gemäß §1835a BGB in Höhe von 399,00 €/Jahr beim Betreuungsgericht beantragen.

Im Einzelfall können auf Nachweis gemäß §1835 BGB auch Einzelaufwendungen z.B. für eine Vermögenshaftpflichtversicherung erstattet werden.

Ist der Betreute mittellos, wird die Aufwandspauschale aus der Staatskasse gezahlt.

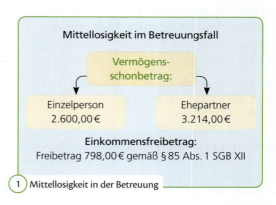

1 Mittellosigkeit in der Betreuung

Neben den Gerichtskosten für die Führung der Betreuung entstehen bei der Bestellung eines Berufs- oder Vereinsbetreuers zusätzlich die im Kapitel IV unter Ziff. 3.3.2 dargestellten Vergütungskosten. Der vermögende Betreute wird damit selbst belastet.

Beim mittellosen Betreuten muss der Staat die Vergütung der Betreuer übernehmen.

1 Rechtliche Betreuung kostet Geld

5.2 Beschwerden in der rechtlichen Betreuung und der Betreuerwechsel

Gegen Beschlüsse des Betreuungsgerichts ist das Rechtsmittel der Beschwerde beim Amtsgericht zulässig.

In der Regel ist eine Einmonatsfrist zu beachten. Gegen einstweilige Anordnungen und Genehmigungen des Gerichts gilt eine Zweiwochenfrist.

Beschwerdeberechtigt sind die im Verfahren gemäß § 274 FamFG genannten Beteiligten.

Das sind der Betroffene, der Betreuer, der Verfahrenspfleger, ggf. ein Bevollmächtigter und auf Antrag die Betreuungsbehörde.

Auf besondere Veranlassung können im Interesse des Betroffenen dessen Ehegatte oder Lebenspartner, dessen Eltern, Pflegeeltern, Großeltern sowie seine Kinder und die Geschwister sowie eine Person seines Vertrauens durch das Betreuungsgericht als Beteiligte benannt werden.

Hilft das Amtsgericht der Beschwerde nicht ab, wird sie in der Regel an das Landgericht zur Entscheidung weitergegeben.

In der ersten Instanz vor dem Amtsgericht bzw. Landgericht kann der Beteiligte ohne anwaltliche Unterstützung die Beschwerde führen.

Zu Beschwerden können die unterschiedlichsten Situationen Anlass geben.

So kann zu Beginn die rechtliche Betreuung abgelehnt werden. Hierbei sind häufig der Betroffene selbst oder auch Angehörige über die Einmischung des Staates in ihre privaten Belange empört und somit die Beschwerdeführer.

Möglicherweise wird zwar eine rechtliche Betreuung grundsätzlich akzeptiert, aber es werden einzelne Aufgabenkreise und vor allem ein ggf. angeordneter Einwilligungsvorbehalt sowie die Bestellung eines kostenträchtigen Berufsbetreuers abgelehnt.

In anderen Fällen ergibt sich erst im Laufe der Betreuung eine Situation, die den Betreuten oder sein Umfeld zu einer Beschwerde beim Betreuungsgericht veranlassen.

Pflegekräfte des ambulanten Dienstes oder in den Pflegeeinrichtungen wenden sich manchmal mit formlosen Mitteilungen an das Betreuungsgericht, weil sie Missstände in der Betreuungstätigkeit vermuten oder sicher erkennen.

Der hilf- und wehrlose Betreute wird unter Umständen nur mangelhaft versorgt. Der Betreuer stellt keine Mittel für eine angemessene Pflege und häusliche Betreuung, für Bekleidung oder andere notwendige Dinge zur Verfügung. Dem Betreuten wird in seiner häuslichen Umgebung durch Fixierung oder Einschließen die Bewegungsfreiheit entzogen. Es werden Zeichen häuslicher Gewalt sichtbar oder das Vermögen des Betreuten wird durch Angehörige als Betreuer für eigene Zwecke vereinnahmt.

Das sind mögliche Auslöser für eine anlassbezogene Überprüfung der Tätigkeit des ehrenamtlichen Betreuers oder des Berufsbetreuers.

Im Ergebnis kann die Prüfung zu einem Betreuerwechsel führen.

5.3 Das Ende der rechtlichen Betreuung

Die rechtliche Betreuung endet auf unterschiedliche Art und Weise:

- durch einen Aufhebungsbeschluss oder
- durch den Tod des Betreuten oder
- durch Fristablauf bei der vorläufigen Betreuung im Wege der einstweiligen Anordnung.

Die im regulären Betreuungsbeschluss genannte Frist von maximal 7 Jahren zur Überprüfung der Betreuung beendet diese nicht. Der Betreuungsrichter sollte jedoch bei Untätigkeit vom Betreuer auf den drohenden Fristablauf hingewiesen werden, damit er die Fortführung der Betreuung zügig überprüft.

Nach Beendigung einer rechtlichen Betreuung hat der Betreuer seine Bestellungsurkunde im Original zurückzugeben.

In der Regel fordert das Betreuungsgericht einen Schlussbericht und eine Schlussrechnungslegung.

1 Abschließende Rechnungslegung in der Betreuung

Außerdem sind ggf. die kontoführenden Banken unverzüglich zu informieren, damit im Todesfalle das Konto gesperrt oder bei Aufhebung der Betreuung eine Verfügungsbefugnis des Betreuers gelöscht wird. Der Betreuer hat seine EC-Karten der Bank zur Vernichtung zurückzugeben.

Wurde die Betreuung aufgehoben, hat der Betreuer Sparbücher, Originaldokumente oder andere Wertsachen des Betreuten an ihn herauszugeben.

Ist der Betreute verstorben, ist ggf. ein Nachlassverzeichnis zu erstellen. Die Nachlasssachen erhalten die Erben gegen Vorlage des Erbscheins oder eines eröffneten Testaments.

Sind keine Erben in Sicht wird bei bedeutenden Nachlasswerten ggf. ein Nachlasspfleger bestellt, der ebenso wie ein Testamentsvollstrecker die Nachlasssachen in Empfang nehmen darf.

Da die Betreuung mit dem Tod endet, ist der Betreuer nicht mehr für die Organisation der Bestattung des verstorbenen Betreuten zuständig.

2 Ende der Betreuung durch den Tod des Betreuten

Dadurch entstehen oft missliche Situationen, denen bei vermögenden Betreuten der Betreuer oder der Betreute selbst zu Lebzeiten durch einen sog. Bestattungsvorsorgevertrag vorbeugen kann. In diesem Falle kann mit einem Bestattungsunternehmen die Beerdigung des Betreuten bis ins Detail geregelt und die voraussichtlichen Kosten auf ein Treuhandkonto eingezahlt werden.

Ist aufgrund der dürftigen Vermögenslage eine derartige Vorsorge für den Betreuten nicht möglich und sind keine Angehörigen bereit, die Bestattung vorzunehmen, muss bei seinem Ableben das Ordnungsamt informiert werden.

Beim mittellosen Verstorbenen kommt es dann in der Regel zu einer preisgünstigen Feuerbestattung, möglicherweise zu Lasten des Sozialamtes der Kommune. Die Urne wird anonym ggf. in einem Sammelgrab beerdigt.

Die Pflegekräfte bzw. der Träger der Betreuungseinrichtung haben die Wertsachen des verstorbenen Betreuten aufzubewahren bis die berechtigten Erben bekannt sind.

Wird beim Verstorbenen ein Testament entdeckt, ist dieses unverzüglich dem Nachlassgericht einzureichen.

Wertsachen können beim Nachlassgericht zur kostenpflichtigen Aufbewahrung abgegeben werden.

1. Besorgen Sie sich die Broschüre zum Betreuungsrecht und zur Vorsorgevollmacht vom Bundesministerium der Justiz.

2. Recherchieren Sie im Internet zur Vorsorgevollmacht und Betreuungsverfügung: www.bmj.bund.de

3. Wie erfolgt die Online-Registrierung der Vorsorgevollmacht bei der Bundesnotarkammer?

4. Recherchieren Sie im Internet zur Patientenverfügung insbesondere bei der Bundesärztekammer, der Hospizvereinigung, beim Bundesjustizministerium und bei der Rechtssprechung des Bundesgerichtshofes.

Aufgaben zur rechtlichen Betreuung nach § 1896 BGB:

5. Liegen in den folgenden Fallbeispielen die Voraussetzungen für eine gesetzliche Betreuung vor? Prüfen Sie anhand von § 1896 BGB die Voraussetzungen.

6. Welche Aufgabenkreise sind in den jeweiligen Fällen für den Betreuer erforderlich

Fallbeispiel Nr. 1

Frau P., 86 Jahre alt, lebt seit April 1995 im Altenheim. Sie ist freiwillig ins Heim gegangen. In ihrem Schrank bewahrt sie ihr gesamtes Hab und Gut auf: wertvollen Schmuck und Sparbücher im Werte von ca. 170 000,– €. Unter zunehmender Erblindung und geistiger Verwirrung lebt sie in der immerwährenden Angst, bestohlen zu werden. Ihre Verwandten ringen um die Erbschaft und vorzeitige Vermächtnisse bzw. Geschenke. Sie ist zeitweise aggressiv und verteidigt „ihren Schrank" mit den Wertsachen.
Den Vorschlag, diese auf die Bank zu bringen, lehnt sie vehement ab. Die Heimleitung wendet sich daher an das Betreuungsgericht, mit der Bitte um Einrichtung einer Betreuung in Vermögenssachen. Frau P. erfasst dieses Ansinnen nicht.

Fallbeispiel Nr. 2

Herr S., 46 Jahre alt, lebt alleine in seiner Zweizimmerwohnung. Er erlitt vor ca. 20 Jahren bei einem Unfall im Straßenverkehr ein Schädel-Hirn-Trauma. Unter den Folgen leidet er immer noch. Außerdem ist er alkoholabhängig, allerdings nach mehrfachen Entziehungskuren zur Zeit trocken. Trotz dieser Schwierigkeiten konnte er seinen Arbeitsplatz halten und hat somit ein regelmäßiges Einkommen. Nachdem im letzten Jahr seine Eltern verstorben sind, erbte er ein Vermögen im Werte von ca. 150 000,– €. Testamentsvollstrecker ist sein Bruder. Dieser beantragte beim Betreuungsgericht eine Betreuung in Vermögenssachen für Herrn S. Er ist damit einverstanden.

Fallbeispiel Nr. 3

Herr F., 33 Jahre alt, zur Zeit und zum wiederholten Male zwangsuntergebracht in der geschlossenen Abteilung eines Landeskrankenhauses, ist seit vielen Jahren psychisch krank. Er leidet an einer paranoid-halluzinatorischen Psychose, gekennzeichnet durch ausgeprägte Denkstörungen sowie wahnhaftem Erleben. Er fühlte sich bedroht und verfolgt. Infolgedessen besorgt er sich Schusswaffen, verfasst Klageschriften ans Gericht wegen angeblicher Vergiftungen und Bespitzelungen und randaliert in der elterlichen Wohnung sowie bedroht seinen 83 jährigen Vater, mit welchem er zusammenwohnt. Der Vater und der Bruder beantragen beim Betreuungsgericht eine Betreuung für die Bereiche Aufenthaltsbestimmung, medizinische Behandlung und Vermögensverwaltung. Herr F. möchte keine Betreuung.

1 Betreuungsverfügung

7. Welche Voraussetzungen müssen vorliegen, damit das Betreuungsgericht eine rechtliche Betreuung einrichtet?

8. Beschreiben Sie das Betreuungsverfahren im Eilfalle und im Regelfalle.

9. Was hat der Betreuungsrichter bei der Auswahl des rechtlichen Betreuers zu beachten?

10. Wovon ist es abhängig, ob die Betreuung beruflich oder ehrenamtlich geführt wird?

11. Welche Aufgabenkreise in der Betreuung kennen Sie?

12. Beschreiben Sie die Tätigkeiten und Zuständigkeiten des rechtlichen Betreuers in den Aufgabenkreisen:
    a) der Gesundheitsfürsorge, des Aufenthaltsbestimmungsrechts,
    b) der sonstigen freiheitsentziehenden Maßnahmen,
    c) der Vermögenssorge und der Post- und Fernmeldeangelegenheiten.

13. Was hat die Nachtwache im Praxisfall 30 falsch gemacht? Wie sieht das korrekte Vorgehen aus?

14. Schauen Sie sich das Psychischkrankengesetz für ihr Bundesland an und formulieren Sie die unterschiedlichen Voraussetzungen für die Zwangsunterbringung und Zwangsbehandlung.

15. Beschreiben Sie den Einwilligungsvorbehalt in der rechtlichen Betreuung.

16. Was ist der Unterschied zwischen dem Einwilligungsvorbehalt nach §1903 BGB und der Einwilligungsfähigkeit eines Betreuten in Bezug auf die medizinischen Behandlungsmaßnahmen?

17. Was ist ein Rechtsgeschäft? Bitte nennen Sie eine allgemeine Definition und einzelne Beispiele dazu.

18. Was kann die Pflegekraft veranlassen bei vermutlichen Missständen in der Betreuertätigkeit?

19. Wann endet die Betreuung und was ist danach zu beachten?

20. Darf der Betreute über sein Taschengeld alleine verfügen?

1 Ehrenamtliche rechtliche Betreuung

2 Einwilligung in die Medikamentengabe durch den Betreuten

5 Heimrecht: Wohnen im Alter in einer Betreuungseinrichtung

1 Einführung in das Heimrecht

Bewohner einer Betreuungs- oder Pflegeeinrichtung werden durch das Heimrecht besonders geschützt. Durch entsprechende Normen wird außerdem ihre Partizipation sichergestellt.

Dieses ist erforderlich, da die Hilfebedürftigen in einem besonderen Abhängigkeitsverhältnis in den Gemeinschaftseinrichtungen leben.

Im Heimrecht sind Regelungen des Bundes und des Landes zu beachten. Die Föderalismusreform in 2006 führte zu einer Verlagerung der Gesetzgebungskompetenz für die ordnungsrechtlichen Teile des Heimrechts vom Bund auf die Länder.

Die zivilrechtlichen heimvertraglichen Belange hat der Bundesgesetzgeber im Wohn- und Betreuungsvertragsgesetz (WBVG) neu geregelt. Es ist am 01.10.2009 in Kraft getreten. Seine Bestimmungen ersetzen die § 5 bis 9 des ehemaligen HeimG.

```
              Heimrecht
         ↓              ↓
 Öffentlich-    und   zivilrechtlicher
 rechtlicher                Teil
    Teil
      ↓                     ↓
 landesrechtliche    Bundesgesetz für
   Regelungen        den Vertragteil

 z. B. in NRW das    = Wohn- und
 Wohn- und Teilhabe- Betreuungsvertrags-
 gesetz (WTG NW)     gesetz (WBVG)
```

1 Heimrecht

1.1 Die Heimgesetze der Bundesländer

Infolge der geänderten Gesetzgebungskompetenzen kam es zu einer Spaltung der bundeseinheitlichen Regelungen im Heimgesetz (HeimG).

Inzwischen haben alle Bundesländer eigene heimrechtliche Gesetze und entsprechende Rechtsverordnungen für den öffentlichrechtlichen Teil geschaffen.

2 Landesgesetze zum öffentlichrechtlichen Heimrecht

Sinn und Zweck der heimgesetzlichen Regelungen sind:

- die Verbesserung der Rechtsstellung und des Schutzes der Bewohner in Heimen
- die Weiterentwicklung der Qualität der Betreuung und Pflege
- die Gewährleistung eines an den Grundsätzen der Menschenwürde und der Selbstbestimmung der Bewohner ausgerichteten Lebens
- die Schaffung einer modernen und praxisgerechten Grundlage für das Wohnen und die bedürfnisorientierte Betreuung älterer und behinderter Menschen in Betreuungseinrichtungen
- eine Verbesserung der Transparenz über das Wohnen, die Abläufe und die Angebote im Heim beispielsweise durch die Vertragsgestaltung und durch die Veröffentlichung der Prüfberichte
- die Weiterentwicklung der Mitwirkung des Bewohners

- die Stärkung der Überwachung der Betreuungseinrichtungen, beispielsweise durch unangemel-
dete Kontrollen der Aufsichtsbehörden
- die Verbesserung der Zusammenarbeit aller zuständigen Behörden (Aufsichtsbehörden, Pflegekassen, MDK, Träger der Sozialhilfe)
- die Sicherstellung eines vermehrten Schutzes
der Bewohner durch eine klare Festlegung des
Geltungsbereiches der Bestimmungen

1.2 Geltungsbereich des Heimrechts

Die heimgesetzlichen Regelungen gelten für Einrichtungen, die einem volljährigen, behinderten
oder pflegebedürftigen Menschen Wohnraum und
Betreuungsleistungen bzw. Pflegeleistungen verpflichtend als „Paket" gegen Entgelt und nicht nur
vorübergehend zur Verfügung stellen.

Es ergibt sich dadurch ein besonderes Abhängigkeitsverhältnis und somit die erhöhte Schutzbedürf-
tigkeit der Bewohner.

Das Heimrecht findet je nach Landesrecht demzufolge keine Anwendung für Krankenhäuser und Rehabilitationseinrichtungen.

① Wohnen im Heim

Schwierigkeiten hinsichtlich der Anwendung des
Heimrechts gibt es immer wieder bei bestimmten
Konstellationen eines betreuten Wohnens in Wohn-
gemeinschaften.

Entscheidend für die Anwendung der heimgesetzlichen Bestimmungen ist letztendlich die vertragliche
Gestaltung und welche Leistungen dem Bewohner
aufgezwungen werden.

Das Anbieten von Unterstützungsleistungen wie einem Notrufsystem, hausmeisterliche Dienste oder

Praxisfall 34

Bei der achtzigjährigen, alleinstehenden Frau
L. liegt eine schwere Parkinsonerkrankung vor.
Hinzu kommen demenzielle Auffälligkeiten.
Häufige Stürze in der Wohnung führen dazu,
dass der Hausarzt ein weiteres Verbleiben in
der Wohnung nicht mehr verantworten kann.
Da Frau L. einen Umzug in ein Pflegeheim vehement ablehnt, nimmt Frau P., die Putzhilfe
der Frau L., sie bei sich im neu gebauten Zwei-
familienhaus auf.

Sie bietet Frau L. eine Rund-um-die-Uhr-Ver-
sorgung gegen ein Entgelt in Höhe von monatlich 2.000,00 € an. Damit sei sie preiswer-
ter als das Haus Elfriede nebenan. Außerdem
habe sie beim Bau des Hauses bereits alles
barrierefrei gestaltet.

Im Zimmer der Frau L. befindet sich Frau K.,
eine bettlägrige Person, welche bereits seit
zwei Monaten im Haus der Frau P. wohnt.

Für weitere Pflegefälle hält sie Zimmer im obe-
ren Bereich des Hauses vor.

Frau P. gewährleistet eine 24 Stunden Beaufsichtigung durch die Mithilfe der 12 jährigen
Tochter und ihres Ehemannes, der nach Feier-
abend zur Verfügung steht.

Die Mahlzeiten werden mit den Bewohnern
zusammen am Küchentisch eingenommen,
das Wohnzimmer und der Garten stehen
ebenso allen Bewohnern frei zur Verfügung.
Man betrachtet sich als große Wohngemein-
schaft.

Der rechtliche Betreuer der Frau L. teilt dem
Betreuungsgericht den Umzug seiner Betreuten mit. Das Gericht wiederum schaltet die
Heimaufsicht der Stadt ein und möchte wissen, ob es sich beim Wohnhaus der Frau P. um
eine Heimeinrichtung handelt.

Die Aufsichtsbehörde wird daraufhin bei Frau
P. vorstellig.

Fahrdienste führen nicht zur Anwendung der Heimgesetze.

Wird jedoch durch den Vermieter von Wohnraum
die freie Wahl des Bewohners derart eingeschränkt,
dass er die Betreuungs- und Pflegeleistung sowie
die Verpflegung von einem Anbieter abnehmen
muss, greift das Heimrecht schützend ein.

2 Wichtige Inhalte der Heimgesetze

Die Heimgesetze sind Schutzgesetze für die Bewohner der Gemeinschaftsunterkünfte. Neben den gesetzlichen Regelungen des Bundes und vor allem der Bundesländer werden in Durchführungsverordnungen detailliert die Rechte und Pflichten der Betreiber und der Bewohner einer Betreuungseinrichtung festgelegt.

2.1 Wesentliche Pflichten des Betreibers eines Heims

Die wesentlichen Pflichten des Betreibers solcher Betreuungseinrichtungen sind:

- Unterkunft, Verpflegung und Betreuung sicherstellen
- Anpassungspflichten bei verändertem Betreuungsbedarf
- Informations- und Hinweispflichten
- umfangreiche Organisationspflichten: hierzu gehören auch das Erstellen der Pflege- und Betreuungsplanungen sowie die Dokumentation und die ordnungsgemäße Dienstplanung
- Fürsorge- und Schutzpflichten sowie Förderung der Selbständigkeit, der Selbstbestimmung und der Selbstverantwortung der Bewohner
- Qualitätssicherungspflichten
- Zusammenarbeits- und Koordinationspflichten der aufsichtsführenden Behörden
- Aufzeichnungs- und Aufbewahrungspflichten: das beinhaltet u. a. eine ordnungsgemäße Buch- und Aktenführung sowie Dokumentation der Qualitätssicherungsmaßnahmen

Alle Leistungen hat der Betreiber der Pflegeeinrichtung nach dem aktuellen anerkannten Stand der Wissenschaft, das heißt nach den aktuellen fachlichen Erkenntnissen zu erbringen.

Die baulichen Vorgaben und Sicherheitsbestimmungen sowie Fragen zur personellen Ausstattung der Betreuungseinrichtungen werden in den Landesheimgesetzen und in entsprechenden Rechtsverordnungen unterschiedlich geregelt.

Übereinstimmend ist jedoch festzustellen, dass das Heimrecht zunehmend das selbstbestimmte Wohnen im Blick hat. Somit ist der Wohnraum in einer Betreuungseinrichtung in der Abwägung zwischen Sicherheit, Hygiene und den ganz persönlichen Bedürfnissen eines Bewohners auf Gemütlichkeit und Wohnlichkeit zu gestalten.

1   Wohlfühlen im Heim

2.2 Rechte und Pflichten der Bewohner

Bewohner haben das Recht auf ein würdevolles Wohnen und Leben in der Betreuungseinrichtung.

Ein Wohnen in Würde beinhaltet im Einzelnen:

- das Recht auf die ordnungsgemäße, sorgfältige Pflege und fachgerechte Betreuung
- die Betreuung gemäß der Förder-, Hilfe- und Pflegepläne
- das Recht auf Information und Beratung
- Beschwerdemöglichkeiten
- Mitwirkungsrechte im Bewohnerbeirat insbesondere auch dessen Beteiligung an den Vergütungsverhandlungen sowie den Verhandlungen über die Leistungs- und Qualitätsvereinbarungen
- das Recht auf Gleichbehandlung
- Kündigungsschutz und damit auch „Mieterschutz"
- der Schutz der Daten des Bewohners
- Beachtung der Hausordnung und rücksichtsvolles Verhalten in der Gemeinschaft
- die fristgerechte Entrichtung des Heimentgeltes

Dem Schutze der Bewohner dient auch das heimrechtliche Verbot für die Pflegekräfte, Geschenke von den Bewohnern anzunehmen. Lediglich die

Annahme von geringwertigen Aufmerksamkeiten wird vom Gesetz geduldet.

Da dieser Begriff auslegungsbedürftig ist, sollte der Arbeitgeber für sein Personal klare Vorgaben über die Geringwertigkeit eines Geschenkes machen. Häufig verbietet der Arbeitgeber für das Pflegepersonal zur Vermeidung von Missverständnissen jegliche Annahme von Aufmerksamkeiten.

2.3 Überwachung der Heime

Die heimgesetzlichen Regelungen legen hohe Anforderungen an den Betrieb der Einrichtungen fest.

Durch wiederkehrende oder anlassbezogene Überprüfungen überwachen die Heimaufsichtsbehörden in Zusammenarbeit mit dem Medizinischen Dienst der Krankenkassen (MDK), Pflegekassen und den Sozialhilfeträgern die Betreuungseinrichtungen.

Abhängig von der jeweiligen Länderregelung erfolgen die Kontrollen unangekündigt oder mit Anmeldung.

○ Literatur

Tätigkeitsberichte der Heimaufsicht Ihrer Kommune
Prüfberichte der Pflegeeinrichtung, in welcher Sie arbeiten;

Je nach Ausmaß der bei einer Kontrolle festgestellten Mängel, hat die Aufsichtsbehörde folgende Maßnahmen zu ergreifen:

- die Anordnung, den festgestellten Mangel binnen einer bestimmten Frist abzustellen
- ein Beschäftigungsverbot zu erlassen
- ein Aufnahmestopp zu verhängen
- den Betrieb des Heimes oder von Teilbereichen zu untersagen
- bei Vorliegen einer Ordnungswidrigkeit ein Bußgeld festzusetzen

Neben den Überwachungstätigkeiten haben die Heimaufsichtsbehörden auch Beratungsfunktion und sind externe Beschwerdestellen.
Jede Person kann sich an die Behörde wenden und beispielsweise Hinweise über mögliche Missstände in der Betreuungseinrichtung geben.

3 WBVG – Wohn- und Betreuungsvertragsgesetz

Das Heimvertragsrecht gehört dem Bürgerlichen Recht an und ist seit 01. 10. 2009 bundeseinheitlich im WBVG, dem Wohn- und Betreuungsvertragsgesetz, geregelt.
Die neuen Begrifflichkeiten im WBVG verdeutlichen die Zuordnung dieses Gesetzes zum zivilrechtlichen Verbraucherrecht.
Demzufolge wird der bisherige Heimvertrag nun Wohn- und Betreuungsvertrag genannt. Der Begriff „Heim" findet keine Verwendung im Gesetz.
Der Vertrag wird zwischen dem Unternehmer und dem volljährigen Verbraucher geschlossen.

3.1 Anwendungsbereich des WBVG

§ 1 WBVG regelt den Anwendungsbereich des Gesetzes. Dieser stimmt weitgehend mit dem heimrechtlichen Geltungsbereich in den ordnungsrechtlichen Länderbestimmungen überein.

§ Gesetz

§ 1 Abs. 1 WBVG
Dieses Gesetz ist anzuwenden auf einen Vertrag zwischen einem Unternehmer und einem volljährigen Verbraucher, in dem sich der Unternehmer zur Überlassung von Wohnraum und zur Erbringung von Pflege- und Betreuungsleistungen verpflichtet, die der Bewältigung eines durch Alter, Pflegebedürftigkeit oder Behinderung bedingten Hilfebedarfs dienen.

…

Das Gesetz ist nicht anzuwenden, wenn der Vertrag neben der Überlassung von Wohnraum ausschließlich die Erbringung von allgemeinen Unterstützungsleistungen wie die Vermittlung von Pflege- oder Betreuungsleistungen, Leistungen der hauswirtschaftlichen Versorgung oder Notrufdienste zum Gegenstand hat.

Das WBVG gilt auch, wenn verschiedene Unternehmen, die rechtlich oder wirtschaftlich miteinander verbunden sind, die in § 1 Abs. 1 Satz 1 genannten Leistungen schulden.

Beispielsweise bietet Herr K. im Haus Elfriede Wohnraum für Pflegebedürftige Menschen an. Der gelernte Koch serviert für die Mieter verbindlich täglich die volle Verpflegung aus seiner Küche. Die Pflege der Mieter übernimmt der ambulante Pflegedienst seiner Ehefrau. Die Pflegebedürftigen haben diesbezüglich keine freie Wahl, da ansonsten das Unternehmen des Herrn K. sich nicht rechnet.

1 Wohn- und Betreuungsvertrag im Heim

In einem derartigen Fall ist das WBVG anzuwenden, da zwischen den Leistungsanbietern, dem Unternehmer Herr K. und der Unternehmerin Frau K., über das Eheverhältnis eine rechtliche Verbundenheit besteht.

Nicht anzuwenden ist das WBVG auf Verträge mit Krankenhäusern, Rehabilitationseinrichtungen, im Rahmen von Kur- und Erholungsaufenthalten oder auf Internate.

Gemäß § 119 SGB XI i.V.m. § 71 Abs. 2 SGB XI ordnet dagegen die Pflegeversicherung ausdrücklich die Anwendung des WBVG auf die zugelassenen teilstationären Tages- und Nachtpflegeeinrichtungen an.

3.2 Wohn- und Betreuungsvertrag

Der Unternehmer und der Verbraucher schließen den Wohn- und Betreuungsvertrag schriftlich und in der Regel auf unbestimmte Zeit.

Eine Befristung ist lediglich in Ausnahmefällen möglich, wenn sie den Interessen des Verbrauchers nicht widerspricht wie beispielsweise beim Kurzzeitpflegeaufenthalt in einem Heim.

Der Unternehmer hat vor Vertragsschluss gegenüber dem interessierten Verbraucher zahlreiche Informationspflichten zu erfüllen. Demgemäß hat er den Verbraucher über sein allgemeines Leistungsangebot und über den wesentlichen Inhalt der für ihn in Betracht kommenden speziellen Leistungen zu unterrichten.

Der Verbraucher soll die umfangreichen Vertragsunterlagen nicht unter Druck und nicht zwischen Tür und Angel unterzeichnen, sondern unter Wahrung der allgemeinen Verbraucherrechte, ausreichend informiert und wohlüberlegt das für ihn einschneidende Vertragsverhältnis eingehen.

Der Wohn- und Betreuungsvertrag ist geprägt von mietrechtlichen Bestimmungen.

2 Heimkosten

Demzufolge hat der Unternehmer nach § 7 WBVG dem Verbraucher den Wohnraum in einem zum vertragsgemäßen Gebrauch geeigneten Zustand zu überlassen und während der vereinbarten Vertragsdauer in diesem Zustand zu erhalten sowie die vertraglich vereinbarten Pflege- oder Betreuungsleistungen nach dem allgemein anerkannten Stand fachlicher Erkenntnisse zu erbringen.

Der Verbraucher hat dementsprechend das vereinbarte, angemessene Entgelt zu zahlen.

Ist der Bewohner länger als drei Tage abwesend, muss der Unternehmer den Wert der ersparten Aufwendungen auf seinen Entgeltanspruch anrechnen.

In der Regel wird im Vertrag eine Pauschalierung des Anrechnungsbetrages vereinbart.

Aufgrund dieser Anrechnung der ersparten Aufwendungen sind bei den Bewohnern nach Krankenhausaufenthalten nachträgliche Neuberechnungen der Heimkosten erforderlich.

3.2.1 Anpassungspflicht des Unternehmers

Häufig ändert sich der Pflege- oder Betreuungsbedarf des Bewohners während seinem Aufenthalt in der Betreuungseinrichtung.

Der Unternehmer hat seine Leistungen entsprechend anzupassen und der Verbraucher entsprechend das geänderte Entgelt zu zahlen.

Außerdem ist mit dieser Situation eine Mitwirkungspflicht des Verbrauchers verbunden. Dieser ist beispielsweise gehalten, entsprechende Anträge bei den Pflegekassen auf die Anpassung der Pflegestufe oder bei der Behörde auf Sozialleistungen zu stellen.

Der Unternehmer kann im Vertrag unter Bezugnahme auf sein spezifisches Leistungskonzept eine Leistungsanpassung im Einzelfall ausschließen.

Beispielsweise ist der Betreuungseinrichtung die geschlossene Unterbringung oder eine Versorgung von Beatmungspatienten im Regelfalle nicht möglich.

Allerdings ist der Anpassungsausschluss restriktiv zu handhaben. Gerade von einer Pflegeeinrichtung wird erwartet, dass Verbraucher auch nach Eintritt einer Schwerstpflegebedürftigkeit ihren gewohnten Wohnraum nicht verlieren sondern weiter in der Betreuungseinrichtung versorgt werden.

3.2.2 Inhalt des Wohn- und Betreuungsvertrags

Der Wohn- und Betreuungsvertrag umfasst zusammen mit unterschiedlichen Anhängen inzwischen durchschnittlich 25 bis 35 Seiten.

Gemäß § 6 Abs. 3 WBVG muss der Vertrag mindestens die Leistungen nach Art, Inhalt und Umfang einzeln beschreiben und die jeweiligen, zu zahlenden Entgelte zuordnen.

Der Unternehmer muss die vorvertraglichen Informationen als Vertragsgrundlage benennen bzw. Abweichungen gesondert kenntlich machen.

○ Literatur

Muster für Wohn- und Betreuungsverträge im Internet

Broschüre der Verbraucherzentrale: „Vertrag im Blick – Ihre Rechte nach dem Wohn- und Betreuungsvertragsgesetz", www.vzbv.de

Im Detail finden sich in den Wohn- und Betreuungsverträgen für eine Pflegeeinrichtung folgende Bestimmungen:

- Bezeichnung der Vertragspartner
- Vertragsdauer
- Leistungsbeschreibung
- Entgeltregelung
- Abwesenheitsregelung
- Fälligkeit des Entgelts
- Beendigungsmöglichkeiten des Vertrages
- Sonstige Regelungen
- beispielsweise zu der Ausstattung des Wohnraums mit eingebrachten Sachen, zur Aushändigung der Schlüssel, zur Aufbewahrung von Wertsachen, zur Benachrichtigung von Personen und dem Umgang mit dem Nachlass im Todesfalle sowie zur Haltung von Haustieren
- Bestimmungen zur Haftung des Unternehmers und des Verbrauchers im Schadensfalle
- Mitwirkungspflichten des Verbrauchers
- Datenschutzbestimmungen

Als Anhänge formuliert werden in der Regel die Hausordnung, Ausführungen zu Informations- und

Beratungsstellen sowie die Beschwerdemöglichkeiten.

Fernerhin empfiehlt es sich, detaillierte Erklärungen zur Entbindung von der Schweigepflicht beizufügen, damit Sie als Pflegepersonal beispielsweise mit den in der Erklärung genannten behandelnden Ärzten oder anderen Therapeuten über den Bewohner sich im Bedarfsfalle austauschen können.

3.2.3 Beendigung des Wohn- und Betreuungsvertrags

Die §§ 4, 11 bis 13 WBVG enthalten Regelungen zur Vertragsdauer und zur Beendigung des Vertrages durch Kündigung.

Der Wohn- und Betreuungsvertrag kann enden

- durch den **Tod des Bewohners**; der Unternehmer kann bis zu zwei Wochen nach dem Tod noch Entgelt fordern;
- durch einen **Aufhebungsvertrag**, das heißt in gegenseitigem Einvernehmen wird der Vertrag beendet
- **Kündigung** innerhalb von zwei Wochen nach Vertragsbeginn ohne Grund
- durch die ordentliche **Kündigung des Bewohners**: Kündigungsfrist 1 Monat auch bei Erhöhung des Heimentgeltes möglich
- durch die **außerordentliche Kündigung des Bewohners** bei einem wichtigen Grund, wenn ihm die Fortsetzung des Vertrages bis zum Ablauf der Kündigungsfrist nicht zuzumuten ist.
  Der Unternehmer hat bei Verschulden eine Nachweispflicht, d. h. er hat dem Bewohner einen angemessenen Heimplatz nachzuweisen und die Umzugskosten zu tragen.
- durch **ordentliche Kündigung des Unternehmers** aus wichtigem Grund:
  Kündigungsfrist zwei Monate
- bei Einstellung oder Veränderung des Betriebes; dem Unternehmer ist die Fortsetzung des Vertrages unzumutbar; er hat gegenüber dem Bewohner eine Nachweispflicht und ist umzugskostenpflichtig;
- durch **außerordentliche Kündigung** aus wichtigem Grund bei Veränderung des Gesundheitszustandes; eine fachgerechte Pflegeleistung und Betreuung kann nicht erbracht werden, weil die

Anpassung nicht möglich bzw. ausgeschlossen und dem Unternehmer ein Festhalten am Vertrag nicht zumutbar ist; der Unternehmer hat eine Nachweispflicht.
- bei grober, schuldhafter Verletzung der Vertragspflichten durch den Bewohner;
- bei Zahlungsverzug des Bewohners

Die Kündigung durch den Unternehmer bei Vertragsverletzungen erfordert ein Verschulden des Bewohners und ist möglich bei vertragswidrigem Gebrauch des überlassenen Wohnraums beispielsweise bei Sachbeschädigungen oder Ungezieferbefall.

Fernerhin bei Verstößen gegen die Hausordnung oder bei wiederholten Störungen des Hausfriedens beispielsweise durch Lärm, Geruch oder sexuelle Belästigung.

Ebenso berechtigt eine wiederholte grobe oder eine öffentliche Beleidigung des Unternehmers beispielsweise durch die Verbreitung von Unwahrheiten über den Unternehmer oder sein Personal zur Kündigung.

Die besondere Schwierigkeit bei diesen Kündigungsmöglichkeiten durch den Unternehmer ist der Nachweis des Verschuldens beim Bewohner.

Dieser muss demzufolge noch deliktsfähig sein. Der Vertragsverstoß muss objektiv rechtswidrig und dem Bewohner subjektiv vorwerfbar sein.

Das Vertragsverhältnis ist unter anderem nachhaltig gestört, wenn das Leben und die Gesundheit der anderen Bewohner durch die Vertragsverletzung konkret und ernstlich gefährdet wird.

Die Beweisführung erfordert in der Regel ein fachärztliches Gutachten hinsichtlich der Feststellung des Verschuldens des Bewohners.

Um diese Unwegbarkeiten der Kündigung zu vermeiden, sollte der Unternehmer eine einvernehmliche Regelung mit dem Verbraucher bzw. mit dessen rechtlichen Betreuer oder dem Bevollmächtigten suchen.

In der Regel lassen sich Lösungen finden, die zu einem Aufhebungsvertrag führen und somit einen Rechtsstreit verhindern.

1. Lesen Sie die heimrechtlichen Regelungen für Ihr Bundesland.

2. Wie wird die Heimaufsicht im Praxisfall 34 entscheiden?

3. Welche Mitwirkungsrechte hat der Bewohner aufgrund der heimgesetzlichen Vorgaben in Ihrem Bundesland?

4. Gilt in Ihrem Bundesland die Heimmitwirkungsverordnung noch fort?

5. Welche Pflichten ergeben sich aufgrund der heimgesetzlichen Regelungen Ihres Bundeslandes für Sie als Pflegekraft?

6. Welche gesetzliche Regelung gibt es für die personellen Anforderungen für die Beschäftigung in einem Heim in Ihrem Bundesland? Wurde die bundesweit geltende Heimpersonalverordnung durch eine Länderbestimmung ersetzt?

7. Gibt es in Ihrem Bundesland heimrechtliche Regelungen zur Delegation von betreuenden Tätigkeiten auf Nicht-Fachkräfte und um welche Tätigkeiten handelt es sich hierbei? Welche Tätigkeit übt die Hauswirtschaftsfachkraft aus?

8. Finden Sie Regelungen zur Dokumentationspflicht im Heimrecht Ihres Bundeslandes?

9. Wie groß muss in Ihrem Bundesland ein Bewohnerzimmer in der Pflegeeinrichtung sein?

10. In welchem Umfang sind Mehrbettzimmer in der Pflegeeinrichtung in Ihrem Bundesland erlaubt?

11. Welche Sicherheitsstandards gilt es in einer Pflegeeinrichtung in Ihrem Bundesland zu beachten?

12. Welche Regelungen gelten gegebenenfalls in Ihrem Bundesland an Stelle der bundesweiten Heimmindestbauverordnung?

Aufgaben zu den heimrechtlichen Bestimmungen Ihres Bundeslandes:

Fallbeispiel Nr. 1

Im Pflegeheim Elisabeth stehen Wahlen zum Heimbeirat an. Die Tochter der Bewohnerin Frau P. möchte sich zur Wahl stellen. Sie ist ehrenamtlich im „Freundeskreis Heim Elisabeth" sehr engagiert und hilft unter anderem bei der Ausrichtung der jährlichen Sommerfeste. Da überwiegend schwerstpflegebedürftige und stark verwirrte Menschen in der Pflegeeinrichtung leben, stehen für die Wahl nur wenige Bewohner zur Verfügung.

Frage:
Kann die Tochter der Bewohnerin Frau P. in den Heimbeirat gewählt werden?

Fallbeispiel Nr. 2

Sie befinden sich im dritten Ausbildungsjahr zur Altenpflegefachkraft. Die Wohnbereichsleitung des Pflegeheimes, in welchem Sie den praktischen Teil der Ausbildung absolvieren, überträgt Ihnen am Wochenende die alleinige Verantwortung für die 25 Bewohner auf Ihrer Etage. Außer Ihnen sind lediglich noch zwei Hilfskräfte im Dienst.

In den letzten Monaten war bereits überwiegend nicht examiniertes Personal tätig, da der Träger der Einrichtung aufgrund des sogenannten Pflegenotstandes angeblich keine Fachkräfte findet.

Fragen:
Finden Sie Regelungen im Heimrecht Ihres Bundeslandes, woraus Sie erkennen können, wie viel Personal und mit welcher Qualifikation beschäftigt werden muss?

Hat Ihr Arbeitgeber als Träger der Einrichtung eine Mindestquote von Fachkräften zu beachten? Welche personellen Anforderungen muss die Leitung der Einrichtung erfüllen? Was ist eine Fachkraft?

Fallbeispiel Nr. 3

Herr F., 93 Jahre alt, ist aufgrund seiner beidseits amputierten Beine Rollstuhlfahrer. Während der Körperpflege beschwert er sich bei Ihnen, weil er von seinem Bett aus keinen Notruf erreichen kann und daher in der Nacht sich nicht zum erforderlichen Toilettengang melden konnte. Demzufolge musste er Stunden im eingenässten Bett verbringen.

Außerdem raucht Herr F. gerne ab und an in seinem Einzelzimmer eine Zigarette. Insbesondere abends vor dem Einschlafen zieht er im Bett liegend genüsslich am Glimmstengel. Die Heimleitung hat Herrn F. das Rauchen im Zimmer erlaubt, da er auf ein Verbot äußerst ungehalten reagiert.

Die Bewohnerin Frau A. beschwert sich über diesen Vorgang, da ihr das Anzünden der Kerze an Ihrem Adventskranz im Zimmer verboten wurde.

Sie sieht hierin eine gesetzeswidrige Ungleichbehandlung.

Fragen:

Hat Herr F. aufgrund der heimrechtlichen Bestimmungen Ihres Bundeslandes einen Anspruch auf ein erreichbares Notrufsystem in seinem Zimmer?

Gibt es heimrechtliche Bestimmungen in Ihrem Bundesland, welche die Beschwerde der Frau A. regeln?

Finden Sie aus haftungsrechtlichen Gründen Möglichkeiten, das Rauchen sowie die offene Kerzenflamme im Zimmer zu verbieten? Welche rechtliche Bindung entfachen diesbezügliche Regelungen in einer Hausordnung im Heim?

13. Welche Behörden und sonstige Institutionen sind für die Überwachung der Pflegeeinrichtungen in Ihrem Bundesland zuständig und wie wird diese Kontrolle der Heime praktisch ausgeführt?

14. Welche Möglichkeiten haben die Aufsichtsbehörden Ihres Bundeslandes bei einem Pflegemangel und bei einer personellen Pflegefehl- oder unterbesetzung?

15. Besorgen Sie sich in den verschiedenen Betreuungseinrichtungen vor Ort die Wohn- und Betreuungsvertragsunterlagen.

16. Welche Leistungen werden in den Verträgen nach dem WBVG angeboten?

17. Wann kann der Wohn- und Betreuungsvertrag durch den Unternehmer gekündigt werden?

18. Wann kann der Wohn- und Betreuungsvertrag durch den Bewohner gekündigt werden? Welche Frist ist hierbei zu beachten?

19. Wer kümmert sich nach dem Tod des Bewohners um den Nachlass und die Auflösung des Zimmers im Heim? Wer sorgt für die Bestattung des Bewohners?

1 Rauchen verboten?

6 Sicherstellung der medizinisch-pflegerischen Versorgung im Krankheits- und Pflegefall

1 Einführung in das Sozialrecht

Die Bundesrepublik Deutschland ist nach Art. 20, 28 des Grundgesetzes ein sozialer Rechtsstaat. In Deutschland existiert daher ein umfassendes System sozialer Sicherung, das u. a. Leistungen für kranke oder pflegebedürftige Menschen vorsieht.

1.1 Sozialgesetzbuch

Das Sozialrecht ist in einer Vielzahl von Einzelgesetzen geregelt. Die wesentlichen gesetzlichen Grundlagen sind im Sozialgesetzbuch (SGB) verankert. Bisher sind folgende Teile des Sozialgesetzbuchs in Kraft getreten:

- SGB I: Allgemeiner Teil
- SGB II: Grundsicherung für Arbeitsuchende („Hartz IV")
- SGB III: Arbeitsförderung (Arbeitslosenversicherung)
- SGB IV: Gemeinsame Vorschriften für die Sozialversicherung
- SGB V: Gesetzliche Krankenversicherung
- SGB VI: Gesetzliche Rentenversicherung
- SGB VII: Gesetzliche Unfallversicherung
- SGB VIII: Kinder- und Jugendhilfe
- SGB IX: Rehabilitation und Teilhabe behinderter Menschen
- SGB X: Sozialverwaltungsverfahren und Sozialdatenschutz
- SGB XI: Soziale Pflegeversicherung
- SGB XII: Sozialhilfe

Innerhalb des Sozialgesetzbuchs sind die einzelnen Sozialleistungsbereiche, wie beispielsweise die im SGB XI geregelte Pflegeversicherung, in sich abgeschlossen. Übergreifende Bedeutung haben jedoch das SGB I und SGB X, die für sämtliche Bereiche des Sozialrechts gelten. Das SGB I enthält allgemeine Vorschriften über Sozialleistungen und die Sozialleistungsträger. Geregelt werden z. B. die Aufklärung, Beratung und Auskunft durch die Sozialleistungsträger, die Beantragung von Sozialleistungen, die Verjährung von Sozialleistungen, die Mitwirkungspflichten der Leistungsberechtigten. Im SGB X finden sich u. a. Verfahrensvorschriften, Regelungen für den Schutz der Sozialdaten sowie Vorschriften über Erstattungsansprüche der Sozialleistungsträger untereinander.

Das SGB IV enthält übergreifende Regelungen zu den fünf Zweigen der Sozialversicherung (siehe 1.2).

1 Sozialleistungen für kranke und pflegebedürftige Menschen

Es sieht u. a. Vorschriften vor zur geringfügigen Beschäftigung („450 Euro-Job"), zum Arbeitsentgelt und sonstigen Einkommen sowie zu Meldepflichten des Arbeitgebers.

Übergreifende Bedeutung hat schließlich auch das SGB IX. Für Leistungen zur Rehabilitation und Eingliederung behinderter Menschen sind im sozialen Sicherungssystem verschiedene Leistungsträger zuständig, z. B. Krankenkassen, Rentenversicherungsträger, Unfallversicherungträger, Agenturen für Arbeit, Sozialhilfeträger. Im Teil 1 des SGB IX werden Rechtsvorschriften zusammengefasst, die für die verschiedenen Rehabilitationsträger einheitlich gelten (z. B. Koordination der Leistungen, Kooperation der Leistungsträger). Der 2. Teil des SGB IX sieht für schwerbehinderte und diesen gleichgestellten Menschen u. a. Regelungen vor über die Beschäftigungspflicht der Arbeitgeber und den besonderen Kündigungsschutz.

Auch **außerhalb des Sozialgesetzbuchs** gibt es im Übrigen noch wichtige Sozialgesetze, wie z. B. das Bundesausbildungsförderungsgesetz (BAföG), das Wohngeldgesetz (WoGG) oder das Bundesversorgungsgesetz (BVG).

1.2 Die fünf Zweige der Sozialversicherung

Die Sozialversicherung bildet den Kern des System der sozialen Sicherung in Deutschland. Im Jahre 2013 wurden über 800 Mrd. € für Sozialleistungen ausgegeben; rund zwei Drittel hiervon entfielen auf den Bereich der Sozialversicherung.

Zur Sozialversicherung gehören die Renten-, Kranken-, Arbeitslosen-, Pflege- und Unfallversicherung. Kennzeichnend für die Sozialversicherung ist, dass sie eine Sicherung gegen bestimmte Lebensrisiken bietet. Tritt eines der abgesicherten Risiken ein, werden vom zuständigen Versicherungträger Leistungen gewährt, wenn in dem betreffenden Sozialversicherungszweig eine Versicherung besteht.
Finanziert wird die Sozialversicherung in erster Linie durch Beiträge. Gezahlt werden die Beiträge von den Versicherten, Arbeitgebern oder Dritten (z. B. Rentenversicherungträger). Da die Ausgaben der Sozialversicherung unterschiedlich hoch sind, ergeben sich zu den einzelnen Zweigen auch unterschiedliche Beitragssätze.

1 Übersicht Sozialversicherung

Versicherungs-zweig	Abgesichertes Risiko	Zuständige Träger	Beitragssatz Stand 2015
Renten-versicherung	Alter, Erwerbs-minderung, Tod	Dt. Rentenversicherung Bund, Regionalträger, Dt. Rentenversicherung Knappschaft-Bahn-See	18,7 %
Kranken-versicherung	Krankheit	Krankenkassen	14,6 %; hinzu kommen die allein von den Versicherten zu zahlenden Zusatzbeiträge
Arbeitslosen-versicherung	Arbeitslosigkeit	Bundesagentur für Arbeit	3,0 %
Pflege-versicherung	Pflegebedürftig-keit	Pflegekassen	2,35 % (Beitragszuschlag von 0,25 % für kinderlose Versicherte)
Unfall-versicherung	Arbeitsunfall, Berufskrankheit	Berufsgenossenschaften, Unfallkassen	unterschiedlich hoch; abhängig vom Grad der Unfallgefahr in dem Gewerbezweig

2 Gesetzliche Krankenversicherung

1 Otto von Bismarck (1815–1898), Reichskanzler von 1871–1890

Die gesetzliche Krankenversicherung ist der älteste Zweig der Sozialversicherung in Deutschland. Sie wurde bereits 1883 im Rahmen der Bismarckschen Sozialgesetzgebung eingeführt.

2.1 Einführung

Hauptaufgabe der gesetzlichen Krankenversicherung ist es, die Gesundheit der Versicherten zu erhalten, wiederherzustellen oder ihren Gesundheitszustand zu bessern. Um diese Ziele zu erreichen, stellen die Krankenkassen ihren Versicherten notwendige Leistungen zur Krankheitsverhütung, Krankheitsbehandlung und Rehabilitation zur Verfügung. Rechtsgrundlage der gesetzlichen Krankenversicherung ist im Wesentlichen das Fünfte Buch Sozialgesetzbuch (SGB V).

2.1.1 Versicherter Personenkreis

Etwa 90 % der in der Bundesrepublik Deutschland lebenden Menschen sind in der gesetzlichen Krankenversicherung versichert. Die Versicherung kann bestehen als
- Pflichtversicherung,
- freiwillige Versicherung oder
- Familienversicherung

Pflichtversichert sind Personen, die das Gesetz in den Schutzbereich der gesetzlichen Krankenversicherung einbezieht, und zwar unabhängig davon, ob der einzelne Versicherte den Versicherungsschutz wünscht oder beantragt. Die Versicherungspflicht in der gesetzlichen Krankenversicherung ist in § 5 SGB V geregelt und erfasst z. B. Arbeitnehmer, Empfänger von Arbeitslosengeld oder Arbeitslosengeld II, Rentner, Studenten, in Werkstätten tätige behinderte Menschen.

Personen, die nicht der Versicherungspflicht unterliegen, haben gemäß § 9 SGB V die Möglichkeit, sich in der gesetzlichen Krankenversicherung freiwillig zu versichern.

Beitragsfrei familienversichert sind schließlich unter den Voraussetzungen des § 10 SGB V der Ehegatte, der eingetragene gleichgeschlechtliche Lebenspartner und die Kinder eines Pflicht- oder freiwillig Versicherten.

2.1.2 Krankenkassen

Zuständige Leistungsträger der gesetzlichen Krankenversicherung sind die derzeit rund 120 Krankenkassen. Diese gliedern sich in verschiedene Kassenarten wie z. B. die Allgemeinen Ortskrankenkassen, Betriebskrankenkassen, Innungskrankenkassen und Ersatzkassen (§ 4 Abs. 2 SGB V).

Die Mitglieder der gesetzlichen Krankenversicherung können ihre Krankenkasse nach Maßgabe der §§ 173 bis 175 SGB V grundsätzlich frei wählen. Will ein Versicherter die Krankenkasse wechseln, so muss er die Mitgliedschaft bei seiner bisherigen Kasse kündigen. Die Kündigung der Mitgliedschaft ist zum Ablauf des übernächsten Kalendermonats möglich, gerechnet von dem Monat, in dem das Mitglied die Kündigung erklärt. Wirksam wird die Kündigung aber nur dann, wenn das Mitglied innerhalb der Kündigungsfrist der zur Meldung verpflichteten Stelle (z. B. Arbeitgeber, Rentenversicherungsträger, Agentur für Arbeit) die neue Mitgliedschaft bei einer anderen Kasse durch Vorlage einer Mitgliedsbescheinigung nachweist. Diese Mitgliedsbescheinigung wird von der neu gewählten Krankenkasse ausgestellt. Sind die gesetzlichen

Voraussetzungen für einen Wechsel erfüllt, darf die gewählte Krankenkasse den Versicherten nicht ablehnen.

● Merke

Mitglieder der gesetzlichen Krankenversicherung können ihre Krankenkasse frei wählen.

2.1.3 Finanzierung

Die Finanzierung der gesetzlichen Krankenversicherung erfolgt in erster Linie durch Beiträge. In der gesetzlichen Krankenversicherung gibt es seit 2009 einen einheitlichen Beitragssatz, der nunmehr bei 14,6 % der beitragspflichtigen Einnahmen liegt. Gezahlt werden die Beiträge nach §§ 249 ff. SGB V von den versicherten Mitgliedern, den Arbeitgebern oder Dritten (z. B. Rentenversicherungsträger, Bundesagentur für Arbeit, Bund). Bei der größten Gruppe der Pflichtversicherten, den Arbeitnehmern, wird der Beitrag zur gesetzlichen Krankenversicherung je zur Hälfte vom Arbeitnehmer und Arbeitgeber getragen.

Zu den beitragspflichtigen Einnahmen der Versicherten zählen vor allem das Bruttoarbeitsentgelt, Einkünfte aus selbstständiger Tätigkeit und Renten der gesetzlichen Rentenversicherung. Beiträge zur gesetzlichen Krankenversicherung sind nur bis zu einem bestimmten Höchstverdienst zu zahlen (sog. Beitragsbemessungsgrenze; 2015: 4.125 € monatlich).

Der Beitragssatz von 14,6 % ist in § 241 SGB V auf diesem Niveau festgeschrieben. Künftige Kostensteigerungen im Gesundheitswesen werden über Zusatzbeiträge nach § 242 SGB finanziert, die allein von den Krankenkassenmitgliedern zu tragen sind.

Seit 2009 gibt es für den Bereich der gesetzlichen Krankenversicherung auch ein neues Finanzierungsmodell. Die Beiträge zur Krankenversicherung fließen ebenso wie vom Bund geleistete Steuerzuschüsse nunmehr in den sog. Gesundheitsfonds, der vom Bundesversicherungsamt verwaltet wird (vgl. §§ 266 ff. SGB V). Die Gelder aus dem Fonds werden unter den Krankenkassen verteilt. Krankenkassen mit „schlechten Risiken", d. h. vor allem überdurchschnittlich vielen Versicherten mit bestimmten schwerwiegenden Erkrankungen, erhalten im Vergleich zu anderen Krankenkassen aus dem Gesundheitsfonds höhere Zuweisungen.

Eine Krankenkasse, deren Finanzbedarf durch die Zuweisungen aus dem Fonds nicht gedeckt ist, muss von ihren Mitgliedern nach § 242 SGB V einen Zusatzbeitrag erheben. Der Zusatzbeitrag, den das Mitglied allein zu tragen hat, wird von der Krankenkasse eingezogen und von ihr einbehalten. Die Zusatzbeiträge sind bei den einzelnen Krankenkassen unterschiedlich hoch und werden von den beitragspflichtigen Einnahmen der Krankenkassenmitglieder erhoben. Der durchschnittliche Zusatzbeitragssatz der Krankenkassen liegt im Jahr 2015 bei 0,9 %.

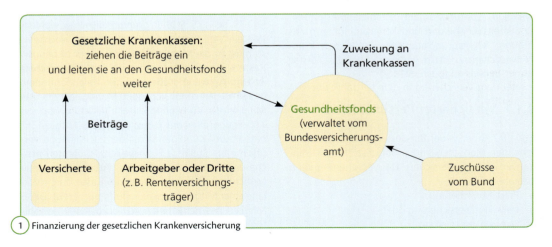

1 Finanzierung der gesetzlichen Krankenversicherung

2.1.4 Unterschiede zur privaten Krankenversicherung

Personen, die nicht der Versicherungspflicht in der gesetzlichen Krankenversicherung unterliegen, haben die Möglichkeit, sich bei einem der rund 45 privaten Krankenversicherungsunternehmen zu versichern. Die Zahl der Privatversicherten beläuft sich in Deutschland auf etwa 9 Millionen, was gut 10 % der Bevölkerung entspricht. Privat krankenversichert sind insbesondere Arbeitnehmer mit einem jährlichen Bruttoverdienst oberhalb der sog. Versicherungspflichtgrenze (2015: 54.900 €), Beamte und Selbständige sowie deren Familienangehörige. Die Rechtsgrundlagen für die private Krankenversicherung finden sich im Gesetz über den Versicherungsvertrag (VVG) und im Gesetz über die Beaufsichtigung der Versicherungsunternehmen (VAG).

Der Versicherungsschutz in der privaten Krankenversicherung (PKV) wird durch Abschluss eines Versicherungsvertrages begründet. Die Leistungen der privaten Krankenversicherung hängen vom im Versicherungsvertrag individuell vereinbarten Versicherungsschutz ab. Teilweise sieht die private Krankenversicherung Leistungen vor, die in der gesetzlichen Krankenversicherung nicht in Anspruch genommen werden können (z.B. Heilpraktikerbehandlung, Kostenübernahme für alternative Behandlungsmethoden).

Während in der gesetzlichen Krankenversicherung überwiegend Sachleistungen gewährt werden (siehe 2.2.4), gilt in der privaten Versicherung grundsätzlich das Kostenerstattungsprinzip. Der Privatversicherte erhält vom Leistungserbringer (z.B. Arzt, Zahnersatz) eine Rechnung, die er bei seiner Versicherung einreicht. Die Versicherung erstattet dem Versicherten in dem vertraglich vereinbarten Umfang die anfallenden Kosten. Bei stationärer Krankenhausbehandlung wird jedoch auch in der privaten Versicherung vom Kostenerstattungsprinzip abgewichen. Hier rechnet das Krankenhaus regelmäßig direkt mit dem Versicherungsunternehmen ab.

Im Gegensatz zur gesetzlichen Krankenversicherung orientieren sich die in der privaten Versicherung zu zahlenden Beiträge nicht an der finanziellen Leistungsfähigkeit des Versicherten, maßgebend ist vielmehr die Schwere des von der Versicherung übernommenen Risikos. Die Höhe des Beitrags hängt somit neben dem vertraglich vereinbarten Leistungsumfang von Alter und Gesundheitszustand des Privatversicherten ab. Ältere Versicherte zahlen im Vergleich zu jüngeren Versicherten höhere Beiträge. Reduziert werden kann die Beitragslast durch die Vereinbarung von Selbstbeteiligungen des Versicherten an den Krankheitskosten. Anders als die gesetzliche Krankenversicherung kennt die private Versicherung keine kostenlose Mitversicherung von Familienangehörigen. Für jedes Familienmitglied müssen in der privaten Krankenversicherung eine eigene Versicherung abgeschlossen und zusätzliche Beiträge gezahlt werden.

1 Besonderheiten der privaten Krankenversicherung

Personen, die sich für eine private Krankenversicherung entschieden haben, ist die Rückkehr in die gesetzliche Krankenversicherung grundsätzlich versperrt. Der Grundsatz „einmal privat – immer privat" wird jedoch durchbrochen, wenn nach § 5 SGB V Versicherungspflicht in der gesetzlichen Krankenversicherung eintritt (z.B. Reduzierung des Arbeitsverdienstes infolge des Wechsels in eine Teilzeitarbeit). In diesem Falle kann der Versicherte seine private Krankenversicherung kündigen.

● Merke

Die Leistungen der privaten Krankenversicherung sind nicht in einem Gesetz festgeschrieben, sondern werden vertraglich zwischen dem Versicherten und dem Versicherungsunternehmen vereinbart.

2.2 Übersicht über die Leistungen der gesetzlichen Krankenversicherung

Die gesetzliche Krankenversicherung gewährt Versicherten in erster Linie Leistungen zur Verhütung und zur Früherkennung von Krankheiten sowie Leistungen bei Krankheit. Versicherte Frauen können darüber hinaus Leistungen bei Schwangerschaft und Mutterschaft beanspruchen.

2.2.1 Leistungen zur Verhütung und Früherkennung von Krankheiten

Mit den Leistungen zur Verhütung und Früherkennung von Krankheiten wird dem Grundsatz der Prävention in der gesetzlichen Krankenversicherung Rechnung getragen. Ziel der Leistungen ist es, die Gesundheit der Versicherten zu erhalten.

Die Leistungen zur Verhütung von Krankheiten sind in den §§ 20 bis 24 SGB V geregelt. Von Bedeutung sind hier vor allem die medizinischen Vorsorgeleistungen nach § 23 SGB V. Danach besteht Anspruch auf ärztliche Behandlung und Versorgung mit Arznei-, Verband-, Heil- und Hilfsmitteln, wenn es notwendig ist, um einer durch Gesundheitsschwächung drohenden Krankheit vorzubeugen, einer Gefährdung der gesundheitlichen Entwicklung eines Kindes entgegenzuwirken, Krankheiten zu verhüten oder deren Verschlimmerung zu vermeiden oder den Eintritt von Pflegebedürftigkeit zu vermeiden. Die Leistungen können auch in Form von ambulanten oder stationären Vorsorgekuren erbracht werden. Die Dauer einer stationären Vorsorgekur mit Unterkunft und Verpflegung beträgt grundsätzlich drei Wochen.

Zur Früherkennung von Krankheiten haben versicherte Kinder und Erwachsene gemäß §§ 25, 26 SGB V Anspruch auf bestimmte diagnostische Maßnahmen. So sind für Kinder bis zur Vollendung des sechsten Lebensjahres insgesamt zehn Untersuchungen vorgesehen. Erwachsene können Untersuchungen zur Früherkennung von Krebserkrankungen, von Herz-Kreislauf- und Nierenerkrankungen sowie der Zuckerkrankheit in Anspruch nehmen.

2.2.2 Leistungen bei Schwangerschaft und Mutterschaft

Leistungen der gesetzlichen Krankenversicherung werden für versicherte Frauen auch bei Schwangerschaft und Mutterschaft gewährt, da hier ebenso wie bei einer Krankheit ärztliche Untersuchung, Beobachtung und ggf. Behandlung erforderlich sind. Der Leistungsanspruch umfasst gemäß §§ 24c ff. SGB V

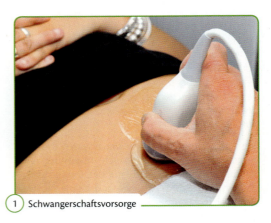

1 Schwangerschaftsvorsorge

- ärztliche Betreuung und Hebammenhilfe, dazu zählen u.a. Untersuchungen zur Feststellung der Schwangerschaft und Vorsorgeuntersuchungen (§ 24d SGB V);
- Versorgung mit Arznei-, Verband-, Heil- und Hilfsmitteln während der Schwangerschaft und im Zusammenhang mit der Entbindung (§ 24e SGB V);
- ambulante oder stationäre Entbindung in einem Krankenhaus oder einer anderen geeigneten Einrichtung (§ 24f SGB V);
- häusliche Pflege, soweit diese wegen Schwangerschaft oder Entbindung notwendig ist und eine im Haushalt lebende Person die Versicherte nicht in dem erforderlichen Umfang pflegen und versorgen kann (§ 24g SGB V);
- Haushaltshilfe, soweit der Versicherten wegen Schwangerschaft oder Entbindung die Weiterführung des Haushalts nicht möglich ist und eine andere im Haushalt lebende Person den Haushalt nicht weiterführen kann (§ 24h SGB V);
- Mutterschaftsgeld, das für die Dauer der Schutzfristen nach dem Mutterschutzgesetz gezahlt

wird, d. h. der Anspruch beginnt sechs Wochen vor dem mutmaßlichen Tag der Entbindung und endet acht Wochen bzw. bei Mehrlings- und Frühgeburten zwölf Wochen nach der Entbindung (§ 24i SGB V).

Im Gegensatz zu den Leistungen bei Krankheit sind von Versicherten für Leistungen bei Schwangerschaft und Mutterschaft keine Zuzahlungen zu entrichten.

2.2.3 Leistungen bei Krankheit

Den Schwerpunkt der Leistungen der gesetzlichen Krankenversicherung bilden die Leistungen bei Krankheit, die in den §§ 27 bis 51 SGB V geregelt sind. Hinsichtlich der Leistungen bei Krankheit ist zu unterscheiden zwischen der Krankenbehandlung (§§ 27 bis 43 b SGB V) und der Zahlung von Krankengeld (§§ 44 bis 51 SGB V).

Versicherte haben nach § 27 Abs. 1 Satz 1 SGB V Anspruch auf Krankenbehandlung, wenn sie notwendig ist, um eine Krankheit zu erkennen, zu heilen, ihre Verschlimmerung zu verhüten oder Krankheitsbeschwerden zu lindern. Die Krankenbehandlung umfasst insbesondere ärztliche und zahnärztliche Behandlung (§ 28 SGB V), Versorgung mit Arznei-, Verband-, Heil- und Hilfsmitteln (§§ 31 bis 36 SGB V), häusliche Krankenpflege (§ 37 SGB V), Haushaltshilfe (§ 38 SGB V), Krankenhausbehandlung (§ 39 SGB V) sowie Leistungen zur Rehabilitation (§§ 40 bis 43 SGB V). Auf die entsprechenden Leistungen wird unter 2.3 näher eingegangen.

Bei Arbeitsunfähigkeit oder stationärer Behandlung erhalten Mitglieder der gesetzlichen Krankenversi-

cherung nach Ablauf der Entgeltfortzahlung (in der Regel nach der sechsten Woche) von ihrer Krankenkasse Krankengeld (vgl. §§ 44 ff. SGB V). Das Krankengeld beläuft sich auf 70 % des infolge der Krankheit ausgefallenen regelmäßigen Bruttoarbeitsentgelts, darf jedoch 90 % des Nettoarbeitsentgelts nicht übersteigen. Wegen derselben Krankheit wird Krankengeld innerhalb von drei Jahren längstens für 78 Wochen gezahlt.

1 Krankengeld bei Arbeitsunfähigkeit

2.2.4 Sachleistungsprinzip

Versicherte erhalten die ihnen nach dem SGB V zustehenden Leistungen grundsätzlich als Sach- und Dienstleistungen (§ 2 Abs. 2 SGB V). Bewirkt werden die Sach- und Dienstleistungen durch Leistungserbringer (z. B. Ärzte, Zahnärzte, Krankenhäuser, Rehabilitationseinrichtungen, Krankengymnasten, Masseure), die im Rahmen des SGB V zur Versorgung der gesetzlich Krankenversicherten

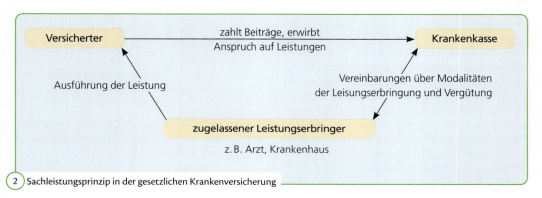

2 Sachleistungsprinzip in der gesetzlichen Krankenversicherung

zugelassen sind. Mit den Leistungserbringern oder deren Verbänden schließen die Krankenkassen Verträge über Inhalt, Qualität und Vergütung der Leistungen. Die Leistungserbringer rechnen mit den Krankenkassen ab. Die Versicherten werden somit, von den gesetzlich vorgesehenen Zuzahlungen und Eigenbeteiligungen abgesehen, nicht mit Kosten belastet.

Versicherte haben grundsätzlich die **freie Wahl** unter den Leistungserbringern, die in der gesetzlichen Krankenversicherung zur Versorgung der Versicherten zugelassen sind. Lässt sich der Versicherte von einem nicht zugelassenen Arzt, Zahnarzt oder sonstigen Leistungserbringer ohne Zulassung behandeln, muss er für die anfallenden Kosten grundsätzlich selbst aufkommen.

2.2.5 Wirtschaftlichkeitsgebot, Richtlinien des Gemeinsamen Bundesausschusses

Für sämtliche Leistungen der gesetzlichen Krankenversicherung gilt das Wirtschaftlichkeitsgebot des § 12 SGB V. Danach müssen die Leistungen ausreichend, zweckmäßig und wirtschaftlich sein; sie dürfen das Maß des Notwendigen nicht überschreiten. Leistungen, die nicht notwendig oder unwirtschaftlich sind, können Versicherte nicht beanspruchen, dürfen die Leistungserbringer nicht bewirken und die Krankenkassen nicht bewilligen.

Während die leistungsrechtlichen Vorschriften des SGB V eher allgemein gehalten sind, wird das Wirtschaftlichkeitsgebot durch Richtlinien, die vom **Gemeinsamen Bundesausschuss** beschlossen werden, konkretisiert. Der Gemeinsame Bundesausschuss wird nach § 91 Abs. 1 Satz 1 SGB V von den Kassenärztlichen Bundesvereinigungen, der Deutschen Krankenhausgesellschaft und dem Spitzenverband Bund der Krankenkassen gebildet. Er besteht aus insgesamt 13 Mitgliedern, davon einem unparteiischen Vorsitzenden und zwei weiteren unparteiischen Mitgliedern. Die übrigen Mitglieder setzen sich jeweils paritätisch aus Vertretern der Krankenkassen einerseits sowie Vertretern der Kassenärztlichen bzw. Kassenzahnärztlichen Bundesvereinigung und der Deutschen Krankenhausgesellschaft andererseits zusammen (vgl. § 91 Abs. 2 SGB

V). Beteiligt an den Beratungen des Gemeinsamen Bundesausschusses sind auch bis zu fünf Patientenvertreter, die Antrags- und Mitberatungsrechte, jedoch kein Stimmrecht haben.

Der Bundesausschuss hat auf der Grundlage des § 92 SGB V bisher zahlreiche **Richtlinien** beschlossen. Die vom Bundesausschuss beschlossenen Richtlinien sind für die Versicherten, die Krankenkassen und die Leistungserbringer verbindlich (einzusehen sind die Richtlinien in ihrer jeweils aktuellen Fassung unter www.g-ba.de).

● **Merke**

Die Leistungsansprüche der Versicherten werden durch die vom Gemeinsamen Bundesausschuss beschlossenen Richtlinien präzisiert.

2.2.6 Medizinischer Dienst der Krankenversicherung

Erforderliche **medizinische Begutachtungen** werden im Rahmen der gesetzlichen Krankenversicherung vom Medizinischen Dienst der Krankenversicherung (MDK) durchgeführt.

Der MDK wird gemäß § 275 SGB V eingesetzt, um z. B. die Notwendigkeit von Krankenhausbehandlungen, Rehabilitationsleistungen oder der Versorgung mit Hilfsmitteln zu prüfen. Auch bei Zweifeln an der Arbeitsunfähigkeit eines Versicherten wird der MDK eingeschaltet.

Neben seinen Prüf- und Kontrollaufgaben berät der MDK die Krankenkassen u. a. bei Vertragsverhandlungen mit den Leistungserbringern und in Fragen der Qualitätssicherung. Darüber hinaus werden vom MDK auch noch Aufgaben im Bereich der sozialen Pflegeversicherung wahrgenommen. So haben die Pflegekassen nach § 18 SGB XI durch den MDK prüfen zu lassen, ob die **Voraussetzungen der Pflegebedürftigkeit** erfüllt sind und welche Stufe der Pflegebedürftigkeit vorliegt (siehe 3.2.6).

Neben Ärzten sind beim MDK auch Pflegefachkräfte (Gesundheits- und Krankenpfleger, Altenpfleger) beschäftigt.

2.3 Krankenbehandlung

Versicherte haben nach § 27 Abs. 1 Satz 1 SGB V Anspruch auf Krankenbehandlung, wenn sie notwendig ist, um eine Krankheit zu erkennen, zu heilen, ihre Verschlimmerung zu verhüten oder Krankheitsbeschwerden zu lindern. Die Leistungen der Krankenbehandlung sind geregelt in den §§ 27 bis 43b und §§ 55 bis 57 SGB V. Konkretisiert werden die leistungsrechtlichen Vorschriften des SGB V durch die vom Gemeinsamen Bundesausschuss nach § 92 SGB V beschlossenen Richtlinien (siehe 2.2.5). Erbracht wird die Krankenbehandlung grundsätzlich in Form von Sach- bzw. Dienstleistungen durch zugelassene Leistungserbringer (z. B. Ärzte, Krankenhäuser).

2.3.1 Ambulante Leistungen

Die meisten Leistungen der Krankenbehandlung werden ambulant erbracht.

Ärztliche und zahnärztliche Behandlung

Eine der wichtigsten Leistungen der Krankenbehandlung ist die ärztliche Behandlung (§ 28 Abs. 1 SGB V). Sie umfasst die Tätigkeit des Arztes, die nach den Regeln der ärztlichen Kunst für die Behandlung von Krankheiten ausreichend und zweckmäßig ist. Auch die vom Arzt verantwortete Hilfeleistung anderer Personen (z. B. von Sprechstundenhilfen, medizinisch-technischen Assistenten) stellt eine ärztliche Behandlung dar. Die Leistungspflicht der gesetzlichen Krankenversicherung besteht nur, wenn die Behandlung von **Haus- oder Fachärzten** erbracht wird, die an der vertragsärztlichen Versorgung teilnehmen. Unter diesen Ärzten haben Versicherte die freie Wahl (§ 76 Abs. 1 SGB V). Für die Behandlung durch Ärzte, die nicht als Vertragsärzte zugelassen sind, oder durch Heilpraktiker übernehmen die Krankenkassen grundsätzlich keine Kosten.

Auch im Hinblick auf die zahnärztliche Behandlung (§ 28 Abs. 2 SGB V) sind die Krankenkassen nur dann zur Leistung verpflichtet, wenn die Behandlung durch Zahnärzte erfolgt, die in der gesetzlichen Krankenversicherung als Vertragszahnärzte zugelassen sind. Die zahnärztliche Behandlung besteht in der Verhütung, Früherkennung und Behandlung von Zahn-, Mund- und Kieferkrankheiten. Sie umfasst **prohylaktische Maßnahmen** und **konservierend-chirurgische Leistungen** (z. B. Füllungen, Extraktionen) einschließlich etwaiger Begleitleistungen (z. B. Röntgenaufnahmen, Anästhesie). Wählen Versicherte bei Zahnfüllungen eine über das Leistungsniveau der gesetzlichen Krankenversicherung hinausgehende Versorgung (z. B. Keramik- oder Gold-Inlays), haben sie die anfallenden Mehrkosten selbst zu tragen.

① Ärztliche Behandlung

Die Leistungspflicht der gesetzlichen Krankenversicherung umfasst gemäß §§ 55 bis 57 SGB V auch die von Zahnärzten vorgenommene Versorgung mit **Zahnersatz**. Bei Zahnersatz handelt es sich vor allem um Prothesen, Brücken und Zahnkronen. Die Krankenversicherung übernimmt aber nur die Kosten für medizinisch notwendigen Zahnersatz. Außerdem werden nur sog. befundbezogene Festzuschüsse gewährt, die die Kosten für den benötigten Zahnersatz nur zum Teil abdecken.

> • **Merke**
>
> Die Krankenkassen übernehmen die Kosten der Behandlung durch Ärzte und Zahnärzte grundsätzlich nur, wenn diese als Vertragsärzte zur Versorgung der Versicherten zugelassen sind.

Arznei- und Verbandmittel

Versicherte haben nach § 31 SGB V Anspruch auf Versorgung mit Arzneimitteln sowie auf Versorgung mit Verbandmitteln (z. B. Mullbinden), Harn-

und Blutteststreifen. Voraussetzung für die Leistungspflicht der Krankenkassen ist, dass die Mittel von einem Vertragsarzt verordnet werden.

Nicht alle Arzneimittel fallen in die Leistungspflicht der gesetzlichen Krankenversicherung.

> **◯ Info**
>
> Versicherte ab 18 Jahren müssen nach § 34 Abs. 1 SGB V grundsätzlich selbst aufkommen für die Kosten von
>
> - nicht verschreibungspflichtigen bzw. rezeptfreien Arzneimitteln,
> - Arzneimitteln gegen Erkältungskrankheiten und grippale Infekte, gegen Reisekrankheiten und von Abführmitteln,
> - Arzneimitteln, die überwiegend der Verbesserung der privaten Lebensführung dienen (z. B. Potenzmittel, Appetitzügler, Haarwuchsmittel).

Für Versicherte, die das 18. Lebensjahr vollendet haben, sind Arznei- und Verbandmittel nach §§ 31 Abs. 3, 61 Satz 1 SGB V zuzahlungspflichtig. Die Höhe der an die abgebende Stelle, also regelmäßig den Apotheker, zu leistenden Zuzahlung beläuft sich auf 10 % der Kosten des Mittels. Zuzuzahlen sind jedoch mindestens 5 € und höchstens 10 €, in keinem Fall mehr als die Kosten des Mittels. Der Spitzenverband Bund der Krankenkassen kann besonders preisgünstige Arzneimittel von der Zuzahlung freistellen (die Liste der zuzahlungsbefreiten Arzneimittel kann unter www.gkv-spitzenverband.de eingesehen werden).

Heilmittel

Anspruch besteht auch auf ärztlich verordnete Heilmittel (§ 32 SGB V). Zu den Heilmitteln zählen u. a.

- Krankengymnastik,
- Massagen,
- medizinische Bäder,
- Bestrahlungen,
- Inhalationen,
- Ergotherapie,
- Stimm-, Sprech- und Sprachtherapie.

Nicht anerkannt als Heilmittel sind in der gesetzlichen Krankenversicherung z. B. therapeutisches Reiten, Ganzkörpermassagen, Akupunktmassagen, Sauna, Fitnesstraining, Musik- und Tanztherapie.

Versicherte ab 18 Jahren müssen zu den Kosten der Heilmittel eine Zuzahlung von 10 % an den Leistungserbringer (z. B. Krankengymnast, Masseur) entrichten. Außerdem ist für jede Verordnung von Heilmitteln, die ein Vertragsarzt ausgestellt hat, eine zusätzliche Zuzahlung von 10 € zu leisten (§§ 32 Abs. 2, 61 Satz 3 SGB V).

Hilfsmittel

Versicherte haben nach § 33 SGB V Anspruch auf Versorgung mit Hilfsmitteln, die im Einzelfall erforderlich sind, um den Erfolg der Krankenbehandlung zu sichern, einer drohenden Behinderung vorzubeugen oder eine Behinderung auszugleichen. Dem Behinderungsausgleich dient ein Hilfsmittel, wenn damit Grundbedürfnisse des täglichen Lebens (z. B. Gehen, Stehen, Sitzen, Sehen, Hören, Nahrungsaufnahme, Körperpflege, Ausscheidung) erfüllt werden können. Als Hilfsmittel zu gewähren sind von den Krankenkassen z. B. Hörhilfen, Körperersatzstücke, Rollstühle, Gehhilfen, Badewannen-, Dusch- oder Toilettensitze, Inkontinenzartikel, Bandagen. Der Spitzenverband Bund der Krankenkassen hat nach § 139 SGB V ein Hilfsmittelverzeichnis erstellt, das regelmäßig ergänzt wird. Es bleibt den Krankenkassen überlassen, ob sie den Versicherten bestimmte Hilfsmittel (z. B. Rollstühle, Gehhilfen) lediglich leihweise zur Verfügung stellen.

1 Versorgung von Versicherten mit Hilfsmitteln

Praxisfall

Herr A. benötigt nach einem Schlaganfall einen Rollator sowie als Ein- und Ausstiegshilfe in die Badewanne einen Lifter.

Da mit den Hilfsmitteln Grundbedürfnisse des täglichen Lebens (hier: Gehen und Körperpflege) sichergestellt werden, dienen sie dem Ausgleich einer Behinderung. Herr A. hat Anspruch auf Hilfsmittelversorgung durch die gesetzliche Krankenversicherung.

An den Kosten für Brillen oder Kontaktlinsen beteiligt sich die gesetzliche Krankenversicherung grundsätzlich nicht mehr. Ein Leistungsanspruch kann jedoch gemäß § 33 Abs. 2 und 3 SGB V für Versicherte bis zur Vollendung des 18. Lebensjahres sowie für schwer sehbeeinträchtigte erwachsene Versicherte bestehen.

Für bestimmte Hilfsmittel gelten Festbeträge (z. B. für Hörgeräte, Inkontinenzartikel, Bandagen). Die Festbeträge werden nach § 36 SGB V vom Spitzenverband Bund der Krankenkassen einheitlich festgelegt. Ist ein Festbetrag für ein erforderliches Hilfsmittel festgesetzt, übernimmt die Krankenkasse die Kosten nur bis zur Höhe dieses Betrages. Die über die Festbeträge hinausgehenden Kosten muss der Versicherte selbst tragen.

Der Anspruch nach § 33 SGB V ist nicht auf den ambulanten Bereich beschränkt, vielmehr erstreckt sich die Regelung auch auf die Hilfsmittelversorgung der Bewohner von Pflegeheimen. Bei stationärer Pflege sind daher Hilfsmittel, die zur Krankenbehandlung benötigt werden (z. B. Ernährungspumpen, Dekubitusmatrazen zur Behandlung von Dekubitalgeschwüren) oder dem Behinderungsausgleich dienen, von den Krankenkassen zu gewähren. Die für den üblichen Pflegebetrieb notwendigen Hilfsmittel (z. B. Pflegebetten, Transportrollstühle) müssen aber vom Pflegeheim gestellt werden.

Nach §§ 33 Abs. 8, 61 Satz 1 SGB V leisten Versicherte ab dem vollendeten 18. Lebensjahr zu jedem zu Lasten der gesetzlichen Krankenversicherung abgegebenen Hilfsmittel eine Zuzahlung von 10 % des von der Krankenkasse zu übernehmenden Betrages. Die Zuzahlung beläuft sich auf höchstens

10 € und mindestens 5 € je Hilfsmittel; sie ist an die abgebende Stelle (z. B. Sanitätshaus) zu entrichten. Für zum Verbrauch bestimmte Hilfsmittel (z. B. Inkontinenzartikel) beträgt die Zuzahlung 10 % des von der Krankenkasse zu übernehmenden Betrages, höchstens aber 10 € für den gesamten Monatsbedarf.

Häusliche Krankenpflege

Häusliche Krankenpflege (§ 37 SGB V) durch geeignete Pflegekräfte wird Versicherten, die bei einer Erkrankung in ihrem Haushalt, ihrer Familie oder sonst an einem geeigneten Ort (z. B. in betreuten Wohnformen, Schulen, Kindergärten, Werkstätten für behinderte Menschen) versorgt werden, flankierend zur ärztlichen Behandlung gewährt. Die Leistung wird in der Regel durch ambulante Pflegedienste erbracht und umfasst die im Einzelfall erforderliche Grund- und Behandlungspflege sowie hauswirtschaftliche Versorgung. Der Anspruch auf häusliche Krankenpflege setzt die Verordnung eines Vertragsarztes voraus, in der die erforderlichen Maßnahmen im Einzelnen angegeben werden müssen. Vor der Entlassung eines Versicherten aus dem Krankenhaus kann auch ein Krankenhausarzt die häusliche Krankenpflege für die Dauer bis zum Ablauf des dritten auf die Entlassung folgenden Werktages verordnen. Die ärztlich verordneten Leistungen müssen bei der Krankenkasse beantragt und von ihr genehmigt werden.

Häusliche Krankenpflege kann nach § 37 Abs. 3 SGB V nur beansprucht werden, soweit eine im Haushalt lebende Person den Kranken in dem erforderlichen Umfang nicht pflegen und versorgen kann. Es ist hier auf die konkreten Umstände des Einzelfalles abzustellen. Dabei sind insbesondere Alter, Berufstätigkeit oder Schulausbildung von Haushaltsangehörigen sowie die Art der erforderlichen Maßnahmen zu berücksichtigen.

Im Rahmen der häuslichen Krankenpflege erbringen geeignete Pflegekräfte vor allem Leistungen der medizinischen Behandlungspflege. Die hierunter fallenden Maßnahmen werden zwar nicht im Gesetz, aber in der Richtlinie des Gemeinsamen Bundesausschusses über die Verordnung von häuslicher Krankenpflege aufgeführt (einzusehen ist die Richtlinie in ihrer jeweils aktuellen Fassung unter www.g-ba.de). Danach gehören zur Behandlungspflege z. B. Injektionen, Anlegen und Wechseln von Verbänden, Katheterisierung, Einläufe, Spülungen, Dekubitusbehandlung, Blutdruck- oder Blutzuckermessung, Verabreichen von Medikamenten. Neben Behandlungspflege kann der Anspruch auf häusliche Krankenpflege aber auch die an sich in die Zuständigkeit der Pflegeversicherung fallende Grundpflege und hauswirtschaftliche Versorgung umfassen (siehe auch 3.2.3).

1 Häusliche Krankenpflege

Die häusliche Krankenpflege wird entweder als Krankenhausersatzpflege (§ 37 Abs. 1 SGB V) oder als Sicherungspflege (§ 37 Abs. 2 SGB V) er-

bracht. Diese beiden Formen der häuslichen Krankenpflege unterscheiden sich im Hinblick auf Voraussetzungen, Inhalt und Dauer der Leistungen.

Unabhängig davon, ob häusliche Krankenpflege als Krankenhausersatzpflege oder als Sicherungspflege erbracht wird, müssen Versicherte, die das 18. Lebensjahr vollendet haben, nach §§ 37 Abs. 5, 61 Satz 3 SGB V eine Zuzahlung von 10 % der anfallenden Kosten an die Krankenkasse leisten. Diese Zuzahlung ist allerdings je Kalenderjahr nur für die ersten 28 Tage, an denen häusliche Krankenpflege in Anspruch genommen wird, zu entrichten. Darüber hinaus sind für jede von einem Vertragsarzt ausgestellte Verordnung von häuslicher Krankenpflege 10 € zuzuzahlen.

● Merke

Zu unterscheiden sind die Behandlungspflege einerseits und die Grundpflege und hauswirtschaftliche Versorgung andererseits.
Die Kosten für Leistungen der Behandlungspflege werden im Rahmen der häuslichen Krankenpflege nach § 37 SGB V von der Krankenversicherung übernommen, während die Grundpflege und die hauswirtschaftliche Versorgung in die Leistungspflicht der Pflegeversicherung fallen (Ausnahme die zeitlich begrenzte Krankenhausersatzpflege).

2 Die beiden Formen der häuslichen Krankenpflege

Krankenhausersatzpflege	Sicherungspflege
• wird geleistet durch geeignete Pflegekräfte, wenn Krankenhausbehandlung geboten, aber nicht ausführbar ist, oder wenn sie durch die häusliche Krankenpflege vermieden oder verkürzt wird, • umfasst Behandlungspflege sowie Grundpflege und hauswirtschaftliche Versorgung, • ist zeitlich begrenzt, wird grundsätzlich für längstens vier Wochen je Krankheitsfall gewährt, • soweit Grundpflege und hauswirtschaftliche Versorgung erbracht werden, ruhen in dieser Zeit die Leistungen der Pflegeversicherung nach dem SGB XI.	• wird geleistet durch geeignete Pflegekräfte, wenn die häusliche Krankenpflege zur Sicherung des Ziels der ärztlichen Behandlung erforderlich ist, • umfasst als Pflichtleistung der Krankenversicherung nur Behandlungspflege, • zeitliche Begrenzung ist im Gesetz nicht vorgesehen, • kann auch neben den Leistungen der Pflegeversicherung nach dem SGB XI erbracht werden.

Spezialisierte ambulante Palliativversorgung

Seit 1.4.2007 wird Versicherten mit einer nicht heilbaren, fortschreitenden und weit fortgeschrittenen Erkrankung bei einer zugleich begrenzten Lebenserwartung, die eine besonders aufwändige Versorgung benötigen, ein Anspruch auf spezialisierte ambulante Palliativversorgung eingeräumt (§ 37 b SGB V). Die Leistung ist von einem Vertrags- oder Krankenhausarzt zu verordnen und von der Krankenkasse zu genehmigen. Es handelt sich um eine hauptsächlich medizinisch ausgerichtete Gesamtleistung mit ärztlichen und pflegerischen Anteilen, die insbesondere Schmerztherapie und Symptomlinderung umfasst. Leistungserbringer können z.B. ambulante Hospizdienste, Vertragsärzte oder medizinische Versorgungszentren sein. Die spezialisierte ambulante Palliativversorgung ermöglicht, dass der unheilbar kranke Patient bis zu seinem Tode in der vertrauten häuslichen Umgebung medizinisch betreut werden kann. Ein Anspruch auf die Leistung kann aber auch in stationären Hospizen oder in Pflegeheimen bestehen. Sowohl im ambulanten als auch im stationären Bereich wird die Palliativversorgung neben den Leistungen der Pflegeversicherung nach dem SGB XI erbracht.

Haushaltshilfe

Haushaltshilfe erhält nach § 38 SGB V ein Versicherter, dem wegen bestimmter medizinischer Maßnahmen, deren Kosten von der Krankenkasse ganz oder teilweise getragen werden (z.B. Krankenhausbehandlung, stationäre Rehabilitationsmaßnahmen, häusliche Krankenpflege), die Weiterführung seines Haushalts nicht möglich ist. Voraussetzung für die Gewährung von Haushaltshilfe ist nach § 38 Abs. 1 Satz 2 SGB V, dass im Haushalt ein Kind lebt, welches bei Beginn der Haushaltshilfe das zwölfte Lebensjahr noch nicht vollendet hat oder behindert und auf Hilfe angewiesen ist. Darüber hinaus kann die Satzung der Krankenkasse vorsehen, dass bei Krankheit des Versicherten auch in anderen als den in § 38 Abs. 1 SGB V genannten Fällen Haushaltshilfe erbracht wird (§ 38 Abs. 2 SGB V).

Ist eine andere im Haushalt wohnende Person in der Lage, anstelle des ausgefallenen haushaltsführenden Versicherten den Haushalt weiterzuführen, so besteht gemäß § 38 Abs. 3 SGB V kein Anspruch auf Haushaltshilfe. Wer beruflich oder schulisch verhindert ist oder aus Alters- oder Krankheitsgründen keine Hausarbeit mehr leisten kann, kommt jedoch als Ersatzperson zur Weiterführung des Haushalts nicht in Betracht.

> **·O··Praxisfall·········**
>
> Frau B. ist verheiratet und hat einen fünfjährigen Sohn. Sie übt derzeit keine Berufstätigkeit aus. Der Mann von Frau B. ist Verwaltungsangestellter. Nach einem Verkehrsunfall muss Frau B. zehn Tage im Krankenhaus stationär behandelt werden.
>
> Frau B. hat für die Dauer der Krankenhausbehandlung Anspruch auf Haushaltshilfe nach § 38 SGB V. Ihre Krankenkasse muss eine Haushaltshilfe stellen oder die angemessenen Kosten für eine selbst beschaffte Haushaltshilfe übernehmen. Der Anspruch besteht jedoch nur für Zeiträume, in denen der Mann von Frau B. berufsbedingt die Betreuung seines Sohnes nicht übernehmen kann oder die Betreuung des Kindes nicht anderweitig (z.B. im Kindergarten) sichergestellt ist.

Art und Umfang der zu leistenden Haushaltshilfe hängen von den Umständen des jeweiligen Einzelfalles ab.

Zu den Leistungen, die zur Weiterführung des Haushalts erforderlich sind, zählen vor allem die Betreuung und Beaufsichtigung der Kinder, daneben aber auch der Einkauf von Lebensmitteln, das Zubereiten von Mahlzeiten, Reinigen der Wohnung, Waschen von Wäsche und Kleidung.

Der zeitliche Umfang der zu leistenden Haushaltshilfe ist zum einen abhängig von den in dem betreffenden Haushalt anfallenden Arbeiten, insbesondere auch von Anzahl, Alter und Gesundheitszustand der zu betreuenden Kinder, zum anderen von der möglichen Mithilfe der vorhandenen Haushaltsangehörigen.

Versicherte, die das 18. Lebensjahr vollendet haben, leisten nach §§ 38 Abs. 5, 61 Satz 1 SGB V für jeden Tag der Inanspruchnahme von Haushaltshilfe eine Zuzahlung von 10 % der anfallenden Kosten, höchstens jedoch 10 € und mindestens 5 €, an die Krankenkassen.

2.3.2 Stationäre Leistungen

Stationäre Leistungen der Krankenbehandlung sind die Krankenhausbehandlung, die stationäre medizinische Rehabilitation sowie Hospizleistungen.

Krankenhausbehandlung

Eine der bedeutendsten Leistungen der Krankenversicherung ist die Krankenhausbehandlung (§39 SGB V). Nach §39 Abs. 1 Satz 1 SGB V kann Krankenhausbehandlung vollstationär, teilstationär, vor- bzw. nachstationär oder ambulant erbracht werden.

Anspruch auf vollstationäre Behandlung in einem gemäß §108 SGB V zugelassenen Krankenhaus besteht nur, wenn die Aufnahme des Versicherten notwendig ist, weil das Behandlungsziel nicht durch teilstationäre, vor- und nachstationäre oder ambulante Behandlung einschließlich häuslicher Krankenpflege erreicht werden kann (§39 Abs. 1 Satz 2 SGB V). Krankenhausbehandlungsbedürftigkeit besteht bei einem Krankheitszustand, dessen Behandlung aus medizinischen Gründen den Einsatz der besonderen Mittel eines Krankenhauses (geschultes Personal, apparative Mindestausstattung, intensive Behandlung durch rufbereite Ärzte) erforderlich macht. Solange medizinische Notwendigkeit gegeben ist, wird Krankenhausbehandlung zeitlich unbegrenzt gewährt. Zu verneinen ist Krankenhausbehandlungsbedürftigkeit, wenn ein kranker Mensch vorrangig pflegerische Hilfen durch besondere Pflegekräfte, nicht aber die besonderen medizinischen Mittel eines Krankenhauses benötigt.

Die stationäre Krankenhausbehandlung umfasst nach §39 Abs. 1 Satz 3 SGB V alle Leistungen, die im Einzelfall nach Art und Schwere der Krankheit für die medizinische Versorgung des Versicherten im Krankenhaus notwendig sind. Dazu zählen insbesondere

- ärztliche Behandlung,
- Krankenpflege,
- Versorgung mit Arznei-, Heil- und Hilfsmitteln,
- Unterkunft und Verpflegung.

Die Kosten für Wahlleistungen, die der Versicherte im Krankenhaus in Anspruch nimmt (z. B. Zweibettzimmer oder privatärztliche Behandlung durch den Chefarzt), werden von der Krankenkasse nicht übernommen. Haben Versicherte eine private Krankheitskostenzusatzversicherung abgeschlossen, kommt diese jedoch grundsätzlich für die entsprechenden Kosten auf.

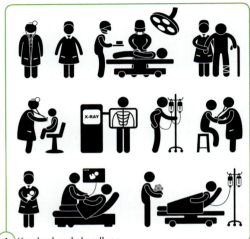

1 Krankenhausbehandlung

Versicherte ab 18 Jahren müssen nach §§39 Abs. 4, 61 Satz 2 SGB V vom Beginn einer vollstationären Krankenhausbehandlung innerhalb eines Kalenderjahres für längstens 28 Tage eine Zuzahlung von 10 € pro Behandlungstag im Krankenhaus leisten. Dabei erstreckt sich die Zuzahlungspflicht jeweils auch auf den Aufnahme- und den Entlassungstag.

Medizinische Rehabilitation

Zu den Leistungen der gesetzlichen Krankenversicherung gehört auch die medizinische Rehabilitation (§§40 bis 42 SGB V). Reicht bei Versicherten eine ambulante Krankenbehandlung nicht aus, um die Rehabilitationsziele (z. B. Heilung einer Krankheit, Abwenden, Beseitigen oder Minderung einer Behinderung oder von Pflegebedürftigkeit) zu erreichen, hat die Krankenkasse Leistungen in Rehabilitationseinrichtungen i. S. des §111 SGB V ambulant oder stationär mit Unterkunft und Verpflegung zu erbringen, wobei ambulante Rehabilitationsleistungen den Vorrang haben (vgl. §40 Abs. 1 und 2 SGB V). Rehabilitationsleistungen, die in Einrichtungen erbracht werden, sind sog. Komplexleistungen. Bestandteile der Leistungen sind insbesondere

- ärztliche Behandlung,
- pflegerische Betreuung,

- Einsatz von Heilmitteln,
- Versorgung mit Arzneimitteln,
- Belastungserprobung und Arbeitstherapie.

Grundsätzlich ist durch ein Gutachten des Medizinischen Dienstes der Krankenversicherung festzustellen, ob und welche Rehabilitationsleistungen aus medizinischen Gründen notwendig sind. Die Krankenkasse entscheidet nach den medizinischen Erfordernissen des Einzelfalls über Art, Dauer, Umfang, Beginn und Durchführung der Leistungen sowie die Rehabilitationseinrichtung (§ 40 Abs. 3 Satz 1 SGB V). Ambulante Maßnahmen sollen nach § 40 Abs. 3 Satz 2 SGB V höchstens 20 Behandlungstage, stationäre Maßnahmen höchstens drei Wochen dauern. Die Behandlungsdauer kann, je nach Indikation und Rehabilitationsverlauf, aber auch darüber hinausgehen (vgl. § 40 Abs. 3 Satz 3 SGB V). Medizinische Rehabilitationsleistungen in Rehabilitationseinrichtungen können gemäß § 40 Abs. 3 Satz 4 SGB V grundsätzlich nicht vor Ablauf von vier Jahren erneut gewährt werden.

1 Patienten in Rehabilitationseinrichtung

Im Hinblick auf Rehabilitationsleistungen für Mütter in Einrichtungen des Müttergenesungswerks oder gleichartigen Einrichtungen, die auch in Form von Mutter-Kind-Maßnahmen erbracht werden können, gilt die Sonderregelung des § 41 SGB V. Es besteht auch die Möglichkeit, die Leistungen nach § 41 SGB V als Vater-Kind-Maßnahmen durchzuführen.

Versicherte, die das 18. Lebensjahr vollendet haben und ambulante oder stationäre Rehabilitationsleistungen in Einrichtungen in Anspruch nehmen, haben je Kalendertag eine Zuzahlung von 10 € zu

entrichten (§§ 40 Abs. 5, 41 Abs. 3, 61 Satz 2 SGB V). Bei stationären Leistungen sind sowohl der Anreise- als auch der Abreisetag zuzahlungspflichtig. Eine Sonderregelung gilt nach § 40 Abs. 6 Satz 1 SGB V im Hinblick auf Zuzahlungen bei Anschlussrehabilitationen, die sich unmittelbar an eine Krankenhausbehandlung anschließen und grundsätzlich innerhalb von 14 Tagen nach Beendigung des Krankenhausaufenthalts beginnen (z. B. nach einem Schlaganfall). Die Zuzahlungen sind hier für längstens 28 Tage pro Kalenderjahr zu leisten. Die innerhalb des Kalenderjahres bereits entrichteten Zuzahlungen für Krankenhausbehandlungen nach § 39 Abs. 4 SGB V sowie für Rehabilitationsleistungen der gesetzlichen Rentenversicherung nach § 32 Abs. 1 Satz 2 SGB VI sind anzurechnen (§ 40 Abs. 6 Satz 2 SGB V), so dass sich nach vorangegangenem Krankenhausaufenthalt die Zuzahlungspflicht für eine Anschlussrehabilitation mindert oder sogar ganz entfällt.

Die Leistungspflicht der Krankenkassen bei medizinischer Rehabilitation ist nachrangig gegenüber entsprechenden Leistungen anderer Sozialleistungsträger (§ 40 Abs. 4 SGB V). Eine nachrangige Leistungszuständigkeit der Krankenkassen besteht insbesondere gegenüber den Rentenversicherungsträgern. Entsprechend dem Grundsatz „Rehabilitation vor Rente" ist die gesetzliche Rentenversicherung für Leistungen zur medizinischen Rehabilitation grundsätzlich zuständig, wenn die Leistungen dem Ziel dienen, die Erwerbsfähigkeit des Versicherten zu erhalten, wesentlich zu bessern oder wiederherzustellen (vgl. §§ 9 ff. SGB VI).

● Merke

Auch nach Eintritt von Pflegebedürftigkeit können Leistungen zur medizinischen Rehabilitation in speziellen Einrichtungen erbracht werden, um Pflegebedürftigkeit zu überwinden, zu mindern oder ihre Verschlimmerung zu verhüten. Ambulante Leistungen haben Vorrang vor stationären Leistungen.

Hospizleistungen

§ 39 a Abs. 1 SGB V sieht Leistungen für Versicherte vor, die vollstationär oder teilstationär in Hospizen versorgt werden. Hospize sind Einrichtungen, die eine palliativ-medizinische Versorgung unheilbar

Kranker in ihrer letzten Lebensphase sichern. Voraussetzung für den Anspruch nach § 39a Abs. 1 SGB V ist, dass der Versicherte keiner Krankenhausbehandlung mehr bedarf und eine ambulante Versorgung in seinem Haushalt oder seiner Familie nicht erbracht werden kann.

Bei stationärer Hospizversorgung trägt die Krankenkasse gemäß § 39a Abs. 1 Satz 2 SGB V die zuschussfähigen Kosten unter Anrechnung der Leistungen der Pflegeversicherung nach dem SGB XI in Höhe von 90 %, bei Kinderhospizen in Höhe von 95 % der mit dem jeweiligen Hospiz vereinbarten tagesbezogenen Bedarfssätze. Den restlichen Anteil tragen die Hospize, insbesondere mithilfe von Spenden und ehrenamtlichem Engagement.

2.4 Nebenleistungen

Der Anspruch nach dem SGB V umfasst auch Nebenleistungen, die mit einer Hauptleistung der Krankenkasse notwendig verbunden sind. So müssen die Krankenkassen nach § 11 Abs. 3 SGB V bei stationärer Behandlung des Versicherten auch die Kosten einer aus medizinischen Gründen erforderlichen Mitaufnahme einer Begleitperson tragen. Medizinisch begründet kann die Begleitung insbesondere bei Kleinkindern sein.

Zu den Nebenleistungen gehören auch Fahrkosten. Sie werden unter den Voraussetzungen des § 60 SGB V von den Krankenkassen übernommen, wenn sie im Zusammenhang mit einer Hauptleistung der Krankenversicherung aus zwingenden medizinischen Gründen notwendig sind. Die Leistungspflicht der Krankenkassen erstreckt sich gemäß § 60 Abs. 2 Satz 1 SGB V insbesondere auf Fahrkosten bei

- Leistungen, die stationär erbracht werden,
- Rettungsfahrten zum Krankenhaus,
- Krankentransporten mit einem speziellen Krankenwagen.

Für Fahrten, die im Zusammenhang mit einer Leistung der Krankenversicherung zwar anfallen, aber in § 60 Abs. 2 Satz 1 SGB V nicht aufgeführt sind, übernehmen die Krankenkassen grundsätzlich keine Kosten. Versicherte müssen also z. B. Fahrkosten zu ambulanten ärztlichen Behandlungen oder

zu Behandlungen durch Krankengymnasten, Masseure usw. selbst tragen.

Die Übernahme von Fahrkosten zu einer ambulanten Behandlung kommt nur in besonderen Ausnahmefällen in Betracht und bedarf der vorherigen Genehmigung durch die Krankenkasse (§ 60 Abs. 1 Satz 3 SGB V).

Solche Ausnahmefälle können nach den vom Gemeinsamen Bundesausschuss beschlossenen Krankentransport-Richtlinien insbesondere vorliegen bei außergewöhnlich gehbehinderten, blinden oder hilflosen Patienten mit einem entsprechenden Schwerbehindertenausweis, Pflegebedürftigen der Pflegestufe II oder III (§§ 14, 15 SGB XI) sowie bei Dialysebehandlung und onkologischer Strahlen- oder Chemotherapie (einzusehen sind die Richtlinien in ihrer jeweils aktuellen Fassung unter www.g-ba.de).

① Rettungswagen

Müssen die Krankenkassen nach § 60 SGB V für Fahrkosten aufkommen, haben Versicherte je Fahrt eine Zuzahlung in Höhe von 10 % der Kosten, mindestens jedoch 5 € und höchstens 10 €, zu leisten (§§ 60 Abs. 2 Satz 1, § 61 Satz 1 SGB V).

2.5 Zuzahlungen und Befreiungsmöglichkeiten

Versicherte der gesetzlichen Krankenversicherung, die das 18. Lebensjahr vollendet haben, müssen sich an den Kosten nahezu aller Leistungen mit Zuzahlungen beteiligen. Die geleisteten Zuzahlungen sind von dem zum Einzug Verpflichteten, dies ist entweder der Erbringer der Leistung oder die Krankenkasse, gegenüber dem Versicherten zu quittieren (§ 61 Satz 4 SGB V).

1 Zuzahlungen zu Leistungen der Krankenversicherung

Um zu vermeiden, dass Versicherte unzumutbar mit Zuzahlungen belastet werden, sind im SGB V Befreiungsmöglichkeiten vorgesehen. Nach § 62 Abs. 1 Satz 1 und 2 SGB V haben Versicherte während eines Kalenderjahres Zuzahlungen bis zu einer Belastungsgrenze von 2 % ihrer jährlichen Bruttoeinnahmen zum Lebensunterhalt zu leisten. Wird diese Belastungsgrenze erreicht, werden die Versicherten für den Rest des Kalenderjahres von weiteren Zuzahlungen befreit. Die Krankenkasse stellt dem Versicherten nach § 62 Abs. 3 SGB V eine Bescheinigung aus, die gegenüber den Leistungserbringern als Nachweis für die Befreiung gilt. Soweit Zuzahlungen über die Belastungsgrenze hinaus geleistet wurden, sind sie dem Versicherten von der Krankenkasse zu erstatten. Die Regelung des § 62 SGB V erstreckt sich nur auf Zuzahlungen i. S. des § 61 SGB V; Kosten für medizinische Leistungen, die nicht (mehr) von der Krankenversicherung übernommen werden (z. B. nicht verschreibungspflich-

tige Arzneimittel, Brillen), bleiben im Rahmen des § 62 SGB V außer Betracht.

Für chronisch kranke Versicherte, die wegen derselben schwerwiegenden Krankheit in Dauerbehandlung sind, beträgt die Belastungsgrenze grundsätzlich 1 % der jährlichen Bruttoeinnahmen zum Lebensunterhalt (§ 62 Abs. 1 Satz 2 SGB V). Diese Belastungsgrenze gilt für alle vom chronisch Kranken zu leistenden Zuzahlungen, d. h. auch für die nicht im Zusammenhang mit der chronischen Krankheit stehenden Zuzahlungen. Auch werden beim Zusammenleben eines schwerwiegend chronisch kranken Versicherten mit Angehörigen nach Erreichen der Belastungsgrenze von 1 % nicht nur der chronisch Kranke, sondern auch seine mit ihm in einem gemeinsamen Haushalt lebenden Familienangehörigen für das laufende Kalenderjahr von weiteren Zuzahlungen befreit. Das Nähere zur Definition der schwerwiegenden chronischen Krankheit hat der Gemeinsame Bundesausschuss in seiner „Chroniker-Richtlinie" bestimmt (einzusehen ist die Richtlinie in ihrer jeweils aktuellen Fassung unter www.g-ba.de). Danach kann die reduzierte Belastungsgrenze von 1 % u. a. Pflegebedürftigen der Stufe II oder III zugute kommen.

Nach § 62 Abs. 2 Satz 1 SGB V werden bei Ermittlung der Belastungsgrenze von 2 % bzw. 1 % die Zuzahlungen und die Bruttoeinnahmen des Versicherten und seiner im gemeinsamen Haushalt lebenden Angehörigen jeweils zusammengerechnet. Als Bruttoeinnahmen des Versicherten und seiner Familienangehörigen sind insbesondere Arbeitsentgelt, Arbeitseinkommen, Einnahmen aus Kapitalvermögen, Miet- und Pachteinnahmen, Renten, Versorgungsbezüge, Arbeitslosengeld nach SGB III und Unterhaltszahlungen zu berücksichtigen. Nicht angerechnet werden dagegen z. B. Kindergeld, Pflegegeld, BAföG und Wohngeld.

Für die im gemeinsamen Haushalt mit dem Versicherten lebenden Familienangehörigen sind gemäß § 62 Abs. 2 Satz 2 und 3 SGB V bei Ermittlung der Belastungsgrenze bestimmte Freibeträge in Ansatz zu bringen. Die jährlichen Bruttoeinnahmen der Familie sind im Jahr 2015 für

- den Ehegatten um 5.103 €,
- jedes familienversicherte Kind um 7.152 €,

zu vermindern.

○ Praxisfall

Ein Versicherter erzielt jährlich Bruttoeinnahmen von 25.000 €, seine Frau aus einer Teilzeitbeschäftigung 10.000 €. Im Haushalt leben noch zwei Kinder im Alter von 14 und 16 Jahren, die beide noch zur Schule gehen und keine Einnahmen haben.

Die jährlichen Familienbruttoeinnahmen in Höhe von 35.000 € sind zunächst um den Freibetrag für den Ehegatten von 5.103 € zu vermindern. Darüber hinaus ist für jedes der beiden Kinder ein Freibetrag von 7.152 € in Ansatz zu bringen. Die im Rahmen des § 62 SGB V maßgebenden jährlichen Bruttoeinnahmen belaufen sich damit auf 15.593 €. Die Belastungsgrenze für Zuzahlungen beträgt für die Familie 2 % der jährlichen Bruttoeinnahmen, was hier 311,86 € entspricht. Wird diese Belastungsgrenze innerhalb eines Kalenderjahres erreicht, ist die Familie für den Rest des Kalenderjahres von Zuzahlungen zu befreien. Leidet einer der Ehegatten unter einer schwerwiegenden chronischen Erkrankung, erfolgt eine Befreiung von Zuzahlungen bereits nach Erreichen einer Belastungsgrenze von 155,93 € (= 1 % von 15.593 €)

Eine Sonderregelung gilt nach § 62 Abs. 2 Satz 5 und 6 SGB V für Versicherte, die Sozialhilfe oder „Hartz IV-Leistungen" beziehen. Sie müssen im Jahr 2015 Zuzahlungen bis zu einer Belastungsgrenze von 95,76 €, bei schwerwiegender chronischer Erkrankung bis 47,88 € leisten. Leben mehrere leistungsberechtigte Familienangehörige in einem Haushalt, gelten diese Belastungsgrenzen für die gesamte Familie.

● Aufgaben ●

1. Nennen Sie die fünf Zweige der Sozialversicherung. Welche allgemeinen Lebensrisiken werden durch die Sozialversicherung abgesichert?

2. Welche Arten der Versicherung gibt es in der gesetzlichen Krankenversicherung?

3. Nennen Sie die wesentlichen Unterschiede zwischen der gesetzlichen Krankenversicherung und der privaten Krankenversicherung.

4. Welche Aufgaben hat der Medizinische Dienst der Krankenversicherung?

5. Welche Maßnahmen fallen unter die medizinische Behandlungspflege? Nennen Sie Beispiele.

6. Unter welchen Voraussetzungen kommen die Krankenkassen für die Kosten einer Haushaltshilfe auf?

7. Was bedeutet in der Krankenversicherung der Grundsatz „ambulant vor stationär"?

8. Frau N. erleidet einen schweren Autounfall und wird mit einem Notarztwagen in ein Krankenhaus eingeliefert. Die Kosten für den Notarztwagen belaufen sich auf 500 €. Nach 14 Tagen wird Frau N. aus dem Krankenhaus entlassen, muss aber mit dem Taxi in ihre Wohnung zurückkehren, da sie noch keine öffentlichen Verkehrsmittel benutzen kann. Der Krankenhausarzt stellt eine entsprechende Verordnung aus. Das Taxi kostet 30 €. Muss ihre Krankenkasse für die Fahrkosten aufkommen? Wenn ja, hat Frau N. Zuzahlungen zu entrichten?

9. Die alleinstehende Frau H. hat eine monatliche Altersrente von 1.000 €. Bis zu welcher Höhe muss sie im Kalenderjahr Zuzahlungen zu Leistungen der gesetzlichen Krankenversicherung entrichten?

3 Die soziale Pflegeversicherung

Mit der steigenden Lebenserwartung und dem zunehmenden Anteil älterer Menschen an der Bevölkerung wächst auch die Zahl pflegebedürftiger Menschen, die bestimmte, regelmäßig anfallende Verrichtungen (z. B. Waschen, Gehen, An- und Auskleiden, Nahrungsaufnahme) nicht mehr selbst ausführen können, sondern dazu Hilfe benötigen.

①　Frau wird beim Treppensteigen unterstützt

3.1　Einführung

Einen Versicherungsschutz bei Eintritt von Pflegebedürftigkeit gibt es erst seit 1995. In diesem Jahr wurde die im **SGB XI** geregelte Pflegeversicherung als **fünfte Säule der Sozialversicherung** neben der Renten-, Kranken-, Arbeitslosen- und Unfallversicherung eingeführt. Bis zum Inkrafttreten der Pflegeversicherung war das Risiko der Pflegebedürftigkeit in Deutschland nur unzureichend abgesichert. Von Einkommen und Vermögen unabhängige Sozialleistungen wurden bei Eintritt von Pflegebedürftigkeit nur in seltenen Fällen (z. B. aus der Unfallversicherung oder Kriegsopferversorgung) gewährt. Grundsätzlich mussten die Betroffen selbst oder

ihre Angehörigen für die Kosten der Pflegebedürftigkeit aufkommen. Nur wenn die finanziellen Mittel nicht ausreichten, trat die Sozialhilfe ein. Seit Einführung der Pflegeversicherung besteht in Deutschland nunmehr für nahezu die gesamte Bevölkerung ein Schutz bei Eintritt von Pflegebedürftigkeit, der unabhängig von den Einkommens- und Vermögensverhältnissen der Betroffenen ist.

Im Gegensatz etwa zur Krankenversicherung hat der Gesetzgeber die Pflegeversicherung nur als **„Teilkaskoversicherung"** ausgestaltet, deren Leistungen abhängig von Pflegestufen der Höhe nach begrenzt sind. Die Leistungen der Pflegeversicherung werden daher in aller Regel nicht ausreichen, um den im Einzelfall bestehenden Pflegebedarf in vollem Umfang abzudecken. Im Hinblick auf den über die Leistungen der Pflegeversicherung hinausgehenden Pflegebedarf müssen der Pflegebedürftige und ggf. seine Angehörigen eigene Mittel einsetzen. Reichen die finanziellen Mittel nicht aus, wird ergänzend zu den Leistungen der Pflegeversicherung Sozialhilfe gewährt.

> ●··Merke··
>
> Die Pflegeversicherung sieht als fünfte Säule der Sozialversicherung Leistungen bei Eintritt von Pflegebedürftigkeit vor.
> Bei der Pflegeversicherung handelt es sich nur um eine „Teilkaskoversicherung". Ihre Leistungen reichen vielfach nicht aus, um die entstehenden Pflegekosten voll abzudecken.

3.1.1 Versicherter Personenkreis

Im Hinblick auf den in der sozialen Pflegeversicherung nach dem SGB XI versicherten Personenkreis gilt der Grundsatz „die Pflegeversicherung folgt der Krankenversicherung". Die soziale Pflegeversicherung erfasst damit alle Personen, die in der gesetzlichen Krankenversicherung nach dem SGB V versichert sind. Dies sind in Deutschland knapp 90 % der Bevölkerung.

Alle versicherungspflichtigen Mitglieder der Krankenversicherung unterliegen nach § 20 SGB XI auch der Versicherungspflicht in der sozialen Pflegeversicherung. Für freiwillige Mitglieder der gesetzlichen Krankenversicherung besteht nach § 20 Abs. 3 SGB XI die Besonderheit, dass sie in der sozialen Pflegeversicherung versicherungspflichtig sind. Der Gesetzgeber wollte vermeiden, dass die betreffenden Personen nur das Krankheitsrisiko, nicht aber das Risiko der Pflegebedürftigkeit absichern.

Unter den gleichen Voraussetzungen wie in der gesetzlichen Krankenversicherung sind der Ehegatte, der gleichgeschlechtliche Lebenspartner einer eingetragenen Lebenspartnerschaft und die Kinder eines versicherten Mitglieds nach § 25 SGB XI in der sozialen Pflegeversicherung beitragsfrei familienversichert.

> ● Merke
>
> Alle gesetzlich Krankenversicherten sind auch in der sozialen Pflegeversicherung versichert.

3.1.2 Pflegekassen

Zuständig für die Durchführung der sozialen Pflegeversicherung sind die Pflegekassen. Um Kosten zu sparen, wurden die Pflegekassen unter dem Dach der gesetzlichen Krankenversicherung errichtet. Bei jeder der bundesweit etwa 120 Krankenkassen

(siehe 2.1.2) besteht auch eine Pflegekasse. Die Einrichtungen und das Personal der Krankenkasse werden auch von der Pflegekasse genutzt.

Obwohl die Pflegekassen an die Krankenkassen angebunden sind, haben sie eine gewisse Selbstständigkeit. So sind die Mittel (Einnahmen und Ausgaben) der Pflegekasse getrennt von den Mitteln der Krankenkasse zu verwalten. Die Pflegekasse zahlt der Krankenkasse, die die notwendige Personal- und Sachausstattung bereitstellt, eine Verwaltungskostenpauschale (vgl. § 46 Abs. 3 SGB XI).

Für die Erbringung von Leistungen ist die Pflegekasse zuständig, bei der der Pflegebedürftige versichert ist. Wechselt der Versicherte seine Krankenkasse, ist damit zwangsläufig auch ein Wechsel der Pflegekasse verbunden.

3.1.3 Finanzierung

Finanziert werden die Leistungen der sozialen Pflegeversicherung durch Beiträge. Der Beitragssatz zur sozialen Pflegeversicherung beläuft sich seit 1.1.2015 auf 2,35 % der monatlichen beitragspflichtigen Einnahmen der Versicherten. Gezahlt werden die Beiträge in erster Linie von den Versicherten, den Arbeitgebern oder Dritten (z. B. Bundesagentur für Arbeit). Für kinderlose Mitglieder

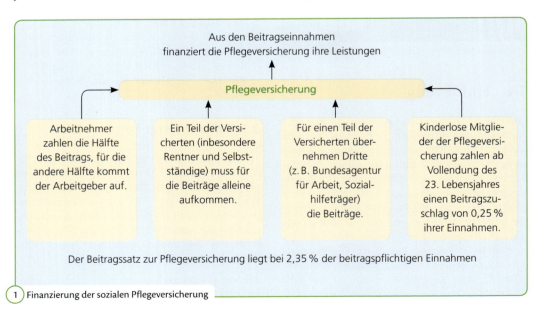

Aus den Beitragseinnahmen finanziert die Pflegeversicherung ihre Leistungen

Pflegeversicherung

Arbeitnehmer zahlen die Hälfte des Beitrags, für die andere Hälfte kommt der Arbeitgeber auf.	Ein Teil der Versicherten (inbesondere Rentner und Selbstständige) muss für die Beiträge alleine aufkommen.	Für einen Teil der Versicherten übernehmen Dritte (z. B. Bundesagentur für Arbeit, Sozialhilfeträger) die Beiträge.	Kinderlose Mitglieder der Pflegeversicherung zahlen ab Vollendung des 23. Lebensjahres einen Beitragszuschlag von 0,25 % ihrer Einnahmen.

Der Beitragssatz zur Pflegeversicherung liegt bei 2,35 % der beitragspflichtigen Einnahmen

1 │ Finanzierung der sozialen Pflegeversicherung

der Pflegeversicherung erhöht sich gemäß § 55 Abs. 3 SGB XI der Beitragssatz nach Ablauf des Monats, in dem sie das 23. Lebensjahr vollendet haben, um einen Zuschlag von 0,25 % der beitragspflichtigen Einnahmen. Dieser Beitragszuschlag ist allein von den Mitgliedern zu zahlen (§ 58 Abs. 1 Satz 3, § 59 Abs. 5 SGB XI).

3.1.4 Private Pflegeversicherung

Der Grundsatz, dass die Pflegeversicherung der Krankenversicherung folgt, gilt auch für Personen mit privater Krankenversicherung. Diese sind nach § 23 Abs. 1 SGB XI verpflichtet, bei einem privaten Versicherungsunternehmen einen Versicherungsvertrag zur Absicherung des Risikos der Pflegebedürftigkeit abzuschließen und aufrechtzuerhalten. Der privaten Pflegeversicherung gehören vor allem „besserverdienende" Arbeitnehmer, Beamte, Selbstständige sowie deren Familienangehörige an (siehe auch 2.1.4). Gut 10 % der Bevölkerung in Deutschland haben das Risiko der Pflegebedürftigkeit bei einem privaten Versicherungsunternehmen abgesichert.

In der privaten Pflegeversicherung wird ein Vertrag zwischen dem Versicherungsunternehmen und dem Versicherten abgeschlossen. Dieser Vertrag muss nach § 23 Abs. 1 Satz 2 SGB XI Leistungen vorsehen, die denen der sozialen Pflegeversicherung nach Art und Umfang gleichwertig sind. Auch für die Feststellung der Pflegebedürftigkeit und die Zuordnung zu einer Pflegestufe gelten dieselben Maßstäbe wie in der sozialen Pflegeversicherung.

Anders als in der sozialen Pflegeversicherung richten sich die zur privaten Pflegeversicherung zu zahlenden Beiträge nicht nach dem Einkommen, sondern nach dem Alter des Versicherten bei Eintritt in die Versicherung.

> ● **Merke**
>
> Alle Personen mit privater Krankenversicherung müssen auch das Risiko der Pflegebedürftigkeit bei einem privaten Versicherungsunternehmen absichern.

3.1.5 Förderung der freiwilligen privaten Zusatz-Pflegeversicherung

Da die Leistungen der Pflegeversicherung nach dem SGB XI der Höhe nach begrenzt sind, bietet sich der Abschluss einer privaten Pflege-Zusatzversicherung auf freiwilliger Basis an, um bei Eintritt von Pflegebedürftigkeit einen möglichst umfassenden Versicherungsschutz zu haben. Seit 1.1.2013 wird die private Pflegevorsorge vom Staat gefördert. Anspruch auf die in den §§ 126 ff. SGB XI geregelte Förderung haben bei Abschluss einer privaten Pflege-Zusatzversicherung Personen, die das 18. Lebensjahr vollendet haben, in der sozialen oder privaten Pflegepflichtversicherung versichert sind und noch keine Leistungen der Pflegeversicherung beziehen oder bezogen haben. Die förderberechtigten Personen erhalten eine einkommensunabhängige staatliche Zulage in Höhe von 5 € monatlich.

3.1.6 Pflegeberatung

Seit 1.1.2009 müssen die Pflegekassen und die privaten Versicherungsunternehmen gemäß § 7a SGB XI individuelle Beratung und Hilfestellung durch Pflegeberater anbieten. Anspruch auf kostenfreie Pflegeberatung besteht für Pflegebedürftige, die Leistungen nach dem SGB XI erhalten, und für Personen, die Leistungen nach dem SGB XI beantragen, soweit Beratungsbedarf vorliegt.

① Pflegeberatung

Die Pflegeberatung umfasst insbesondere Unterstützung bei Anträgen nach dem SGB XI und SGB V, Erstellung eines individuellen Versorgungsplans mit den im Einzelfall erforderlichen Sozialleistungen, Unterstützung bei der Auswahl und Inanspruchnahme der Sozialleistungen.

Die Pflegeberatung ist von qualifiziertem Personal auszuüben, insbesondere von Pflegefachkräften, Sozialversicherungsfachangestellten und Sozialarbeitern. Auf Wunsch erfolgt die Pflegeberatung unter Einbeziehung von Dritten, insbesondere der Familienangehörigen, und in der häuslichen Umgebung oder in der Einrichtung, in der der Anspruchsberechtigte lebt. Sie kann auch in sog. **Pflegestützpunkten** (§ 92 c SGB XI) stattfinden, sofern das jeweilige Bundesland die Errichtung von Pflegestützpunkten vorsieht.

Um Versicherte frühzeitig über die Beratungsmöglichkeiten zu informieren, sind die Pflegekassen nach § 7 b SGB XI verpflichtet, dem Antragsteller unmittelbar nach Eingang eines erstmaligen Antrags auf Leistungen der Pflegeversicherung unter Angabe einer Kontaktperson einen konkreten Beratungstermin anzubieten. Der Beratungstermin ist grundsätzlich innerhalb von zwei Wochen nach Antragseingang durchzuführen, kann auf Wunsch des Versicherten aber auch zu einem späteren Zeitpunkt stattfinden.

3.2 Pflegebedürftigkeit und Pflegestufen

Die Pflegeversicherung gewährt Leistungen bei Eintritt von Pflegebedürftigkeit. Die Wahrscheinlichkeit der Pflegebedürftigkeit nimmt in höherem Alter stark zu. Mehr als die Hälfte der Pflegebedürftigen sind älter als 80 Jahre.

3.2.1 Gesetzliche Definition

Nach § 14 Abs. 1 SGB XI sind Personen pflegebedürftig, die wegen einer körperlichen, geistigen oder seelischen Krankheit oder Behinderung für die gewöhnlichen und regelmäßig wiederkehrenden Verrichtungen im Ablauf des täglichen Lebens auf

Dauer, voraussichtlich für mindestens sechs Monate, in erheblichem oder höherem Maße der Hilfe bedürfen.

Krankheit oder Behinderung als **Ursache** der Pflegebedürftigkeit

Die Krankheit oder Behinderung muss zu einem **Hilfebedarf** bei den gewöhnlichen und regelmäßig wiederkehrenden Verrichtungen führen

Der Hilfebedarf muss in **erheblichem oder höherem Maße** bestehen, d. h. es muss mindestens die Pflegestufe I vorliegen

Der erhebliche oder höhere Hilfebedarf muss **auf Dauer**, voraussichtlich für mindestens sechs Monate bestehen

1 Begriff der Pflegebedürftigkeit

3.2.2 Ursache der Pflegebedürftigkeit

Die Pflegebedürftigkeit muss auf einer Krankheit oder Behinderung i. S. des § 14 Abs. 2 SGB XI beruhen. Ein Hilfebedarf, der andere Ursachen hat, wie etwa bei einem Kleinkind altersbedingt ist, wird in der Pflegeversicherung nicht berücksichtigt.

Die **Art der Erkrankung oder Behinderung** allein lässt noch keine Rückschlüsse auf das Vorliegen von Pflegebedürftigkeit zu. So müssen z. B. Krebskranke, Aidskranke, Blinde oder Gelähmte nicht zwangsläufig pflegebedürftig sein. Entscheidend ist immer die persönliche Situation des kranken oder behinderten Menschen. Auch die Anerkennung als Schwerbehinderter nach dem SGB IX darf nicht mit Pflegebedürftigkeit gleichgesetzt werden, selbst wenn ein Grad der Behinderung von 100 festgestellt worden ist. Die Pflegebedürftigkeit im Sinne des SGB XI muss vielmehr immer eigenständig beurteilt werden.

3.2.3 Hilfebedarf bei täglich anfallenden Verrichtungen

Pflegebedürftigkeit setzt wegen einer Krankheit oder Behinderung einen Hilfebedarf bei den gewöhnlichen und regelmäßig wiederkehrenden Verrichtungen im Ablauf des täglichen Lebens voraus. Berücksichtigt werden dabei vier Lebensbereiche, und zwar die Körperpflege, die Ernährung, die Mobilität (dies sind die Bereiche der „Grundpflege") sowie die hauswirtschaftliche Versorgung. Diese vier Bereiche werden nach § 14 Abs. 4 SGB XI wiederum in einzelne, insgesamt 21 Verrichtungen unterteilt.

In der Pflegeversicherung werden nach § 14 Abs. 3 SGB XI nicht nur Hilfeleistungen berücksichtigt, die in der Unterstützung oder in der Übernahme der gewöhnlichen und regelmäßig wiederkehrenden Verrichtungen bestehen, sondern auch die Beaufsichtigung oder Anleitung bei diesen Verrichtungen. Pflegebedürftig können somit auch psychisch kranke, geistig behinderte oder demente Menschen sein, die zwar in der Lage sind, die täglich wiederkehrenden Verrichtungen selbst auszuführen, hierbei aber angeleitet oder beaufsichtigt werden müssen.

Im Hinblick auf das Vorliegen von Pflegebedürftigkeit im Sinne der Pflegeversicherung sind die insgesamt 21 Verrichtungen aus den vier Lebensbereichen in § 14 Abs. 4 SGB XI abschließend aufgezählt. Hilfebedarf bei anderen als in § 14 Abs. 4 SGB XI aufgeführten Bereichen (z. B. bei der Kommunikation, Freizeitgestaltung, Bildung) wird bei der Feststellung der Pflegebedürftigkeit nicht berücksichtigt. Ebenfalls unberücksichtigt bleibt grundsätzlich der Zeitaufwand für krankheitsspezifische Pflegemaßnahmen (sog. Behandlungspflege, wie Versorgung mit Medikamenten). Auch ein allgemeiner Aufsichts- und Betreuungsbedarf außerhalb der täglich wiederkehrenden Verrichtungen, der notwendig ist, um Selbst- oder Fremdgefährdung zu verhindern, ist bei Feststellung der Pflegebedürftigkeit nicht relevant.

3.2.4 Dauer des Hilfebedarfs

Pflegebedürftigkeit liegt nur dann vor, wenn der Hilfebedarf auf Dauer, d. h. voraussichtlich für mindestens sechs Monate besteht. Dies bedeutet aber nicht, dass die Pflegebedürftigkeit sechs Monate andauern muss, bevor Leistungen der Pflegeversicherung einsetzen. Vielmehr hat der Gutachter anhand einer Prognoseentscheidung über die Dauer des Hilfebedarfs zu urteilen. Ist danach Hilfebedarf für voraussichtlich sechs Monate gegeben, liegt bei Erfüllung der sonstigen Voraussetzungen Pflegebedürftigkeit vor. Leistungen der Pflegeversicherung dürfen nicht mit der Begründung versagt werden, die verbleibende Lebensspanne des Betroffenen betrage voraussichtlich weniger als sechs Monate.

Anspruch auf Leistungen der Pflegeversicherung besteht, solange der Versicherte pflegebedürftig ist. Eine Verbesserung des Gesundheitszustandes kann dazu führen, dass Hilfebedarf nicht mehr oder nur noch in geringem, unterhalb der Pflegestufe I liegendem Umfang erforderlich ist und die Leistungsvoraussetzungen entfallen.

---

1 Gewöhnliche und regelmäßig wiederkehrende Verrichtungen

Körperpflege	Ernährung	Mobilität	Hauswirtschaftliche Versorgung
Waschen Duschen Baden Zahnpflege Kämmen Rasieren Darm- und Blasenentleerung	Mundgerechtes Zubereiten der Nahrung Aufnahme der Nahrung	Selbstständiges Aufstehen und Zubettgehen An- und Auskleiden Gehen Stehen Treppensteigen Verlassen und Wiederaufsuchen der Wohnung	Einkaufen Kochen Reinigen der Wohnung Spülen Wechseln und Waschen der Wäsche und Kleidung Beheizen

3.2.5 Pflegestufen

Leistungen der Pflegeversicherung werden nur gewährt, wenn der Hilfebedarf bei den gewöhnlichen und regelmäßig wiederkehrenden Verrichtungen ein bestimmtes Ausmaß überschreitet. In der Pflegeversicherung wird nach § 15 SGB XI eine vom Grad der Pflegebedürftigkeit abhängige Unterteilung in drei Pflegestufen vorgenommen. Die jeweilige Pflegestufe ist für den Umfang der Leistungen maßgebend. Je höher die Pflegestufe ist, umso höher sind die dem Pflegebedürftigen zustehenden Leistungen. Die Zuordnung in die einzelnen Pflegestufen richtet sich gemäß § 15 SGB XI zum einen nach der Häufigkeit des Hilfebedarfs und zum anderen nach dem für die Pflege erforderlichen Zeitaufwand.

Von etwa 2,5 Mio. Leistungsempfängern der sozialen Pflegeversicherung waren Ende 2013 56,8 % der Pflegestufe I, 31,5 % der Pflegestufe II und lediglich 11,7 % der Pflegestufe III zugeordnet (Zah-len und Fakten zur Pflegeversicherung, www.bmg.bund.de). Ist der Pflegebedürftige bereits in einer bestimmten Pflegestufe, kann eine Verschlechterung des Gesundheitszustandes zu einer höheren Pflegestufe führen. In diesem Falle ist ein Antrag auf Höherstufung erforderlich.

● Merke

Es gibt drei Pflegestufen, nach denen sich der Umfang der Leistungen der Pflegeversicherung richtet.

3.2.6 Verfahren zur Feststellung der Pflegebedürftigkeit

Werden Leistungen der sozialen Pflegeversicherung nach dem SGB XI beantragt, haben die Pflegekassen durch den Medizinischen Dienst der Krankenversicherung (MDK) prüfen zu lassen, ob die Voraussetzungen der Pflegebedürftigkeit erfüllt sind

---

Es gibt 3 Pflegestufen, nach denen sich der Umfang der Leistungen richtet

Pflegestufe III

Pflegestufe II

Pflegestufe I

Pflegestufe I	Pflegestufe II	Pflegestufe III
Hilfebedarf: mindestens einmal täglich für wenigstens zwei Verrichtungen der Grundpflege und zusätzlich mehrfach wöchentlich Hilfen bei der hauswirtschaftlichen Versorgung.	**Hilfebedarf:** mindestens dreimal täglich zu verschiedenen Tageszeiten bei der Grundpflege und zusätzlich mehrfach wöchentlich Hilfen bei der hauswirtschaftlichen Versorgung.	**Hilfebedarf:** rund um die Uhr, auch nachts, bei der Grundpflege und zusätzlich mehrfach wöchentlich Hilfen bei der hauswirtschaftlichen Versorgung.
Zeitaufwand: im Tagesdurchschnitt mindestens 90 Minuten, davon mehr als 45 Minuten Grundpflege.	**Zeitaufwand:** im Tagesdurchschnitt mindestens 3 Stunden, davon mindestens 2 Stunden Grundpflege.	**Zeitaufwand:** im Tagesdurchschnitt mindestens 5 Stunden, davon mindestens 4 Stunden Grundpflege.
Erheblich Pflegebedürftig	**Schwerpflegebedürftig**	**Schwerstpflegebedürftig**

1 Pflegestufen

und welche Stufe der Pflegebedürftigkeit vorliegt (§ 18 Abs. 1 Satz 1 SGB XI). Nach der seit 1. 6. 2013 geltenden Neuregelung des § 18 Abs. 3 a SGB XI können die Pflegekassen seit 1. 6. 2013 neben dem MDK auch andere Gutachter mit der Feststellung der Pflegebedürftigkeit beauftragen.

Da für die Beurteilung der Pflegebedürftigkeit auch die häuslichen Lebensverhältnisse des Antragstellers von Bedeutung sind, hat der Gutachter (Arzt oder Pflegefachkraft) den Antragsteller nach § 18 Abs. 2 Satz 1 SGB XI grundsätzlich in seinem Wohnbereich zu untersuchen. Der Hausbesuch ist rechtzeitig anzukündigen. Hält sich der Antragsteller vorübergehend nicht in seiner Wohnung, sondern im Krankenhaus oder in einer stationären Rehabilitationseinrichtung auf, ist er ggf. dort zu untersuchen, um das Verfahren zu beschleunigen. Hat der Antragsteller seine Wohnung bereits aufgelöst und lebt in einem Pflegeheim, ist die Untersuchung im Pflegeheim durchzuführen.

Der MDK oder der von der Pflegekasse beauftragte Gutachter fertigt zur Feststellung der Pflegebedürftigkeit ein schriftliches Gutachten an, für das bundesweit ein einheitliches Formular verwendet wird. Grundlage für die Begutachtung sind die vom GKV-Spitzenverband beschlossenen Begutachtungs-Richtlinien, die die §§ 14, 15 SGB XI konkretisieren und sicherstellen sollen, dass die Beurteilung von Pflegebedürftigkeit bundesweit nach einheitlichen Kriterien erfolgt (einzusehen sind die Richtlinien unter www.mds-ev.de).

Der MDK oder der von der Pflegekasse beauftragte Gutachter hat durch eine Untersuchung des Antragstellers den bestehenden Hilfebedarf bei den täglich wiederkehrenden Verrichtungen i. S. des § 14 Abs. 4 SGB XI zu ermitteln und den erforderlichen Zeitaufwand für die Hilfe zu erheben. Sofern der Antragsteller damit einverstanden ist, sollen in diesem Zusammenhang auch pflegende Angehörige oder sonstige Personen oder Dienste, die an der Pflege des Antragstellers beteiligt sind, befragt werden (§ 18 Abs. 4 Satz 2 SGB XI). Hilfreich für den Gutachter kann ein Pflegetagebuch sein, in dem der Pflegebedarf über einen längeren Zeitraum aufgezeichnet worden ist.

Der Zeitaufwand für die Pflege wird von dem mit der Prüfung der Pflegebedürftigkeit beauftragten

Gutachter individuell beurteilt. Dabei ist von den tatsächlichen individuellen Lebensgewohnheiten auszugehen, die der Antragsteller nachvollziehbar in seinem persönlichen Umfeld hat. Die erforderliche Hilfe bei den gewöhnlichen und regelmäßig wiederkehrenden Verrichtungen ist nach dem Zeitaufwand zu bemessen, den ein Laie als Pflegeperson (Familienangehöriger oder eine andere nicht ausgebildete Pflegeperson) dafür benötigt. Ein evtl. kürzerer Zeitaufwand einer professionellen Pflegekraft ist unerheblich. Um eine einheitliche Begutachtungspraxis sicherzustellen, sind in den Begutachtungs-Richtlinien für die Pflegezeitbemessung Zeitkorridore vorgesehen, an denen sich die Gutachter orientieren können. Die Zeitkorridore für einzelne Verrichtungen betragen nach den Begutachtungs-Richtlinien z. B. für Duschen 15 bis 20 Minuten, Baden 20 bis 25 Minuten, Zahnpflege 5 Minuten, Kämmen 1 bis 3 Minuten, Wasserlassen 2 bis 3 Minuten, Stuhlgang 3 bis 6 Minuten, Essen von Hauptmahlzeiten einschließlich Trinken 15 bis 20 Minuten, Hilfe zum Aufstehen oder Zubettgehen 1 bis 2 Minuten, Ankleiden gesamt 8 bis 10 Minuten, Entkleiden gesamt 4 bis 6 Minuten. Von diesen Minutenwerten kann jedoch sowohl nach oben als auch nach unten abgewichen werden, soweit es aufgrund der Besonderheiten des Einzelfalles geboten ist.

1 Begutachtung von Pflegebedürftigkeit

In dem anzufertigenden Pflegegutachten ist Stellung zu nehmen, ob die Voraussetzungen für Pflegebedürftigkeit vorliegen. Ist dies der Fall, ist der Beginn der Pflegebedürftigkeit anzugeben und der Antragsteller einer Pflegestufe zuzuordnen. Darüber hinaus soll das Gutachten u. a. auch Vorschläge für Leistungen zur medizinischen Rehabilitation, über notwendige Hilfsmittel sowie Aussagen über die Notwendigkeit und die Zeitabstände von Wiederholungsbegutachtungen enthalten.

1 Minutenwerte bei Pflegebegutachtung

Durch das Gutachten wird die Entscheidung der Pflegekasse vorbereitet. Der Gutachter hat daher der Pflegekasse nach § 18 Abs. 6 Satz 1 SGB XI das Ergebnis seiner Prüfung unverzüglich zu übermitteln. Die Entscheidung über die Pflegebedürftigkeit und die Zuordnung des Versicherten zu einer Pflegestufe trifft letztendlich die zuständige Pflegekasse, wobei sie sich auf die vom Gutachter ermittelten Fakten stützt. Spätestens **fünf Wochen nach Eingang des Antrags** bei der Pflegekasse ist gemäß § 18 Abs. 3 Satz 2 SGB XI dem Antragsteller die Entscheidung der Pflegekasse schriftlich mitzuteilen. Verkürzte Fristen für die Durchführung der Begutachtung gelten in den in § 18 Abs. 3 Sätze 3–5 SGB XI genannten Fällen (z. B. bei Ankündigung von Pflegezeit oder von Familienpflegezeit). Erteilt die Pflegekasse den schriftlichen Bescheid über den Antrag nicht innerhalb von fünf Wochen nach Eingang des Antrags oder wird eine verkürzte Begutachtungsfrist nicht eingehalten, hat die Pflegekasse gemäß § 18 Abs. 3 b Satz 1 SGB XI nach Fristablauf für jede begonnene Woche der Fristüberschreitung unverzüglich 70 € an den Antragsteller zu zahlen. Nach § 18 Abs. 3 b Satz 2 SGB XI besteht jedoch keine Zahlungspflicht der Pflegekasse, wenn sie die Verzögerung nicht zu vertreten hat oder sich der Antragsteller in stationärer Pflege befindet und be-

reits als mindestens erheblich pflegebedürftig (mindestens Pflegestufe I) anerkannt ist. Im Übrigen hat der Antragsteller ein Recht darauf, dass ihm mit dem Bescheid auch das der Entscheidung der Pflegekasse zugrunde liegende Gutachten übermittelt wird (vgl. § 18 Abs. 3 Sätze 8–10 SGB XI).

Antrag auf Leistungen
der Pflegeversicherung

↓

Begutachtung (Untersuchung)
des Antragstellers
grundsätzlich in seiner Wohnung

↓

Anfertigung des Pflegegutachtens
durch beauftragten Gutachter

↓

Entscheidung der Pflegekasse
auf Grundlage des erstellten Gutachtens

2 Verfahrensablauf bei Feststellung von Pflegebedürftigkeit

3.3 Leistungen

Das SGB XI sieht Leistungen bei häuslicher und bei stationärer Pflege vor.

3.3.1 Allgemeine Anspruchsvoraussetzungen

Anspruch auf Leistungen der sozialen Pflegeversicherung besteht nach dem SGB XI für Personen, die

- pflegebedürftig sind (siehe 3.2),
- in der sozialen Pflegeversicherung versichert sind (siehe 3.1.1),
- bestimmte Vorversicherungszeiten zurückgelegt haben und
- einen Antrag auf Leistungen gestellt haben.

Neben dem aktuellen Versicherungsschutz setzt der Leistungsanspruch nach § 33 Abs. 2 SGB XI die Erfüllung einer **Vorversicherungszeit** voraus. Vorversicherungszeit bedeutet, dass die Versicherung in der Pflegeversicherung bereits eine bestimmte Zeit bestehen muss. Seit 1.7.2008 wird eine Vorversicherungszeit von zwei Jahren in den letzten zehn Jahren vor der Antragstellung gefordert (§ 33 Abs. 2 Satz 1 Nr. 6 SGB XI). Diese zwei Jahre müssen in einer Rahmenfrist von zehn Jahren vor der Antragstellung liegen, d. h. sie müssen nicht zusammenhängend zurückgelegt worden sein. Als Vorversicherungszeiten werden alle Zeiten angerechnet, in denen der Pflegebedürftige in der sozialen Pflegeversicherung (gleichgültig bei welcher Pflegekasse) versichert war. Bei versicherten Kindern gilt die Vorversicherungszeit gemäß § 33 Abs. 2 Satz 3 SGB XI als erfüllt, wenn zumindest ein Elternteil diese Zeit erfüllt. Ein Versicherter, der bei Eintritt von Pflegebedürftigkeit die zweijährige Vorversicherungszeit nicht vorweisen kann, erhält erst dann Leistungen der Pflegeversicherung, wenn er die noch fehlenden Versicherungszeiten in der Pflegeversicherung zurückgelegt hat.

Leistungen der Pflegeversicherung setzen einen Antrag voraus (§ 33 Abs. 1 Satz 1 SGB XI). Antragsberechtigt sind der Pflegebedürftige, eine von ihm bevollmächtigte Person oder sein gesetzlicher Vertreter (Betreuer, Eltern von minderjährigen Pflegebedürftigen). Auch die Meldung einer Pflegebedürftigkeit durch Dritte (z. B. Hausarzt, Krankenhaus, ambulanter Pflegedienst) akzeptieren die Pflegekassen regelmäßig als Antrag, sofern der Versicherte dem nicht widerspricht. Der Tag der Antragstellung ist entscheidend für den Beginn der Leistungen der Pflegeversicherung. Sofern alle Anspruchsvoraussetzungen erfüllt sind, beginnen die Leistungen mit dem Tag, an dem der Antrag bei der Pflegekasse, einem anderen Sozialleistungsträger oder einer Gemeinde gestellt wird (§ 33 Abs. 1 Satz 2 SGB XI). Unerheblich ist in diesem Zusammenhang, dass nach Eingang des Antrags bei der Pflegekasse bis zur Feststellung der Pflegebedürftigkeit durch den MDK regelmäßig eine gewisse Zeit verstreicht. Lag bereits zum Zeitpunkt der Antragstellung Pflegebedürftigkeit vor, werden die Leistungen rückwirkend ab dem Tag der Antragstellung gewährt. Wird der Antrag jedoch später als einen Monat nach Eintritt der Pflegebedürftigkeit gestellt, gibt es die Leistungen der Pflegeversicherung nach § 33 Abs. 1 Satz 3 SGB XI erst vom Beginn des Monats der Antragstellung an.

1 Leistungsantrag

3.3.2 Leistungserbringung durch zugelassene Pflegeeinrichtungen

Die Leistungen der sozialen Pflegeversicherung werden grundsätzlich als sog. Sachleistungen gewährt. Sachleistungen werden an den Pflegebedürftigen nicht in Form von Geld, sondern unmittelbar in Form von Pflege durch ambulante Dienste oder Pflegeheime erbracht, mit denen die Pflegekassen Verträge abgeschlossen haben. Die Leistungserbringer erhalten für die geleistete Pflege von den Pflegekassen eine vertraglich vereinbarte Vergütung.

Die Pflegekassen dürfen ambulante und stationäre Pflege als Sachleistung grundsätzlich nur durch zugelassene Pflegeeinrichtungen gewähren, mit denen ein Versorgungsvertrag besteht (§ 72 Abs. 1 Satz 1 SGB XI). Ambulanten oder stationären Pflegeeinrichtungen, die nach §§ 71, 72 Abs. 3 SGB XI die Voraussetzungen für den Abschluss eines Versorgungsvertrages erfüllen, darf der Versorgungsvertrag von den Pflegekassen nicht verweigert werden.

Abgeschlossen wird der Versorgungsvertrag schriftlich zwischen der Pflegeeinrichtung und den Landesverbänden der Pflegekassen, wobei die Kassenverbände den Versorgungsvertrag nur gemeinsam und im Einvernehmen mit dem nach Landesrecht zuständigen überörtlichen oder örtlichen Träger der Sozialhilfe schließen können (§ 72 Abs. 2 Satz 1 SGB XI). Der Versorgungsvertrag ist für die Pflegeeinrichtung und für alle Pflegekassen im Inland unmittelbar verbindlich (§ 72 Abs. 2 Satz 2 SGB XI). Mit seinem Abschluss wird die Pflegeeinrichtung für die Dauer des Vertrages zur pflegerischen Versorgung der Versicherten zugelassen. Im Rahmen ihres im Versorgungsvertrag definierten Versorgungsauftrags und ihrer Kapazität ist die Pflegeeinrichtung verpflichtet, pflegebedürftige Versicherte zu versorgen. Die Pflegebedürftigen wiederum können zwischen den zugelassenen Pflegeeinrichtungen wählen.

Der Versorgungsvertrag, der grundsätzlich unbefristet abgeschlossen wird, kann nach § 74 Abs. 1 SGB XI von jeder Vertragspartei mit einer Frist von einem Jahr **gekündigt** werden. Bei grober Pflichtverletzung der Pflegeeinrichtung (z. B. Abrechnung nicht erbrachter Leistungen, Pflegebedürftige kommen zu Schaden) können die Landesverbände der Pflegekassen den Versorgungsvertrag gemäß § 74 Abs. 2 SGB XI auch fristlos kündigen.

Die durch Versorgungsvertrag zugelassenen ambulanten und stationären Pflegeeinrichtungen erhalten für die von ihnen erbrachten Pflegeleistungen eine **Vergütung**. Die Vergütung wird zwischen der Pflegeeinrichtung und den Kostenträgern, das sind in erster Linie die Pflegekassen und der für den Sitz der Pflegeeinrichtung zuständige Träger der Sozialhilfe, nach Maßgabe der §§ 84 ff. SGB XI vereinbart. Können sich die Vertragsparteien nicht auf eine Vergütungsvereinbarung einigen, setzt auf Antrag einer Vertragspartei die in jedem Bundesland bestehende neutrale Schiedsstelle (§ 76 SGB XI) die Pflegevergütung fest.

Das SGB XI verpflichtet alle zugelassenen ambulanten und stationären Pflegeeinrichtungen, aber auch die Pflegekassen zur **Qualitätssicherung** im Bereich der pflegerischen Versorgung. Geeignete Maßnahmen zur Qualitätssicherung sind z. B.

- das Vorhalten eines geeigneten Pflegedokumentationssystems,
- Fortbildungen für die Mitarbeiter,
- Zertifizierungen.

Jede Pflegeeinrichtung ist verpflichtet, ein umfassendes, einrichtungsinternes **Qualitätsmanagement** einzuführen und weiterzuentwickeln (§ 72 Abs. 3 Satz 1 Nr. 3, § 112 Abs. 2, § 113 SGB XI). Zudem müssen Pflegeeinrichtungen gemäß § 72 Abs. 3 Satz 1 Nr. 4, § 112 Abs. 2 SGB XI alle Expertenstandards nach § 113a SGB XI (z. B. für die Sturz- oder Dekubitusprophylaxe) anwenden.

Die zugelassenen Pflegeeinrichtungen haben gemäß §§ 114, 114a SGB XI dem MDK, dem Prüfdienst des Verbandes der privaten Pflegeversicherung oder den von den Landesverbänden der Pflegekassen bestellten Sachverständigen die Überprüfung der Qualität ihrer Leistungen zu ermöglichen. Zur Durchführung dieser **Qualitätsprüfungen**, die in stationären Pflegeeinrichtungen grundsätzlich unangemeldet erfolgen sollen, ist den Prüfern Zugang zur Pflegeeinrichtung zu gewähren. Geprüft werden können u. a. die von der Einrichtung geführte Pflegedokumentation sowie die Abrechnung der erbrachten Leistungen. Im Rahmen der Prüfung kann auch eine Befragung der von der Einrichtung versorgten Pflegebedürftigen, ihrer Betreuer und Angehörigen erfolgen. Die Ergebnisse von Qualitätsprüfungen werden gemäß § 115 Abs. 1a SGB XI sowohl im Internet als auch in anderer geeigneter Form kostenfrei veröffentlicht (sog.

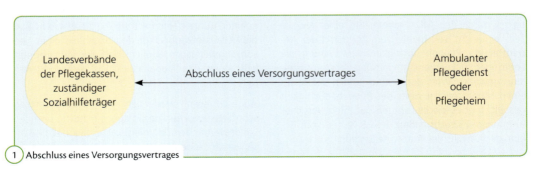

Landesverbände der Pflegekassen, zuständiger Sozialhilfeträger ⟷ Abschluss eines Versorgungsvertrages ⟷ Ambulanter Pflegedienst oder Pflegeheim

1 Abschluss eines Versorgungsvertrages

Transparenzberichte mit Pflegenoten). Die Überprüfung von stationären Pflegeeinrichtungen obliegt im Übrigen auch den nach heimrechtlichen Vorschriften zuständigen Aufsichtsbehörden, deren Aufgabe es ist, die Interessen und Bedürfnisse der Heimbewohner vor Beeinträchtigungen zu schützen.

Soweit bei der Prüfung Qualitätsmängel festgestellt werden, wird der Pflegeeinrichtung nach § 115 Abs. 2 SGB XI eine angemessene Frist zur Beseitigung der festgestellten Mängel gesetzt. Die der Pflegeeinrichtung zustehende Pflegevergütung kann gemäß § 115 Abs. 3 SGB XI von den Kostenträgern für die Dauer der Pflichtverletzung gekürzt werden. Werden die Qualitätsmängel nicht abgestellt, können die Landesverbände der Pflegekassen den Versorgungsvertrag mit der Pflegeeinrichtung nach § 74 SGB XI kündigen. Bei schwerwiegenden Mängeln (z. B. Pflegeeinrichtung missachtet beharrlich Qualitätsmaßstäbe) ist eine Kündigung ohne Einhaltung einer Kündigungsfrist möglich. Einer Pflegeeinrichtung, die nicht in der Lage ist, die Qualitätsmaßstäbe zu erfüllen, kann also die Zulassung entzogen werden.

3.3.3 Leistungen bei häuslicher Pflege

Die Mehrzahl der Pflegebedürftigen wird im häuslichen Bereich gepflegt. 1,82 Mio. von 2,57 Mio. Pflegebedürftigen der sozialen Pflegeversicherung bezogen Ende 2014 Leistungen bei häuslicher Pflege. Unter häuslicher Pflege, die gemäß § 3 SGB XI Vorrang vor der stationären Pflege hat, versteht man nicht nur die Pflege im eigenen Haushalt des Pflegebedürftigen. Häusliche Pflege kann vielmehr auch in der Wohnung von Angehörigen, einem Altenheim, Altenwohnheim oder in einer Einrichtung des „Betreuten Wohnens" gewährt werden. Wird der Pflegebedürftige dagegen in einem Pflegeheim versorgt, hat er Anspruch auf stationäre Pflege.

Der Pflegebedürftige kann über die Art und Weise der Pflege grundsätzlich selbst bestimmen. Die häusliche Pflege wird überwiegend von Personen wahrgenommen, die dem Pflegebedürftigen nahe stehen, insbesondere von Familienangehörigen (sog. nicht erwerbsmäßige Pflege). Der Pflegebedürftige kann sich aber auch für professionelle Hilfe durch ambulante Pflegedienste entscheiden.

Pflegesachleistung

Für Pflegebedürftige, die im häuslichen Bereich durch professionelle Pflegekräfte gepflegt werden, sieht die soziale Pflegeversicherung nach § 36 SGB XI die Pflegesachleistung vor. Gegenstand der Pflegesachleistung sind von professionellen Pflegekräften durchgeführte Pflegeeinsätze, die sich auf die Grundpflege und die hauswirtschaftliche Versorgung erstrecken. Die Pflegesachleistung umfasst Hilfeleistungen, die bei den in § 14 Abs. 4 SGB XI genannten Verrichtungen in den Bereichen der Körperpflege, Ernährung, Mobilität und hauswirtschaftlichen Versorgung erbracht werden (siehe 3.2.3).

Erbracht wird die Pflegesachleistung in aller Regel durch ambulante Pflegedienste, mit denen die Pflegekassen Versorgungsverträge nach § 72 SGB XI abgeschlossen haben. Die Pflegekassen führen Verzeichnisse über die nach § 72 SGB XI zugelassenen Pflegedienste. Der Pflegebedürftige kann auswählen, welcher Pflegedienst die Sachleistung erbringen soll. Mit dem ausgewählten Pflegedienst schließt der Pflegebedürftige einen Pflegevertrag ab. In dem Pflegevertrag sind gemäß § 120 Abs. 3 SGB XI mindestens Art, Inhalt und Umfang der Leistungen einschließlich der dafür mit den Kostenträgern nach § 89 SGB XI vereinbarten Vergütungen zu beschreiben. Neben ambulanten Pflegediensten können in der Pflegeversicherung unter den Voraussetzungen des § 77 Abs. 1 SGB XI auch einzelne geeignete Pflegekräfte zur Erbringung der Sachleistung zugelassen werden.

1 Pflege durch ambulanten Pflegedienst

Der Anspruch auf die Pflegesachleistung umfasst nach § 36 Abs. 3 und 4 SGB XI monatliche Pflegeeinsätze durch zugelassene ambulante Dienste oder Einzelpflegekräfte bis zu einem Gesamtwert von

- 468 € für Pflegebedürftige der Pflegestufe I,
- 1.144 € für Pflegebedürftige der Pflegestufe II,
- 1.612 € für Pflegebedürftige der Pflegestufe III,
- 1.995 € in besonderen Härtefällen (höchstens 3 % der häuslich gepflegten Pflegebedürftigen mit Pflegestufe III dürfen als Härtefall anerkannt werden).

Für Pflegebedürftige mit erheblich eingeschränkter Alltagskompetenz i. S. des § 45 a SGB XI sind seit 1. 1. 2013 gemäß § 123 SGB XI verbesserte Pflegeleistungen vorgesehen (siehe unten). Danach können nunmehr auch Personen mit „Pflegestufe 0" Pflegesachleistungen bis zur Höhe von 231 € im Monat beanspruchen. Pflegebedürftige der Pflegestufen I und II erhalten erhöhte Sachleistungen von bis zu 689 € bzw. 1.298 € monatlich.

Ebenfalls seit 1. 1. 2013 können nach § 124 SGB XI Leistungen der häuslichen Betreuung als Sachleistung neben der Grundpflege und hauswirtschaftlichen Versorgung bis zu den in § 36 Abs. 3 und 4, § 123 Abs. 2 bis 4 SGB XI vorgesehenen Höchstbeträgen in Anspruch genommen werden. Die häusliche Betreuung umfasst nach § 124 Abs. 2 SGB XI Unterstützung und sonstigen Hilfen im häuslichen Umfeld des Pflegebedürftigen oder seiner Familie (z. B. Vorlesen oder Begleitung bei Spaziergängen). Die häuslichen Betreuungsleistungen können nach § 124 Abs. 3 SGB XI allerdings nur in Anspruch genommen werden, wenn die Grundpflege und die hauswirtschaftliche Versorgung im Einzelfall sichergestellt sind.

Der Pflegebedürftige entscheidet über die von professionellen Pflegekräften zu leistenden Pflegeeinsätze. Im Pflegevertrag wird die Anzahl der täglichen oder wöchentlichen Pflegeeinsätze festgelegt und welche Leistungen der Grundpflege, hauswirtschaftlichen Versorgung und häuslichen Betreuung bei den jeweiligen Pflegeeinsätzen erbracht werden. Der ambulante Pflegedienst, der die Pflegesachleistung erbracht hat, rechnet die geleisteten Pflegeeinsätze (zuzüglich Fahrkosten) bis zu den im Gesetz vorgesehenen Höchstbeträgen mit der Pflegekasse des Pflegebedürftigen ab. Grundlage der

Abrechnung ist die zwischen dem ambulanten Pflegedienst und den Pflegekassen nach § 89 SGB XI getroffene Vergütungsvereinbarung. Soweit die für die monatlichen Pflegeeinsätze anfallenden Kosten über die Höchstbeträge des § 36 SGB XI hinausgehen, werden die entsprechenden Kosten dem Pflegebedürftigen selbst in Rechnung gestellt. Gegebenenfalls werden die Differenzbeträge im Rahmen der Hilfe zur Pflege vom zuständigen Sozialhilfeträger übernommen (siehe VII 4.3.2).

Erbringen ambulante Dienste neben der Pflegesachleistung nach § 36 SGB XI Leistungen der medizinischen Behandlungspflege (z. B. Injektionen, Verbandswechsel), werden die hierfür anfallenden Kosten unter den Voraussetzungen des § 37 SGB V von der Krankenversicherung übernommen (siehe 2.3.1).

Der Pflegebedürftige wählt einen ambulanten Pflegedienst aus und schließt mit diesem einen Pflegevertrag ab

Der ambulante Dienst erbringt die vertraglich vereinbarten Pflegeleistungen

Die geleisteten Pflegeeinsätze rechnet der ambulante Dienst bis zu den gesetzlichen Höchstbeträgen mit der Pflegekasse ab, darüber hinausgehende Kosten trägt der Pflegebedürftige bzw. der Sozialhilfeträger

1 Inanspruchnahme der Pflegesachleistung

● Merke

Die Pflegesachleistung kann nur durch zugelassene ambulante Dienste oder Einzelpflegekräfte erbracht werden und umfasst Hilfeleistungen bei der Körperpflege, Ernährung, Mobilität und hauswirtschaftlichen Versorgung sowie Leistungen der häuslichen Betreuung.

Pflegegeld

Die Pflege im häuslichen Bereich wird überwiegend von Personen ausgeübt, die dem Pflegebedürftigen nahe stehen, insbesondere von Familienangehörigen, aber auch Freunden, Bekannten oder Nachbarn. In diesen Fällen wird auf Antrag Pflegegeld gezahlt. Der Anspruch auf Pflegegeld setzt nach § 37 SGB XI voraus, dass der Pflegebedürftige mit dem Pflegegeld die erforderliche Grundpflege und hauswirtschaftliche Versorgung in geeigneter Weise selbst sicherstellt, d. h. er muss die notwendige Pflege auch tatsächlich erhalten.

Anspruchsberechtigt ist der **Pflegebedürftige**, nicht die pflegende Person. Der Pflegebedürftige kann entscheiden, wie er das an ihn gezahlte Pflegegeld verwendet. Er kann das Pflegegeld an die Pflegeperson weiterreichen, um dieser eine Anerkennung für die geleistete Pflege zukommen zu lassen und einen Anreiz zur Erhaltung der Pflegebereitschaft zu bieten. Mit dem Pflegegeld können auch die Aufwendungen für selbst beschaffte, mit den Pflegekassen nicht in vertraglichen Beziehungen stehende professionelle Kräfte (teilweise) bestritten werden. Wird die Pflege hingegen durch Pflegekräfte erbracht, die in einem Vertragsverhältnis zur Pflegekasse stehen, kann der Pflegebedürftige die Pflegesachleistung nach § 36 SGB XI beanspruchen.

Die **Höhe des Pflegeldes** ist abhängig vom Grad der Pflegebedürftigkeit. Das Pflegegeld beträgt pro Monat für Pflegebedürftige der Pflegestufe

- Pflegestufe I   244 €,
- Pflegestufe II   458 €,
- Pflegestufe III   728 €.

Pflegebedürftige mit erheblich eingeschränkter Alltagskompetenz i. S. des § 45 a SGB XI erhalten seit 1. 1. 2013 gemäß § 123 SGB XI **verbesserte Pflegeleistungen** (siehe unten). Danach wird nunmehr auch an Personen mit „Pflegestufe 0" ein Pflegegeld von monatlich 123 € gezahlt. Pflegebedürftige der Pflegestufen I und II können erhöhtes Pflegegeld von 316 € bzw. 545 € beanspruchen.

Trotz **Unterbrechung der häuslichen Pflege** wird das Pflegegeld in den ersten vier Wochen einer vollstationären Krankenhausbehandlung, einer stationären Leistung in einer Vorsorge- oder Rehabilitationseinrichtung oder einer häuslichen Krankenpflege nach § 37 SGB V mit Anspruch auf Grundpflege und hauswirtschaftliche Versorgung weiter gezahlt (§ 34 Abs. 2 Satz 2 SGB XI).

Pflegebedürftige, die Pflegegeld beziehen, sind gemäß § 37 Abs. 3 SGB XI verpflichtet, in regelmäßi-

gen Abständen einen **Beratungseinsatz** abzurufen. Ausgeführt wird der Einsatz in der Regel durch einen ambulanten Pflegedienst, mit dem die Pflegekassen einen Versorgungsvertrag nach § 72 SGB XI abgeschlossen haben. Die Verpflichtung zur Abrufung der Beratungseinsätze besteht für Pflegegeldbezieher der Stufen I und II einmal halbjährlich, für Pflegegeldbezieher der Stufe III einmal vierteljährlich. Zweck der Beratungseinsätze ist in erster Linie, die Qualität der häuslichen Pflege zu sichern. Es wird überprüft, ob der Pflegegeldbezieher die benötigte Pflege tatsächlich erhält. Die Kosten eines Beratungseinsatzes von 22 € (bei Pflegestufe I und II) bzw. 32 € (bei Pflegestufe III) trägt die Pflegekasse.

1 Zahlung von Pflegegeld

Mit der Durchführung des Beratungseinsatzes kann der Pflegebedürftige einen ambulanten Pflegedienst seiner Wahl beauftragen. Die Durchführung des Beratungseinsatzes ist gegenüber der Pflegekasse zu bestätigen (§ 37 Abs. 4 Satz 1 SGB XI). Ruft der Pflegegeldempfänger den gesetzlich vorgeschriebenen Beratungseinsatz nicht ab, ist nach § 37 Abs. 6 SGB XI das **Pflegegeld zu kürzen** und im Wiederholungsfall ganz zu entziehen.

● Merke

Stellt der Pflegebedürftige die erforderliche Pflege selbst in geeigneter Weise sicher (z. B. Pflege durch Familienangehörige), zahlt ihm die Pflegeversicherung ein monatliches Pflegegeld.

Kombinationsleistung

In den meisten Fällen entscheiden sich Pflegebedürftige entweder für die Pflegesachleistung nach § 36 SGB XI oder für das Pflegegeld nach § 37 SGB XI. Möglich ist aber auch die Kombination der beiden Leistungen. Die **Kombination von Pflegesachleistung und Pflegegeld** bietet sich an, wenn der Pflegebedürftige sowohl von professionellen Kräften als auch von ihm nahestehenden Personen gepflegt wird. Nach § 38 SGB XI wird Pflegegeld neben der Pflegesachleistung jedoch nur gezahlt, soweit der gemäß § 36 SGB XI bestehende Anspruch auf die Pflegesachleistung nicht voll ausgeschöpft wird. Der Pflegebedürftige erhält in diesen Fällen von der Pflegekasse zusätzlich noch **anteiliges Pflegegeld**. Hinsichtlich der Kombinationsleistung ist zunächst der prozentuale Anteil der nur teilweise in Anspruch genommenen Pflegesachleistung nach § 36 SGB XI zu ermitteln. Das Pflegegeld wird anschließend um diesen Prozentsatz gekürzt (§ 38 Satz 2 SGB XI).

Praxisfall

Ein Pflegebedürftiger der Stufe II nimmt die Pflegesachleistung nach § 36 SGB XI nicht in voller Höhe (1.144 € monatlich), sondern nur in Höhe von 858 € pro Kalendermonat in Anspruch. Dies entspricht 75 % der Pflegesachleistung für Pflegestufe II. Das an den Pflegebedürftigen zusätzlich zu zahlende Pflegegeld wird somit nach § 38 SGB XI um 75 % gekürzt. Der Pflegebedürftige kann also noch 25 % des Pflegegeldes beanspruchen, das bei Stufe II gezahlt wird. Er erhält damit monatlich ein Pflegegeld in Höhe von 114,50 € (= 25 % von 458 €).

In welchem Verhältnis der Pflegebedürftige die Pflegesachleistung und das Pflegegeld kombiniert, steht in seinem Belieben. Das Gesetz schreibt hinsichtlich der monatlichen Inanspruchnahme der Pflegesachleistung keine Mindesthöhe vor. Erfüllt der Pflegebedürftige die Voraussetzungen des § 45a SGB XI, sind bei Anwendung der Kombinationsregelung nach § 38 SGB XI die erhöhten Leistungsbeträge für Pflegegeld und Pflegesachleistungen nach § 123 SGB XI zugrunde zu legen (siehe unten).

Zusätzliche Leistungen für Pflegebedürftige in ambulant betreuten Wohngruppen

Die Regelung des § 38a SGB XI wurde durch das Pflege-Neuausrichtungs-Gesetz vom 23.10.2012 neu eingefügt. Sind die Voraussetzungen des § 38a SGB XI erfüllt, erhält jeder in einer ambulant betreuten Wohngruppe lebende Pflegebedürftige neben den sonstigen Leistungen bei häuslicher Pflege einen pauschalen **Zuschlag in Höhe von 205 €** monatlich. Der Anspruch nach § 38a SGB XI setzt voraus, dass mindestens drei Bewohner der Wohngruppe Leistungen nach dem SGB XI beziehen. Der monatliche Zuschlag von 205 € ist dafür bestimmt, eine von den Wohngruppenmitgliedern beauftragte Person zu finanzieren, die allgemeine organisatorische, verwaltende, betreuende oder das Gemeinschaftsleben fördernde Tätigkeiten verrichtet oder hauswirtschaftliche Unterstützung leistet.

Ersatzpflege bei Verhinderung der Pflegeperson

Ist die Pflegeperson, die den Pflegebedürftigen nicht erwerbsmäßig pflegt, wegen Urlaub, Krankheit oder aus sonstigen Gründen (z. B. berufsbedingte Gründe, Erkrankung von nahen Angehörigen der Pflegeperson) vorübergehend an der Pflege gehindert, übernimmt die Pflegekasse nach § 39 SGB XI die Kosten einer notwendigen Ersatzpflege. Voraussetzung für den Anspruch, der im Übrigen nicht der Pflegeperson, sondern dem Pflegebedürftigen zusteht, ist, dass die Pflegeperson den Pflegebedürftigen vor der **erstmaligen Verhinderung** mindestens **sechs Monate** in seiner häuslichen Umgebung gepflegt hat (§ 39 Abs. 1 Satz 2 SGB XI). Bei einem weiteren Verhinderungsfall ist nicht mehr erforderlich, dass die Pflegeperson wiederum sechs Monate gepflegt haben muss.

Der Anspruch nach § 39 SGB XI ist sowohl zeitlich als auch der Höhe nach begrenzt. So wird Ersatzpflege für längstens **sechs Wochen je Kalenderjahr** gewährt. Darüber hinaus übernehmen die Pflegekassen in allen drei Pflegestufen Kosten bis zu **1.612 € pro Kalenderjahr**. Wird der Anspruch auf Kurzzeitpflege nach § 42 SGB XI (siehe 3.3.4) nicht voll ausgeschöpft, kann sich der Leistungsbetrag nach § 39 Abs. 3 SGB XI um bis zu 806 € auf insgesamt 2.418 € im Kalenderjahr erhöhen. Sobald die zeitliche oder die betragsmäßige Obergrenze erreicht ist, kann Ersatzpflege erst wieder im folgenden Kalenderjahr beansprucht werden.

Hat z.B. ein Pflegebedürftiger den Höchstbetrag für die Ersatzpflege bereits nach drei Wochen aufgebraucht, ist der Anspruch für das laufende Jahr erschöpft. Die Ersatzpflege muss jedoch nicht unbedingt an mehreren aufeinander folgenden Tagen, sondern kann bei nur stundenweiser Verhinderung der Pflegeperson im Laufe eines Kalenderjahres auch jeweils nur an einzelnen Tagen in Anspruch genommen werden. In diesem Fall erfolgt eine Anrechnung nur auf den Höchstbetrag, hingegen nicht auf die Höchstdauer von sechs Wochen. Ersatzpflege bis zur Höhe von 1.612 € bzw. 2.418 € und für längstens sechs Wochen je Kalenderjahr können seit 1.1.2013 nach § 123 Abs. 2 SGB XI auch Pflegebedürftige der „Pflegestufe 0" beanspruchen, die die Voraussetzungen des § 45a SGB XI erfüllen (siehe unten).

Der Pflegebedürftige kann bestimmen, wie die Ersatzpflege durchgeführt werden soll. So kann während der Zeit der Verhinderung der Pflegeperson eine andere Pflegeperson die Pflege ausüben oder eine professionelle Kraft mit der Pflege beauftragt werden. Es besteht auch die Möglichkeit, dass die Ersatzpflege außerhalb der Wohnung des Pflegebedürftigen in einer stationären Einrichtung erbracht wird.

Wird die Ersatzpflege durch Pflegepersonen geleistet, die mit dem Pflegebedürftigen nicht bis zum zweiten Grade verwandt oder verschwägert sind und nicht mit ihm in häuslicher Gemeinschaft leben, kann der Anspruch nach § 39 SGB XI bis zum Höchstbetrag von 1.612 € bzw. 2.418 € **Vergütungen** umfassen, die der Pflegebedürftige für die geleistete Ersatzpflege an die Pflegeperson zahlt.

◯ Praxisfall

Die Ersatzpflege wird bei einem Pflegebedürftigen der Stufe II für 20 Tage von einem Bekannten durchgeführt. Der Pflegebedürftige zahlt ihm hierfür eine Vergütung von 1.000 €. Zusätzlich weist der Bekannte Fahrkosten in Höhe von 50 € nach.
Die Pflegekasse des Pflegebedürftigen übernimmt nach § 39 SGB XI die an die Pflegeperson gezahlte Vergütung (1.000 €) und die Fahrkosten (50 €), so dass sich ein Gesamterstattungsbetrag von 1.050 € ergibt.

Ein Anspruch auf Ersatzpflege kann auch dann bestehen, wenn der Pflegebedürftige die Pflegesachleistung nach § 36 SGB XI in voller Höhe erhält, daneben aber noch von einer nicht erwerbsmäßig tätigen Pflegeperson (z.B. einem Familienangehörigen) gepflegt wird. Fällt diese Pflegeperson vorübergehend aus, wird zusätzlich zur Pflegesachleistung nach § 36 SGB XI Ersatzpflege nach § 39 SGB XI geleistet. Dagegen wird nach § 37 Abs. 2 Satz 2 SGB XI für die Dauer der Ersatzpflege nur die **Hälfte des bisher bezogenen Pflegegeldes** gezahlt. Für den ersten und letzten Tag der Ersatzpflege steht dem Pflegebedürftigen aber noch ungekürztes Pflegegeld zu. Wird die Ersatzpflege nicht an mehreren aufeinander folgenden Tagen, sondern nur an einzelnen Tagen für jeweils weniger als acht Stunden in Anspruch genommen, erfolgt keine Kürzung des Pflegegeldes.

Pflegehilfsmittel

Ergänzend zu den sonstigen Leistungen bei häuslicher Pflege, insbesondere zum Pflegegeld bzw. zur Pflegesachleistung, besteht nach § 40 SGB XI Anspruch auf Versorgung mit Pflegehilfsmitteln, die zur Erleichterung der Pflege oder zur Linderung der Beschwerden des Pflegebedürftigen beitragen oder ihm eine selbstständigere Lebensführung ermöglichen. Leistungen nach § 40 SGB XI kommen seit 1.1.2013 gemäß § 123 Abs. 2 SGB XI auch für Pflegebedürftige der „Pflegestufe 0" in Betracht, die die Voraussetzungen des § 45a SGB XI erfüllen (siehe unten).

Der Anspruch nach § 40 SGB XI besteht nur, soweit die **Hilfsmittel** nicht wegen Krankheit oder Behinderung von der **Krankenversicherung** oder anderen zuständigen Leistungsträgern (z.B. Träger der gesetzlichen Unfallversicherung) zu gewähren sind. Schwierigkeiten bereitet in der Praxis die Abgrenzung von Pflegehilfsmitteln nach § 40 SGB XI und Hilfsmitteln nach § 33 SGB V. Während Pflegehilfsmittel nach § 40 SGB XI zur Erleichterung der Pflege beitragen sollen, sind Hilfsmittel, die (auch) der Krankenbehandlung oder dem Ausgleich einer Behinderung dienen, nach § 33 SGB V dem Leistungsbereich der Krankenversicherung zuzuordnen (siehe 2.3.1). Ein Hilfsmittel, das dem Pflegebedürftigen die aktive Teilnahme am gesellschaftlichen Leben ermöglicht, bezweckt den Ausgleich einer Behinderung und ist deshalb von der Krankenkasse zu gewähren. So fällt beispielsweise ein Rollstuhl, mit dessen Hilfe sich der Pflegebedürftige selbstständig fortbewegen kann, in die Leistungspflicht der Krankenversicherung. Die Abgrenzung von Hilfsmitteln nach § 33 SGB V einerseits und § 40 SGB XI andererseits ist u. a. deshalb von Bedeutung, weil Hilfsmittel nach § 33 SGB V – im Gegensatz zu den Pflegehilfsmitteln nach § 40 SGB XI – auch von Versicherten beansprucht werden können, die in stationären Einrichtungen versorgt werden.

In § 40 SGB XI wird zwischen **zum Verbrauch bestimmten Hilfsmitteln** und **technischen Hilfsmitteln unterschieden**.

Maßnahmen zur Wohnumfeldverbesserung

Nach Eintritt von Pflegebedürftigkeit lassen die Wohnverhältnisse eine häusliche Pflege oftmals nicht oder nur unter erschwerten Bedingungen zu. Um die Aufnahme in ein Pflegeheim zu verhindern, können die Pflegekassen nach § 40 Abs. 4 SGB XI an Pflegebedürftige im Sinne des SGB XI **Zuschüsse** für Maßnahmen zur Verbesserung des Wohnumfeldes gewähren. Die Zuschüsse ermöglichen, die Wohnung an die individuelle Pflegesituation anzupassen, so dass der Pflegebedürftige im häuslichen Bereich verbleiben kann. Leistungen der Pflegeversicherung nach § 40 Abs. 4 SGB XI können seit 1. 1. 2013 gemäß § 123 Abs. 2 SGB XI auch Pflegebedürftige der „Pflegestufe 0" erhalten, die die Voraussetzungen des § 45 a SGB XI erfüllen (siehe unten).

In § 40 Abs. 4 SGB XI wird nicht aufgeführt, welche Maßnahmen zur Verbesserung des Wohnumfeldes konkret in Betracht kommen. Ein Katalog möglicher wohnumfeldverbessernder Maßnahmen ist in dem Gemeinsamen Rundschreiben des GKV-Spitzenverbandes und der Verbände der Pflegekassen auf Bundesebene enthalten (Anlage 5 der Begutachtungs-Richtlinien, einzusehen unter www.mds-ev.de). In dem Katalog finden sich zahlreiche Bei-

spiele von zuschussfähigen Maßnahmen, wie etwa Einbau eines Treppenlifts, Installation von Rampen, Verbreiterung von Türen, Beseitigung von Türschwellen, Absenkung der Fenstergriffe, Einbau elektrischer Heizgeräte anstelle von Kohle- oder Holzöfen, Austausch der Badewanne durch eine Dusche, Installation behindertengerechter Armaturen, Verwendung von rutschhemmendem Bodenbelag, Veränderung der Höhe der Kücheneinrichtung, Schaffung einer mit dem Rollstuhl unterfahrbaren Kücheneinrichtung. Auch ein Umzug des Pflegebedürftigen (z. B. vom Obergeschoss ins Erdgeschoss) kann im Rahmen des § 40 Abs. 4 SGB XI bezuschusst werden.

1 Rollstuhlfahrer in barrierefreiem Bad

Die **Höhe des Zuschusses** darf nach § 40 Abs. 4 Satz 2 SGB XI einen Betrag von **4.000 € je Maßnahme** nicht übersteigen. Die Pflegekassen werten alle Maßnahmen, die zur Wohnumfeldverbesserung erforderlich sind, als einheitliche Verbesse-

---

2 Pflegehilfsmittel

Zum Verbrauch bestimmte Hilfsmittel	Technische Hilfsmittel
• z. B. saugende Bettschutzeinlagen, Desinfektionsmittel, Einmalhandschuhe • Anspruch besteht bis maximal 40 € im Monat	• z. B. Pflegebetten, Pflegebettenzubehör, Hausnotrufsysteme, Pflegehilfsmittel zur Körperpflege • ist leihweise Überlassung nicht möglich, Zuzahlung von 10 % der Kosten, höchstens 25 €

rungsmaßnahme, die je Pflegebedürftigen bis maximal 4.000 € bezuschusst wird. Soll z. B. eine Wohnung für Rollstuhlfahrer befahrbar gemacht werden, so stellen die Beseitigung aller Türschwellen, die Verbreiterung aller Türen, die Schaffung einer mit dem Rollstuhl unterfahrbaren Kücheneinrichtung und ggf. noch weitere notwendige Verbesserungsmaßnahmen eine zuschussfähige Maßnahme i. S. des § 40 Abs. 4 SGB XI dar. Ein erneuter Zuschuss kann jedoch gewährt werden, wenn sich die Pflegesituation ändert und deshalb weitere wohnumfeldverbessernde Maßnahmen erforderlich werden.

Anschubfinanzierung zur Gründung von ambulant betreuten Wohngruppen

Neben den Zuschüssen nach § 40 Abs. 4 SGB XI sieht der durch das Pflege-Neuausrichtungs-Gesetz vom 23. 10. 2012 eingefügte § 45 e SGB XI bei der Neugründung von ambulant betreuten Wohngruppen eine Anschubfinanzierung durch die Pflegeversicherung vor. Sind an der Neugründung mindestens drei Pflegebedürftige beteiligt, so erhält jeder einmalig einen **Betrag von bis zu 2.500 €** für die altersgerechte und barrierearme Umgestaltung der gemeinsamen Wohnung. Der Betrag wird zusätzlich zu den Leistungen nach § 40 Abs. 4 SGB XI gewährt, ist aber je neu gegründeter Wohngruppe auf 10.000 € begrenzt. Beantragt werden muss die Förderung innerhalb eines Jahres nach Vorliegen der Anspruchsvoraussetzungen. Der Anspruch auf die Anschubfinanzierung nach § 45 e SGB XI ist zeitlich befristet. Er endet mit Ablauf des Monats, in dem das für die Förderung vorgesehene Budget von 30 Mio. € erschöpft ist.

Zusätzliche Leistungen für Pflegebedürftige mit erheblichem allgemeinem Betreuungsbedarf

Die Leistungen für Pflegebedürftige mit erheblichem allgemeinem Betreuungsbedarf nach §§ 45 a, 45 b SGB XI nehmen innerhalb der Pflegeversicherung eine Sonderstellung ein. Ein allgemeiner Betreuungsbedarf, der in keinem Zusammenhang mit den Verrichtungen nach § 14 Abs. 4 SGB XI steht, bleibt zwar bei Feststellung der Pflegebedürftigkeit unberücksichtigt (siehe 3.2.3.). Pflegebedürftige mit demenzbedingten Fähigkeitsstörungen, geistigen Behinderungen oder psychischen Erkrankungen können jedoch **auf Antrag zusätzliche Leistungen** erhalten. Leistungsberechtigt sind nach § 45 a

Abs. 1 Satz 2 Nr. 1 SGB XI Pflegebedürftige der Stufen I, II oder III, die im häuslichen Bereich gepflegt werden und neben dem Hilfebedarf bei der Grundpflege und hauswirtschaftlichen Versorgung (§§ 14, 15 SGB XI) noch einen erheblichen Bedarf an allgemeiner Betreuung und Beaufsichtigung haben. Darüber hinaus können die Leistungen nach § 45 a Abs. 1 Satz 2 Nr. 2 SGB XI auch Personen beanspruchen, die einen Hilfebedarf im Bereich der Grundpflege und hauswirtschaftlichen Versorgung haben, der nicht das Ausmaß der Pflegestufe I erreicht.

Ein **erheblicher Beaufsichtigungs- und Betreuungsbedarf** liegt nach § 45 a SGB XI vor, wenn die Krankheit oder Behinderung dauerhaft zu einer erheblichen Einschränkung der Alltagskompetenz geführt hat. Dies hat der Gutachter des MDK oder der von der Pflegekasse beauftragte Gutachter anhand bestimmter, im Gesetz festgelegter Kriterien (z. B. Eigen- oder Fremdgefährdung, soziales Verhalten, Eigenantrieb / Eigenkompetenz, Störung des Tag- / Nacht-Rhythmus) zu überprüfen (vgl. im Einzelnen § 45 a Abs. 2 SGB XI).

1 Demenzkranker Mann

Pflegebedürftige, die die Voraussetzungen des § 45 a SGB XI erfüllen, können nach § 45 b Abs. 1 SGB XI einen **Grundbetrag von 104 €** monatlich oder einen **erhöhten Betrag von 208 €** monatlich beanspruchen. Ob der Grundbetrag oder der erhöhte Betrag geleistet wird, legt die Pflegekasse auf Empfehlung des MDK im Einzelfall fest. Näheres ist der „Richtlinie zur Feststellung von Personen mit eingeschränkter Alltagskompetenz und zur Bewertung des Hilfebedarfs" zu entnehmen (Anlage 2 der Begutachtungs-Richtlinien, einzusehen unter www.mds-ev.de).

Der **Betreuungs- und Entlastungsbetrag** in Höhe von 104 € oder 208 € monatlich ist gemäß § 45 b Abs. 1 Satz 5 und 6 SGB XI **zweckgebunden einzusetzen** für Tages- oder Nachtpflege in teilstationären Einrichtungen, vollstationäre Kurzzeitpflege, von zugelassenen ambulanten Pflegediensten erbrachte spezielle Hilfen der allgemeinen Anleitung und Betreuung oder Angebote der hauswirtschaftlichen Versorgung oder für sog. niedrigschwellige Betreuungsangebote (z. B. Familienentlastende Dienste, Betreuungsgruppen für demenziell erkrankte Menschen), die nach Landesrecht anerkannt sind. Der Betreuungs- und Entlastungsbetrag wird den Pflegebedürftigen nicht wie das Pflegegeld im Voraus ausbezahlt. Die entstandenen Aufwendungen für die Inanspruchnahme von Betreuungsleistungen werden vielmehr gegen Vorlage entsprechender Belege von der Pflegekasse erstattet. Wird der Betrag von 104 € oder 208 € in einem Monat nicht (vollständig) aufgebraucht, kann ihn der Leistungsberechtigte auch in den Folgemonaten des Kalenderjahres noch für Betreuungsleistungen einsetzen. Soweit der für ein Kalenderjahr zustehende Gesamtbetrag nicht voll ausgeschöpft wird, kann er in das folgende Kalenderhalbjahr übertragen werden (§ 45 b Abs. 2 Satz 2 SGB XI).

Pflegebedürftige der Pflegestufen I bis III erhalten den Betreuungs- und Entlastungsbetrag nach § 45 b Abs. 1 SGB XI neben den Leistungen nach §§ 36 bis 42 und § 45 e SGB XI. Für im häuslichen Bereich gepflegte Personen mit einem **Hilfebedarf unterhalb der Pflegestufe I** war in der Pflegeversicherung bislang ausschließlich der Anspruch nach § 45 b SGB XI vorgesehen. Seit 1.1.2013 stehen ihnen nach der durch das Pflege-Neuausrichtungs-Gesetz vom 23.10.2012 bis zur Einführung eines neuen Pflegebedürftigkeitsbegriffes angefügten Übergangsregelung des § 123 SGB XI weitere Leistungen zu. So können sie gemäß § 123 Abs. 2 SGB XI Pflegegeld nach § 37 SGB XI in Höhe von 123 € oder Pflegesachleistungen nach § 36 SGB XI in Höhe von 231 € monatlich, teilstationäre Pflege nach § 41 SGB XI bis zu einem Gesamtwert von 231 € monatlich sowie darüber hinaus auch die sonstigen Leistungen bei häuslicher Pflege nach §§ 38 a, 39, 40, 42 und 45 e SGB XI beanspruchen. Zudem sind in § 123 Abs. 3 und 4 SGB XI für Pflegebedürftige der Stufen I und II, die die Voraussetzungen des § 45 a SGB XI erfüllen, Leistungsverbesserungen vorgesehen. Sie erhalten seit 1.1.2013 erhöhtes Pflegegeld nach § 37 SGB XI bzw. erhöhte Pflegesachleistungen nach § 36 SGB XI und höhere Leistungen bei teilstationärer Pflege nach § 41 SGB XI.

3.3.4 Leistungen bei stationärer Pflege

Stationäre Pflege wird entweder als teilstationäre Pflege in Einrichtungen der Tages- oder Nachtpflege oder als Pflege in vollstationären Einrichtungen erbracht. Die vollstationäre Pflege wiederum kann als Kurzzeitpflege oder Dauerpflege durchgeführt werden. Etwa ein Drittel aller Pflegebedürftigen nimmt stationäre Pflege in Anspruch, die gemäß § 3 SGB XI gegenüber ambulanten Hilfen nachrangig ist.

① Leistungen nach §§ 45 a, 45 b SGB XI

Zusätzliche Leistungen bei häuslicher Pflege für Pflegebedürftige mit erheblich eingeschränkter Alltagskompetenz nach § 45 a SGB XI

Anspruch auf einen Grundbetrag von 104 € oder einen erhöhten Betrag von 208 € monatlich für Pflegebedürftige der Pflegestufen I bis III und der „Pflegestufe 0"	Anspruch auf erhöhte Pflegesachleistungen oder erhöhtes Pflegegeld sowie höhere Leistungen der teilstationären Pflege für Pflegebedürftige der Pflegstufen I und II	Anspruch auf Pflegesachleistungen, Pflegegeld, teilstationäre Pflege sowie Leistungen nach §§ 38 a, 39, 40, 42 und 45 e SGB XI für Pflegebedürftige der „Pflegestufe 0"

Bestandteile des Heimentgelts

Für die Pflege in stationären Pflegeeinrichtungen wird den Pflegebedürftigen von der Einrichtung monatlich ein Heimentgelt in Rechnung gestellt. Das Heimentgelt setzt sich zusammen aus

- Aufwendungen für stationäre Pflegeleistungen, soziale Betreuung und medizinische Behandlungspflege,
- Kosten für Unterkunft und Verpflegung,
- Investitionskosten,
- Zuschlägen für vereinbarte Zusatzleistungen,
- Vergütungszuschlägen für zusätzliche Betreuung und Aktivierung der Heimbewohner.

Im Wohn- und Betreuungsvertrag, der zwischen dem Pflegebedürftigen und dem Träger des Pflegeheims abzuschließen ist und den Vorgaben des Wohn- und Betreuungsvertragsgesetzes entsprechen muss, sind die vom Pflegeheim zu erbringenden Leistungen im Einzelnen zu beschreiben und die jeweiligen Entgelte hierfür gesondert anzugeben.

Wesentlicher Bestandteil des Heimentgelts sind die bis zu bestimmten Höchstbeträgen in die Leistungspflicht der Pflegeversicherung fallenden Aufwendungen für stationäre Pflegeleistungen, soziale Betreuung und medizinische Behandlungspflege. Die in stationären Einrichtungen erbrachten Pflegeleistungen umfassen vor allem Hilfen bei der Körperpflege, Ernährung und Mobilität. Zu den Maßnahmen der sozialen Betreuung gehören z. B. Hilfen zur Gestaltung des persönlichen Alltags, Hilfen zur Erledigung persönlicher Angelegenheiten, die Begleitung Sterbender. Die Übernahme der Kosten für vom Heimpersonal erbrachte Leistungen der medizinischen Behandlungspflege (z. B. Injektionen, Anlegen und Wechseln von Verbänden, Blutdruck- oder Blutzuckermessung, Verabreichen von Medikamenten) durch die Pflegekassen weicht von dem Grundsatz ab, dass die medizinische Behandlungspflege dem Leistungsbereich der gesetzlichen Krankenversicherung zuzuordnen ist (siehe auch 2.3.1).

Vergütet werden die stationären Pflegeleistungen, die soziale Betreuung sowie die medizinische Behandlungspflege nach Pflegesätzen. Art, Höhe und Laufzeit der Pflegesätze werden nach § 85 Abs. 1 und 2 SGB XI zwischen dem Pflegeheim und den Kostenträgern, das sind in erster Linie die Pfle-

gekassen und der für den Sitz des Pflegeheims zuständige Träger der Sozialhilfe, ausgehandelt. Die Pflegesätze müssen sich an dem Versorgungsaufwand orientieren, den der pflegebedürftige Heimbewohner nach Art und Schwere seiner Pflegebedürftigkeit benötigt. Dazu sind drei Pflegeklassen zu bilden, die den Pflegestufen des § 15 SGB XI entsprechen. Je höher der sich in der Pflegestufe ausdrückende Hilfebedarf ist, umso höher ist der an das Pflegeheim zu zahlende Pflegesatz.

Neben Pflege, sozialer Betreuung und medizinischer Behandlungspflege stellt die stationäre Pflegeeinrichtung den Pflegebedürftigen Unterkunft und Verpflegung. Für die Unterkunfts- und Verpflegungskosten („Hotelkosten") muss der Pflegebedürftige grundsätzlich selbst aufkommen; bei Hilfebedürftigkeit im Sinne des SGB XII der Sozialhilfeträger. Die Kostenträger vereinbaren mit dem Träger des Pflegeheims nach § 87 SGB XI die Entgelte für Unterkunft und Verpflegung, die für alle Heimbewohner nach einheitlichen Grundsätzen zu bemessen sind. Die Pflegestufe der Heimbewohner spielt in diesem Zusammenhang also keine Rolle. Mit dem nach § 87 SGB XI vereinbarten Entgelt, das für alle Kostenträger verbindlich ist, werden sämtliche Leistungen abgegolten, die für Unterkunft und Verpflegung der Pflegebedürftigen erforderlich sind.

1 Zimmer im Pflegeheim

Nach § 9 SGB XI sind die Länder für die Vorhaltung einer leistungsfähigen, zahlenmäßig ausreichenden und wirtschaftlichen pflegerischen Versorgungsstruktur verantwortlich. Den Ländern obliegt daher auch die finanzielle Förderung von Investitionskosten der Pflegeeinrichtungen (z. B. Anschaffungs-

oder Herstellungskosten von Gebäuden, Instandhaltungs- und Instandsetzungskosten, Mietkosten). Inwieweit die einzelnen Bundesländer Investitionsfördermittel bereitstellen, liegt in ihrem Ermessen. Ein Rechtsanspruch auf Investitionsförderung besteht für Pflegeeinrichtungen nicht. Soweit Investitionskosten durch öffentliche Fördermittel nicht hinreichend gedeckt werden, können die Pflegeeinrichtungen gemäß § 82 Abs. 3 SGB XI den nicht gedeckten Teil den Pflegebedürftigen gesondert in Rechnung stellen. Kann der Pflegebedürftige die ihm berechneten Investitionskosten aufgrund seiner Einkommens- und Vermögensverhältnisse nicht bestreiten, kommt hierfür der Träger der Sozialhilfe auf, wenn zwischen ihm und dem Pflegeheim eine entsprechende Vereinbarung getroffen wurde (§ 75 Abs. 5 Satz 3 SGB XII). Anstelle von Sozialhilfe sehen einige Bundesländer (z. B. Nordrhein-Westfalen) zur Deckung der bei vollstationärer Dauerpflege anfallenden Investitionskosten Pflegewohngeld vor.

Pflegeheime haben nach § 88 SGB XI die Möglichkeit, mit ihren Bewohnern bestimmte **Zusatzleistungen** zu vereinbaren, die über die notwendigen Leistungen hinausgehen. Für vereinbarte Zusatzleistungen dürfen den Pflegebedürftigen Zuschläge berechnet werden, die im Wohn- und Betreuungsvertrag gesondert ausgewiesen werden müssen. Als Zusatzleistungen kommen beispielsweise in Betracht Gourmetkost, größeres Zimmer, Bereitstellung eines Fahrzeugs mit Fahrer für persönliche Fahrten, Bewirtung von privaten Gästen und Ausrichtung persönlicher Feste, Zurverfügungstellen eines Gästezimmers. Für vereinbarte Zusatzleistungen nach § 88 SGB XI hat der Pflegebedürftige selbst aufzukommen. Die Kosten für Zusatzleistungen werden vom Träger der Sozialhilfe grundsätzlich nicht übernommen, da diese Leistungen über das Maß des Notwendigen hinausgehen.

Seit 1. 7. 2008 können stationäre Pflegeeinrichtungen gemäß § 87 b SGB XI für Heimbewohner **Vergütungszuschläge** erhalten, wenn die Einrichtungen für die Betreuung und Aktivierung dieser Heimbewohner über zusätzliches Betreuungspersonal verfügen. Der Vergütungszuschlag ist ausschließlich von der Pflegekasse oder dem privaten Versicherungsunternehmen zu tragen; die Heimbewohner und die Träger der Sozialhilfe dürfen mit den Vergütungszuschlägen weder ganz noch teilweise belastet werden (§ 87 b Abs. 2 SGB XI). Mit der Zahlung des Vergütungszuschlags von der Pflegekasse an die Pflegeeinrichtung hat der pflegebedürftige Heimbewohner nach § 87 b Abs. 2 Satz 4 SGB XI Anspruch auf Erbringung der zusätzlichen Betreuung und Aktivierung gegenüber der stationären Pflegeeinrichtung.

1 Zusammensetzung der Heimkosten bei stationärer Pflege

Bestandteile des Heimentgelts in stationären Pflegeeinrichtungen	Kostenträger
Aufwendungen für stationäre Pflegeleistungen, soziale Betreuung und medizinische Behandlungspflege (Vereinbarung von Pflegesätzen, deren Höhe von der Pflegestufe abhängt)	Pflegeversicherung (bis zu bestimmten Höchstbeträgen) Für über Leistungen der Pflegeversicherung hinausgehende Kosten Pflegebedürftiger (ggf. Sozialhilfeträger)
Kosten für Unterkunft und Verpflegung ("Hotelkosten")	Pflegebedürftiger (ggf. Sozialhilfeträger)
Investitionskosten	Förderung durch Bundesländer Für nicht geförderte Investitionskosten Pflegebedürftiger (ggf. Sozialhilfeträger)
Zuschläge für vereinbarte Zusatzleistungen	Pflegebedürftiger
Vergütungszuschläge für zusätzliche Betreuung und Aktivierung der Heimbewohner	Pflegeversicherung

Teilstationäre Pflege

Ergänzend zur häuslichen Pflege haben Pflegebedürftige nach § 41 SGB XI die Möglichkeit, teilstationäre Pflege in Anspruch zu nehmen. Teilstationäre Pflege wird geleistet, wenn die häusliche Pflege zu gewissen Zeiten am Tag bzw. in der Nacht nicht sichergestellt werden kann. Erbracht wird die teilstationäre Pflege als Sachleistung in **Einrichtungen der Tages- oder Nachtpflege**, die durch Versorgungsvertrag mit den Pflegekassen nach § 72 SGB XI zur Leistungserbringung zugelassen sind. Die teilstationäre Pflege kann sinnvoll sein, um die Pflegeperson zu entlasten oder ihr eine Erwerbstätigkeit zu ermöglichen. Der Anspruch nach § 41 SGB XI ist zeitlich nicht begrenzt; die Leistung kann nur vorübergehend oder auch dauerhaft gewährt werden.

1 Senioren in Tagespflege

Im Rahmen der teilstationären Pflege übernimmt die Pflegeversicherung die **pflegebedingten Aufwendungen** der Tages- oder Nachtpflege, die Aufwendungen der **sozialen Betreuung** sowie die Aufwendungen für die in der Einrichtung notwendigen Leistungen der **medizinischen Behandlungspflege**. Wie die sonstigen Leistungen der Pflegeversicherung, so ist auch der Anspruch auf teilstationäre Pflege der Höhe nach begrenzt. Die Leistungshöhe ist nach dem Grad der Pflegebedürftigkeit gestaffelt. Die Pflegekassen gewähren nach § 41 Abs. 2 SGB XI monatliche Leistungen für Pflegebedürftige der

- Pflegestufe I bis zu 468 €,
- Pflegestufe II bis zu 1.144 €,
- Pflegestufe III bis zu 1.612 €.

Pflegebedürftigen der Stufen I und II mit erheblich eingeschränkter Alltagskompetenz i. S. d. § 45 a SGB XI (siehe 3.3.3) stehen bei Inanspruchnahme von teilstationärer Pflege nach § 123 Abs. 3 und 4 SGB XI **erhöhte Leistungsbeträge** zu, nämlich 689 € monatlich bei Pflegestufe I und 1.298 € monatlich bei Pflegestufe II. Seit 1.1.2015 können nach § 123 Abs. 2 SGB XI auch Pflegebedürftige der „Pflegestufe 0", die die Voraussetzungen des § 45 a SGB XI erfüllen, teilstationäre Pflege bis zu einem Gesamtwert von 231 € monatlich beanspruchen.

Aufwendungen für die teilstationäre Pflege, die die von der Pflegeversicherung geleisteten **Höchstbeträge übersteigen**, werden ebenso wie die in der Tages- oder Nachtpflegeeinrichtung anfallenden Kosten für Unterkunft und Verpflegung sowie die Investitionskosten dem Pflegebedürftigen in Rechnung gestellt.

Die teilstationäre Pflege umfasst gemäß § 41 Abs. 1 Satz 2 SGB XI auch die **notwendige Beförderung** des Pflegebedürftigen von seiner Wohnung zur Einrichtung und zurück. Fahrkosten, die in diesem Zusammenhang entstehen, fallen unter die genannten Höchstbeträge.

Wird ein Pflegebedürftiger teilstationär gepflegt, so ist in der Zeit, die der Pflegebedürftige nicht in der Tages- oder Nachtpflegeeinrichtung verbringt, außerdem immer noch häusliche Pflege notwendig. Nach dem bis zum 31.12.2014 geltenden Recht belief sich der Gesamtanspruch bei **Kombination von teilstationärer Pflege und häuslicher Pflege** auf 150 % der jeweils als teilstationäre Pflege (§ 41 SGB XI) und Pflegesachleistung (§ 36 SGB XI) bzw. Pflegegeld (§ 37 SGB XI) vorgesehenen Werte. Wurde die Sach- oder Geldleistung bei häuslicher Pflege voll in Anspruch genommen, bestand somit noch ein hälftiger Anspruch auf teilstationäre Pflege. Durch das Erste Pflegestärkungsgesetz vom 17.12.2014 wurde § 41 SGB XI geändert. Pflegebedürftige können nunmehr die Tages- oder Nachtpflege in vollem Umfang in Anspruch nehmen, ohne dass eine Anrechnung auf die Leistungen bei häuslicher Pflege (§§ 36 bis 38 SGB XI) erfolgt.

● Merke

Pflegebedürftige, die teilstationäre Pflege in Anspruch nehmen, erhalten für die daneben notwendige häusliche Pflege noch Pflegesachleistungen oder Pflegegeld in jeweils voller Höhe.

Kurzzeitpflege

Der Pflegebedürftige hat unter den Voraussetzungen des § 42 Abs. 1 SGB XI Anspruch auf Kurzzeitpflege. Die Leistung tritt für eine gewisse Zeit an die Stelle der häuslichen Pflege. Sie wird in einer Einrichtung vollstationär erbracht. Kurzzeitpflege kommt in Betracht für eine Übergangszeit im Anschluss an eine stationäre Krankenhausbehandlung oder Rehabilitationsmaßnahme des Pflegebedürftigen oder in sonstigen Krisensituationen, in denen vorübergehend häusliche oder teilstationäre Pflege nicht möglich ist. Der Grund für die Krisensituation kann sowohl in der Person des Pflegebedürftigen (z. B. kurzfristiger erheblicher Anstieg des Pflegebedarfs) als auch in sonstigen Umständen der Pflegesituation (z. B. zeitweiser Ausfall der Pflegeperson) liegen.

Nach § 42 Abs. 2 SGB XI ist der Anspruch auf Kurzzeitpflege sowohl der Höhe nach als auch zeitlich begrenzt. Die Pflegekassen übernehmen in allen drei Pflegestufen Kosten für die Kurzzeitpflege nur bis zu einem Höchstbetrag von 1.612 € im Kalenderjahr. Darüber hinaus besteht der Anspruch für maximal vier Wochen pro Kalenderjahr. Ist der Höchstbetrag von 1.612 € oder die zeitliche Grenze von vier Wochen erreicht, kann Kurzzeitpflege erst wieder im folgenden Kalenderjahr gewährt werden. Im Rahmen der betragsmäßigen und zeitlichen Obergrenzen kann der Anspruch auf Kurzzeitpflege auch auf mehrere Zeiträume innerhalb eines Jahres aufgeteilt werden. Kurzzeitpflege können seit 1.1.2015 gemäß § 123 Abs. 2 SGB XI auch Pflegebedürftige der „Pflegestufe 0", die die Voraussetzungen des § 45a SGB XI erfüllen (siehe 3.3.3), in Anspruch nehmen.

Die Pflegekasse übernimmt nach § 42 Abs. 2 Satz 2 SGB XI die in der Kurzzeitpflegeeinrichtung anfallenden pflegebedingten Aufwendungen, Aufwendungen der sozialen Betreuung sowie Aufwendungen für Leistungen der medizinischen Behandlungspflege bis zum Höchstbetrag von 1.612 €. Ihren Kostenanteil rechnet die Pflegekasse unmittelbar mit der Kurzzeitpflegeeinrichtung ab. Die durch die Pflegeversicherung nicht gedeckten Kosten (z. B. für Unterkunft und Verpflegung) stellt die Einrichtung dem Pflegebedürftigen in Rechnung.

Da die Kurzzeitpflege in einer vollstationären Einrichtung erbracht wird, besteht während des Bezugs dieser Leistung grundsätzlich kein Anspruch auf Leistungen bei häuslicher Pflege. Für die Zeit, in der dem Pflegebedürftigen Kurzzeitpflege gewährt wird, erhält er gemäß § 37 Abs. 2 Satz 2 SGB XI aber noch die Hälfte des bisher bezogenen Pflegegeldes. Für den Aufnahme- und Entlassungstag wird von den Pflegekassen sogar ungekürztes Pflegegeld gezahlt.

Die Kurzzeitpflege nach § 42 SGB XI ähnelt in gewisser Weise der Ersatzpflege nach § 39 SGB XI (siehe 3.3.3); bei vorübergehendem Ausfall der Pflegeperson kommen beide Leistungen in Betracht. Beide Leistungen können somit im Laufe eines Kalenderjahres in Anspruch genommen werden. Hat ein Pflegebedürftiger also seinen Anspruch auf Ersatzpflege nach § 39 SGB XI bereits verbraucht, so kann ihm bei Erfüllung der Voraussetzungen des § 42 SGB XI zu einem späteren Zeitpunkt im Jahr noch Kurzzeitpflege gewährt werden. Soweit die Ersatzpflege nach § 39 SGB XI nicht in Anspruch genommen wird, kann sich der Leistungsbetrag nach § 42 SGB XI um bis zu 1.612 € auf insgesamt 3.224 € erhöhen. In diesem Falle verlängert sich auch der Zeitraum für die Inanspruchnahme der Kurzzeitpflege von vier auf acht Wochen..

●Merke

Kurzzeitpflege nach § 42 SGB XI und Ersatzpflege nach § 39 SGB XI bei vorübergehender Verhinderung der Pflegeperson schließen sich nicht gegenseitig aus, beide Leistungen können im Laufe eines Kalenderjahres in Anspruch genommen werden.

Vollstationäre Pflege

Nach § 43 SGB XI haben Pflegebedürftige Anspruch auf Pflege in vollstationären Einrichtungen, wenn häusliche oder teilstationäre Pflege nicht möglich ist oder wegen der Besonderheit des einzelnen Falles nicht in Betracht kommt. Die häusliche Pflege hat gemäß § 3 SGB XI Vorrang vor der stationären Pflege. Dieser Vorrang findet jedoch dort seine Grenze, wo eine angemessene Versorgung des Pflegebedürftigen im häuslichen Bereich nicht sichergestellt ist. Die Unmöglichkeit häuslicher Pflege kann sich aus der Schwere der Pflegebedürftigkeit ergeben. Bei Pflegebedürftigen der Pflegestufe III wird generell unterstellt, dass vollstationäre Pflege wegen Art, Häufigkeit und zeitlichem Umfang des Hilfebedarfs notwendig ist. Aber auch bei Pflegebedürftigen unterhalb der Stufe III kann vollstationäre Pflege erforderlich sein, wenn mögliche Pflegepersonen überhaupt nicht vorhanden sind, Pflegepersonen zur Ausübung der Pflege nicht bereit sind oder mit der Pflege überfordert wären.

① Versorgung pflegebedürftiger Menschen im Pflegeheim

Vollstationäre Pflege als Leistung der sozialen Pflegeversicherung darf nur in Pflegeheimen gewährt werden, die nach § 72 SGB XI durch Versorgungsvertrag mit den Pflegekassen zur Leistungserbringung zugelassen sind. Bei der vollstationären Pflege handelt es sich um eine Sachleistung, die durch die zugelassene Pflegeeinrichtung erbracht wird. Die Pflegekasse rechnet ihren Kostenanteil unmittelbar mit dem Pflegeheim ab. Unter den durch Versorgungsvertrag zur Leistungserbringung zugelassenen Pflegeheimen hat der Pflegebedürftige die Wahl. Mit dem von ihm ausgewählten Pflegeheim schließt der Pflegebedürftige einen Wohn- und Betreuungsvertrag ab, der den Vorgaben des Wohn- und Betreuungsvertragsgesetzes entsprechen muss.

Bei vollstationärer Pflege übernimmt die Pflegeversicherung die pflegebedingten Aufwendungen, die Aufwendungen der sozialen Betreuung und die Aufwendungen für Leistungen der medizinischen Behandlungspflege. Die entsprechenden Kosten werden von den Pflegekassen jedoch nicht

in voller Höhe getragen, vielmehr ist auch der Anspruch auf vollstationäre Pflege der Höhe nach begrenzt. Die Pflegekassen gewähren nach § 43 Abs. 2 SGB XI monatliche Leistungen von

- 1.064 € für Pflegebedürftige der Pflegestufe I,
- 1.330 € für Pflegebedürftige der Pflegestufe II,
- 1.612 € für Pflegebedürftige der Pflegestufe III,
- 1.995 € in besonderen Härtefällen (höchstens 5 % der vollstationär gepflegten Pflegebedürftigen mit Pflegestufe III dürfen als Härtefall anerkannt werden).

Die durchschnittlichen monatlichen Pflegesätze für die vollstationäre Pflege nach § 43 SGB XI betrugen 2011 bei Pflegestufe I 1.369 €, Pflegestufe II 1.811 € und Pflegestufe III 2.278 € (BARMER GEK, Pflegereport 2013, S. 122). Daraus wird deutlich, je höher die Pflegestufe eines Heimbewohners ist, umso größer wird die Differenz zwischen dem vom Pflegeheim berechneten Pflegesatz und den dem Heimbewohner aus der Pflegeversicherung zustehenden Leistungen. Wird der Heimbewohner einer höheren Pflegestufe zugeordnet, steigt somit der von ihm zu tragende Eigenanteil. Von Vorteil ist eine Höherstufung daher nur für das Pflegeheim, das dann einen höheren Pflegesatz berechnen kann. Nach § 87 a Abs. 2 SGB XI kann der Heimträger einen pflegebedürftigen Heimbewohner auffordern, die Zuordnung zu einer höheren Pflegestufe zu beantragen, wenn Anhaltspunkte bestehen, dass sich sein Gesundheitszustand verschlechtert hat.

●Merke

Auch bei vollstationärer Pflege sind die Leistungen der Pflegeversicherung der Höhe nach begrenzt. Für die durch die Leistungen der Pflegeversicherung nicht gedeckten Heimkosten muss der Pflegebedürftige bzw. die Sozialhilfe aufkommen.

3.3.5 Leistungen für Pflegepersonen

Die Pflege im häuslichen Bereich wird überwiegend von Personen ausgeübt, die dem Pflegebedürftigen nahe stehen, wie z. B. Familienangehörige, Freunde, Nachbarn. Zwar sieht die Pflegeversicherung in erster Linie Leistungen für Pflegebedürftige vor. Um die Pflegebereitschaft im häuslichen Bereich zu fördern und anzuerkennen, werden jedoch auch Pflegepersonen in das System des SGB XI einbezogen. So zahlt die Pflegekasse bzw. das privaten Versicherungsunternehmen des Pflegebedürftigen nach §44 SGB XI für die Pflegeperson **Rentenversicherungsbeiträge**. Außerdem werden Pflegepersonen nach §44 Abs.1 Satz 6 SGB XI, §2 Abs.1 Nr.17 SGB VII in den Schutz der **gesetzlichen Unfallversicherung** einbezogen. In §45 SGB XI ist vorgesehen, dass die Pflegekassen **Pflegekurse** für Pflegepersonen anbieten sollen. Der Anspruch auf Pflegegeld nach §37 SGB XI steht dagegen nicht der Pflegeperson, sondern dem Pflegebedürftigen zu.

Pflegepersonen sind Personen, die nicht erwerbsmäßig einen Pflegebedürftigen im Sinne des SGB XI, also mindestens der Pflegestufe I, in seiner häuslichen Umgebung pflegen (§ 19 Satz 1 SGB XI). Eine **nicht erwerbsmäßige Pflege** kann grundsätzlich unterstellt werden, wenn die Pflegetätigkeit durch Familienangehörige, Freunde oder Nachbarn des Pflegebedürftigen ausgeübt wird.

Die Zahlung von Rentenversicherungsbeiträgen für die Pflegeperson setzt voraus, dass diese den Pflegebedürftigen im Durchschnitt wenigstens **14 Stunden wöchentlich** pflegt. Dabei kann die erforderliche Mindeststundenzahl von 14 Wochenstunden auch durch Zusammenrechnung der Pflegezeiten bei mehreren Pflegebedürftigen mit den Stufen I bis III erfüllt werden.

3.3.6 Arbeitsfreistellung für nahe Angehörige eines Pflegebedürftigen

Sind nahe Angehörige eines Pflegebedürftigen erwerbstätig, haben sie die Möglichkeit, sich vorübergehend von der Arbeit freistellen zu lassen oder ihre Arbeitszeit zu reduzieren.

Inanspruchnahme von Pflegezeit

Am 1.7.2008 wurde die Pflegezeit für Angehörige eingeführt. Durch das Pflegezeitgesetz (PflegeZG) soll die Vereinbarkeit von Beruf und familiärer Pflege verbessert werden.

> ◯ **Info**
>
> Das Pflegezeitgesetz eröffnet nahen Angehörigen eines Pflegebedürftigen die Möglichkeit
>
> - bis zu 10 Arbeitstage der Arbeit fernzubleiben (kurzzeitige Arbeitsverhinderung)
> - sich bis zu 6 Monaten von der Arbeit vollständig oder teilweise freistellen zu lassen (Pflegezeit)

Nach §2 Abs.1 PflegeZG haben Beschäftigte das Recht, bis zu **zehn Arbeitstagen der Arbeit fernzubleiben**, wenn dies erforderlich ist, um für einen pflegebedürftigen nahen Angehörigen in einer akut aufgetretenen Pflegesituation eine bedarfsgerechte Pflege zu organisieren oder eine pflegerische

1 | Leistungen für Pflegepersonen

Zahlung von Rentenversicherungsbeiträgen	Unfallversicherungsschutz	Kostenfreie Pflegkurse
Die Höhe der Beiträge hängt von der Pflegestufe des Pflegebedürftigen sowie vom wöchentlichen Pflegeaufwand der Pflegeperson ab. Je höher die Pflegestufe des Pflegebedürftigen und die wöchentliche Pflege durch die Pflegeperson sind, desto höher sind die monatlich zu zahlenden Beiträge.	Der Versicherungsschutz in der gesetzlichen Unfallversicherung umfasst Pflegetätigkeiten in den Bereichen der Körperpflege, Ernährung, Mobilität und der hauswirtschaftlichen Versorgung.	Die Kursteilnehmer sollen Kenntnisse erwerben, die zur Pflegetätigkeit im häuslichen Bereich notwendig und hilfreich sind. Gegenstand der Kurse kann insbesondere die Vermittlung von Fertigkeiten für eine eigenständige Durchführung der Pflege sein.

Versorgung in dieser Zeit sicherzustellen. **Nahe Angehörige** sind z. B. Ehegatten, Eltern, Schwiegereltern, Großeltern, Kinder, Geschwister (vgl. im Einzelnen § 7 Abs. 3 PflegeZG). Pflegebedürftig i. S. von § 2 PflegeZG sind nach § 7 Abs. 4 Satz 2 PflegeZG auch Personen, die die Voraussetzungen nach §§ 14, 15 SGB XI voraussichtlich erfüllen, d. h. die Pflegebedürftigkeit muss noch nicht festgestellt sein. Der Beschäftigte hat nach § 2 Abs. 2 Satz 1 PflegeZG dem Arbeitgeber die Arbeitsverhinderung und deren voraussichtliche Dauer unverzüglich mitzuteilen. Außerdem ist dem Arbeitgeber gemäß § 2 Abs. 2 Satz 2 PflegeZG auf Verlangen eine ärztliche Bescheinigung über die Pflegebedürftigkeit des nahen Angehörigen und die Erforderlichkeit der Arbeitsverhinderung vorzulegen.

Beschäftigte, die einen pflegebedürftigen nahen Angehörigen i. S. des § 7 Abs. 3 PflegeZG in häuslicher Umgebung pflegen wollen, haben gemäß §§ 3, 4 Abs. 1 Satz 1 PflegeZG Anspruch auf vollständige oder teilweise **Freistellung von der Arbeit bis zur Dauer von sechs Monaten.** Wer Pflegezeit beanspruchen will, muss dies gemäß § 3 Abs. 3 Satz 1 PflegeZG dem Arbeitgeber spätestens zehn Arbeitstage vor Beginn schriftlich ankündigen und gleichzeitig erklären, für welchen Zeitraum und in welchem Umfang die Freistellung von der Arbeitsleistung in Anspruch genommen werden soll. Außerdem ist die Pflegebedürftigkeit (§§ 14, 15 SGB XI) des nahen Angehörigen nach § 3 Abs. 2 PflegeZG durch eine Bescheinigung der Pflegekasse oder des MDK nachzuweisen. Während die kurzzeitige Arbeitsverhinderung nach § 2 PflegeZG nicht von der Betriebsgröße abhängt, besteht der Anspruch auf Pflegezeit nach § 3 PflegeZG nur gegenüber Arbeitgebern mit mehr als 15 Beschäftigten (§ 3 Abs. 1 Satz 2 PflegeZG).

Der Beschäftigte kann die Pflegezeit nach §§ 3, 4 PflegeZG für die Pflege ein und desselben nahen Angehörigen nur einmal in Anspruch nehmen. Auch darf der maximal sechsmonatige Pflegezeitanspruch pro pflegebedürftigem nahen Angehörigen nicht auf mehrere Zeitabschnitte aufgeteilt werden. Eine erneute Freistellung von der Arbeit kann der Beschäftigte aber verlangen, wenn er nunmehr einen anderen nahen Angehörigen pflegt. Es ist auch nicht ausgeschlossen, dass mehrere Beschäftigte für die Pflege eines nahen Angehörigen Pflegezeit beanspruchen.

1　Pflege durch nahe Angehörige

Erhält ein Beschäftigter, der die kurzzeitige Arbeitsverhinderung nach § 2 PflegeZG in Anspruch nimmt, von seinem Arbeitgeber keine Lohnfortzahlung, ist ihm von der Pflegekasse des Pflegebedürftigen nach § 44 a Abs. 3 SGB XI ein **Pflegeunterstützungsgeld** für bis zu insgesamt zehn Arbeitstage zu zahlen. Das Pflegeunterstützungsgeld beträgt 90 % des ausgefallenen Nettoarbeitsentgelts. Hingegen sind während der Inanspruchnahme von Pflegezeit nach §§ 3, 4 PflegeZG keine staatlichen Lohnersatzleistungen vorgesehen. Auf Antrag wird jedoch ein zinsloses Darlehen gewährt, um den Lebensunterhalt der pflegenden Person für die Dauer der Pflegezeit sicherzustellen (siehe unten Ausführungen zur Familienpflegezeit). Auch besteht nach § 5 PflegeZG von der Ankündigung der Pflegezeit – höchstens jedoch 12 Wochen vor dem angekündigten Beginn – bis zur Beendigung der Pflegezeit Kündigungsschutz.

Inanspruchnahme von Familienpflegezeit

Das seit 1. 1. 2012 geltende Familienpflegezeitgesetz (FPfZG) schafft eine weitere Möglichkeit, Beruf und Pflege besser in Einklang bringen zu können. Nach § 2 Abs. 1 FPfZG können Beschäftigte, die einen pflegebedürftigen nahen Angehörigen in häuslicher Umgebung pflegen, ihre Arbeitszeit für eine Dauer von bis zu 24 Monaten verringern. Die verringerte Arbeitszeit muss wöchentlich mindestens 15 Stunden betragen. Hinsichtlich der Angehörigen, die während der Familienpflegezeit gepflegt werden können, gelten nach § 2 Abs. 3 FPfZG die

Bestimmungen des § 7 PflegeZG entsprechend. Nach dem bis zum 31.12.2014 geltenden Recht bestand auf die Familienpflegezeit kein Rechtsanspruch. Vielmehr musste die Familienpflegezeit zwischen dem Beschäftigten und seinem Arbeitgeber schriftlich vereinbart werden. Durch das Gesetz zur besseren Vereinbarkeit von Familie, Pflege und Beruf vom 23.12.2014 wurde das Familienpflegezeitgesetz mit Wirkung vom 1.1.2015 umfassend reformiert. Nunmehr besteht bei Erfüllung der gesetzlichen Voraussetzungen in Betrieben mit in der Regel mehr als 25 Beschäftigten ein **Rechtsanspruch auf Familienpflegezeit**. Die Inanspruchnahme von Familienpflegezeit muss dem Arbeitgeber spätestens acht Wochen vor dem gewünschten Beginn schriftlich angekündigt werden (§ 2a Abs. 1 Satz 1 FPfZG). Arbeitgeber und Beschäftigte haben nach § 2a Abs. 2 Satz 1 FPfZG über die Verringerung und Verteilung der Arbeitszeit eine schriftliche Vereinbarung zu treffen.

Beschäftigte, die Familienpflegezeit in Anspruch nehmen, können nach § 3 FPfZG ein **zinsloses Darlehen** beim Bundesamt für Familie und zivilgesellschaftliche Aufgaben beantragen, um den durch die Familienpflegezeit entstehenden Verdienstausfall aufzufangen. Das Darlehen wird in monatlichen Raten ausgezahlt und deckt die Hälfte des durch die Arbeitszeitreduzierung ausgefallenen Nettoentgelts ab. Nach dem Ende der Familienpflegezeit muss das Darlehen in monatlichen Raten wieder zurückgezahlt werden (vgl. §§ 6, 7 FPfZG).

○ **Praxisfall**

Ein Beschäftigter nimmt Familienpflegezeit für die mögliche Höchstdauer von 24 Monaten in Anspruch und verringert seine Arbeitszeit von 100 % auf 50 %. Vor der Inanspruchnahme von Familienpflegezeit hat der Beschäftigte 2.500 € netto monatlich verdient. Aufgrund der auf 50 % verringerten Arbeitszeit erhält er nunmehr ein monatliches Nettoarbeitsentgelt von 1.500 €. Auf Antrag ist dem Beschäftigten während der Dauer der Familienpflegezeit ein zinsloses Darlehen in Höhe von 500 € monatlich zu gewähren. Nach dem Ende der Familienpflegezeit hat der Beschäftigte das Darlehen grundsätzlich innerhalb von zwei Jahren in monatlichen Raten zurückzuzahlen.

Bei **vorzeitiger Beendigung der häuslichen Pflege**, z.B. durch Tod oder Heimaufnahme des pflegebedürftigen nahen Angehörigen, endet die Familienpflegezeit gemäß § 2a Abs. 5 FPfZG vier Wochen nach Eintritt der veränderten Umstände. Der Beschäftigte hat dem Arbeitgeber die Beendigung der häuslichen Pflege des nahen Angehörigen unverzüglich mitzuteilen. Während der Familienpflegezeit besteht für den Beschäftigten Kündigungsschutz (§ 2 Abs. 3 FPfZG i.V.m. § 5 PflegeZG).

1 Familienpflegezeitvereinbarung

Berufstätige Angehörige eines Pflegebedürftigen haben auch die Möglichkeit, Pflegezeit und Familienpflegezeit miteinander zu kombinieren. Die Gesamtdauer von Pflegezeit und Familienpflegezeit darf jedoch nach § 2 Abs. 2 FPfZG höchstens 24 Monate je pflegebedürftigen nahen Angehörigen betragen.

● **Merke**

Um die Vereinbarkeit von Beruf und Pflege zu verbessern, haben nahe Angehörige des Pflegebedürftigen die Möglichkeit, sich zur Pflege nach dem Pflegezeitgesetz bis zu sechs Monate von der Arbeit vollständig oder teilweise freistellen zu lassen oder nach dem Familienpflegezeitgesetz bis zur Dauer von 24 Monaten ihre Arbeitszeit bis auf 15 Stunden wöchentlich zu reduzieren.

1. Welche Voraussetzungen müssen nach dem SGB XI für die Einstufung in die Pflegestufe I erfüllt sein?

2. Erläutern Sie die Unterschiede zwischen der Pflegesachleistung und dem Pflegegeld bei häuslicher Pflege. Können die beiden Leistungen auch miteinander kombiniert werden?

3. Die fast blinde Frau A. ist in Pflegestufe II eingestuft. Sie erhält in ihrer Wohnung von einem ambulanten Pflegedienst u. a. Hilfe beim Aufstehen und Zubettgehen, An- und Auskleiden sowie bei der Körperpflege. Außerdem verabreichen ihr Mitarbeiter des ambulanten Dienstes regelmäßig ärztlich verordnete Injektionen und überwachen die Medikamentengabe. Wer übernimmt die Kosten für die vom ambulanten Dienst erbrachten Leistungen?

4. Wie unterscheiden sich die Hilfsmittel der gesetzlichen Krankenversicherung von den Pflegehilfsmitteln der Pflegeversicherung?

5. Herr D. ist in Pflegestufe I eingestuft und wird seit etwa zwei Jahren zu Hause von seiner Frau gepflegt. Die Pflegeversicherung zahlt Pflegegeld. Frau D. kann aufgrund einer Erkrankung für drei Wochen die Pflege nicht ausüben. Welche Leistungen nach dem SGB XI kommen während des krankheitsbedingten Ausfalls von Frau D. in Betracht?

6. Der 46-jährige Herr K. ist nach einem Unfall, den er in seiner Freizeit erlitten hat, querschnittsgelähmt und auf einen Rollstuhl angewiesen. Er erhält von der Pflegekasse Leistungen nach der Pflegestufe II. Um seine von ihm allein bewohnte Eigentumswohnung befahrbar zu machen, sind verschiedene Umbaumaßnahmen durchzuführen, u. a. die Beseitigung aller Türschwellen, die Verbreiterung der Türen, die Schaffung einer mit dem Rollstuhl unterfahrbaren Kücheneinrichtung. In welcher Höhe können die Umbaumaßnahmen von der Pflegekasse bezuschusst werden?

7. Welche Leistungen der Pflegeversicherung können demenziell erkrankte Menschen erhalten, deren Pflegebedarf unterhalb der Pflegestufe I bleibt?

8. Frau S., die in einem Pflegeheim versorgt wird, ist in die Pflegestufe II eingestuft. Die monatlichen Heimkosten belaufen sich auf 3.200 €. Davon entfallen 2.100 € auf pflegebedingte Aufwendungen, 600 € auf Unterkunft und Verpflegung und 500 € auf Investitionskosten. Wer übernimmt die Heimkosten?

9. Herr W. (Pflegestufe I) wird an bestimmten Wochentagen in einer Tagespflegeeinrichtung betreut. Seine Pflegekasse übernimmt 468 € der monatlichen Kosten. Kann Herr W. für die neben der Tagespflege anfallende häusliche Pflege Pflegesachleistungen bzw. Pflegegeld beanspruchen? Wenn ja, in welcher Höhe?

10. Welche Leistungen sieht das Gesetz für Pflegepersonen vor?

11. Welche Möglichkeiten sieht das Gesetz für Erwerbstätige vor, die ihre Arbeitszeit reduzieren möchten, um pflegebedürftige nahe Angehörige zu pflegen?

7 Leistungen der Sozialhilfe

1 Allgemeines

Die Sozialhilfe ist eine Hilfe zur Bewältigung von Notlagen. Ihre Aufgabe ist es, dem Empfänger der Hilfe die Führung eines Lebens zu ermöglichen, das der Würde des Menschen entspricht. Gesetzliche Grundlage der Sozialhilfe ist das Zwölfte Buch Sozialgesetzbuch (SGB XII).

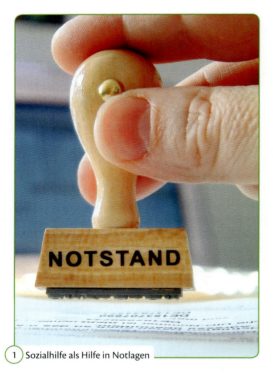

1 Sozialhilfe als Hilfe in Notlagen

Zuständig für Leistungen der Sozialhilfe sind nach § 97 Abs. 1 SGB XII grundsätzlich die örtlichen Träger der Sozialhilfe. Dies sind die kreisfreien Städte und die Landkreise (§ 3 Abs. 2 Satz 1 SGB XII). Für bestimmte Aufgabengebiete ist der überörtliche Träger der Sozialhilfe zuständig (vgl. § 97 Abs. 3 SGB XII). Den überörtlichen Träger der Sozialhilfe bestimmen nach § 3 Abs. 3 SGB XII die einzelnen Bundesländer.

Erbracht wird die Sozialhilfe in Form von Geld- oder Sachleistungen.

Um Sachleistungen handelt es sich z. B., wenn einem Hilfeempfänger Pflege durch einen ambulanten Dienst oder im Pflegeheim gewährt wird. Die Hilfe kann auch in persönlicher Hilfe (z. B. Beratung) bestehen.

Rechtmäßig geleistete Sozialhilfe muss vom Hilfeempfänger grundsätzlich nicht zurückgezahlt werden. Nur in Ausnahmefällen sieht das Gesetz die Möglichkeit vor, die Sozialhilfe als Darlehen zu bewilligen.

Die Sozialhilfe dient als „Auffangnetz" für Personen, die aus anderen, vorrangigen Sozialleistungssystemen keine oder keine ausreichenden Leistungen erhalten. Geprägt wird die Sozialhilfe durch das Nachrangprinzip des § 2 SGB XII. Danach ist Sozialhilfe nachrangig gegenüber

- Möglichkeiten zur Selbsthilfe, wozu vor allem der Einsatz von Einkommen und Vermögen zählt,
- Leistungen anderer Sozialleistungsträger,
- Leistungen unterhaltspflichtiger Angehöriger.

Vorrang vor der Sozialhilfe haben auch die Leistungen der Pflegeversicherung. Da die Pflegeversicherung aber nur bis zu bestimmten, gesetzlich festgelegten Höchstbeträgen leistet, reichen ihre Leistungen vielfach nicht aus, um den bestehenden Pflege- und Betreuungsbedarf voll abzudecken.

Können der Pflegebedürftige und ggf. seine Angehörigen aufgrund ihrer finanziellen Mittel nicht für die entstehenden Pflegekosten aufkommen, ergänzt die Sozialhilfe die Leistungen der Pflegeversicherung und übernimmt die anfallenden Restkosten.

Ergänzende Sozialhilfeleistungen werden insbesondere Pflegebedürftigen gewährt, die in Pflegeheimen versorgt werden.

2 Einsatz von Einkommen und Vermögen

Aus dem Nachrangprinzip des § 2 SGB XII folgt, dass Sozialhilfe grundsätzlich nur bei Bedürftigkeit des Hilfesuchenden gewährt wird. Vor Bewilligung von Sozialhilfeleistungen wird deshalb Einkommen und Vermögen des Hilfesuchenden geprüft.

1 Armer Mann

Im Rahmen der Prüfung der Hilfebedürftigkeit ist auch Einkommen und Vermögen von Familienangehörigen zu berücksichtigen, die mit dem Hilfesuchenden eine sog. Einsatzgemeinschaft bilden. Zur Einsatzgemeinschaft gehören der nicht getrennt lebende Ehegatte des Hilfesuchenden sowie die Eltern eines minderjährigen und unverheirateten Hilfesuchenden (vgl. §§ 19 Abs. 3, 27 Abs. 2, 43 Abs. 1 SGB XII).

Personen, die in eheähnlicher oder lebenspartnerschaftsähnlicher Gemeinschaft leben, dürfen gemäß § 20 SGB XII hinsichtlich der Voraussetzungen sowie des Umfangs der Sozialhilfe nicht besser gestellt werden als Ehegatten. Daher sind bei einer eheähnlichen Gemeinschaft Einkommen und Vermögen beider Partner in die Bedürftigkeitsprüfung einzubeziehen.

Als Einkommen werden nach § 82 Abs. 1 SGB XII alle Einkünfte in Geld oder Geldeswert angesehen. Bestimmte Beträge wie z. B. Steuern, Sozialversicherungsbeiträge oder Beiträge für eine private Kranken- und Pflegeversicherung sind gemäß § 82 Abs. 2 SGB XII vom Einkommen abzusetzen. Ausnahmsweise nicht als Einkommen in der Sozialhilfe zu berücksichtigen sind z. B. Pflegegeld, Blindengeld, Grundrenten nach dem Bundesversorgungsgesetz.

Neben dem Einkommen muss der Hilfesuchende in der Sozialhilfe auch sein Vermögen einsetzen. Zum Vermögen gehören z. B. Sparguthaben, Aktien, Lebensversicherungen, Bausparverträge, Haus- und Grundbesitz, Kraftfahrzeuge. Beim Vermögen darf jedoch nur der Einsatz des verwertbaren Vermögens verlangt werden (§ 90 Abs. 1 SGB XII). Außerdem müssen die in § 90 Abs. 2 SGB XII aufgeführten Vermögensgegenstände in der Sozialhilfe nicht eingesetzt werden (sog. Schonvermögen). Zum Schonvermögen gehören u. a. ein angemessenes Hausgrundstück, das vom Hilfesuchenden allein oder zusammen mit Angehörigen bewohnt wird (§ 90 Abs. 2 Nr. 8 SGB XII), sowie kleinere Barbeträge (§ 90 Abs. 2 Nr. 9 SGB XII).

Die Höhe der freizulassenden Barbeträge (z. B. Sparguthaben) ist in der Rechtsverordnung zu § 90 Abs. 2 Nr. 9 SGB XII festgesetzt. Bei der Hilfe zum Lebensunterhalt beläuft sich der Freibetrag auf 1.600 € (für Hilfesuchende, die das 60. Lebensjahr vollendet haben oder voll erwerbsgemindert sind, auf 2.600 €), bei allen anderen Leistungen der Sozialhilfe grundsätzlich auf 2.600 €. Die maßgebenden Freibeträge erhöhen sich jeweils um 614 € für den nicht getrennt lebenden Ehegatten sowie um 256 € für jede weitere Person, die vom Hilfesuchenden oder seinem Ehegatten überwiegend unterhalten wird.

2 Einsatz von Sparguthaben

Auch ein angemessenes Hausgrundstück, das vom Hilfesuchenden allein oder zusammen mit Angehörigen bewohnt wird und nach ihrem Tod von ihren Angehörigen bewohnt werden soll, muss in der Sozialhilfe nicht als Vermögen eingesetzt werden. Ob ein Hausgrundstück angemessen ist, richtet sich nach der Zahl der Bewohner, dem Wohnbedarf (z. B. Behinderter, Blinder oder Pflegebedürftiger), der Grundstücksgröße, der Hausgröße, der Ausstattung des Wohngebäudes sowie dem Wert des Grundstücks einschließlich des Wohngebäudes. Familienheime und Eigentumswohnungen sind in der Regel nicht unangemessen groß, wenn die Wohnfläche – bei einem Haushalt mit vier Personen – 130 qm, bei Eigentumswohnungen 120 qm nicht übersteigt. Gehören weniger als vier Personen dem Haushalt an, reduzieren sich die Wohnflächen um 20 qm je Person bis zu einem Mindestwert von ca. 80 qm bei einem Einpersonenhaushalt.

● Merke

Die Sozialhilfe ist eine einkommens- und vermögensabhängige Leistung.

3 Leistungen zur Sicherung des Lebensunterhalts

Im Rahmen der Sozialhilfe ist zwischen den Leistungen nach dem 3. und 4. Kapitel SGB XII einerseits und den Leistungen nach dem 5. bis 9. Kapitel SGB XII andererseits zu unterscheiden. Während die Leistungen nach dem 3. und 4. Kapitel SGB XII der Sicherung des notwendigen Lebensunterhalts dienen, werden die Leistungen nach dem 5. bis 9. Kapitel SGB XII beim Vorliegen besonderer Bedarfssituationen (z. B. Behinderung, Pflegebedürftigkeit, Krankheit) gewährt.

Hilfebedürftige Personen, die erwerbsfähig sind und die Regelaltersgrenze (2015: 65 Jahre und 4 Monate) noch nicht erreicht haben, sowie ihre Familienangehörigen erhalten Leistungen zur Sicherung ihres Lebensunterhalts nicht in Form von Sozialhilfe nach dem SGB XII, sondern als Arbeitslosengeld II oder Sozialgeld nach dem SGB II (Grundsicherung für Arbeitsuchende). Erwerbsfähig ist, wer unter den üblichen Bedingungen des Arbeitsmarktes noch mindestens drei Stunden täglich arbeiten kann.

Personen, die hilfebedürftig sind und die Regelaltersgrenze erreicht haben, werden Leistungen nach dem 4. Kapitel SGB XII (Grundsicherung im Alter und bei Erwerbsminderung nach §§ 41 ff. SGB XII) erbracht. Das gilt auch für dauerhaft voll Erwerbsgeminderte ab 18 Jahren, d. h. für Personen mit einem täglichen Restleistungsvermögen auf dem Arbeitsmarkt von weniger als drei Stunden. Zweck der Grundsicherung ist in erster Linie, niedrige Renten aus der gesetzlichen Rentenversicherung aufzustocken. Bei der Grundsicherung bleiben Unterhaltsansprüche der Leistungsberechtigten gegenüber ihren Kindern und Eltern unberücksichtigt, sofern deren jährliches Gesamteinkommen unter einem Betrag von 100.000 € liegt (§ 43 Abs. 2 SGB XII).

① Leistungsarten der Sozialhilfe

Leistungen zur Sicherung des Lebensunterhalts werden erbracht als	Leistungen in „besonderen Lebenslagen" werden erbracht
<ul><li>Arbeitslosengeld II und Sozialgeld nach §§ 19 ff. SGB II oder</li><li>Grundsicherung im Alter und bei Erwerbsminderung nach §§ 41 ff. SGB XII oder</li><li>Hilfe zum Lebensunterhalt nach §§ 27 ff. SGB XII</li></ul>	<ul><li>bei besonderen, außerhalb des allgemeinen Lebensunterhalts liegenden Bedarfssituationen (z. B. Behinderung, Pflegebedürftigkeit)</li><li>wichtigste Leistungen sind die Eingliederungshilfe für behinderte Menschen nach §§ 53 ff. SGB XII und die Hilfe zur Pflege nach §§ 61 ff. SGB XII</li></ul>
Beide Leistungsarten können auch nebeneinander erbracht werden	

Wer seinen notwendigen Lebensbedarf aus seinem Einkommen und Vermögen nicht bestreiten kann und weder Leistungen nach dem SGB II noch Grundsicherung nach §§ 41 ff. SGB XII erhält, kann Hilfe zum Lebensunterhalt nach dem 3. Kapitel des SGB XII (§§ 27 ff. SGB XII) beanspruchen. Hilfe zum Lebensunterhalt wird vor allem an Personen erbracht, die nur vorübergehend voll erwerbsgemindert sind.

3.1 Umfang der Leistungen zur Sicherung des Lebensunterhalts

Die Leistungen zur Sicherung des Lebensunterhalts nach dem SGB II oder SGB XII umfassen den notwendigen Lebensbedarf, d. h. die Grundbedürfnisse der menschlichen Existenz. Zum notwendigen Lebensbedarf gehören insbesondere Ernährung, Kleidung, Körperpflege, Hausrat, Heizung, persönliche Bedürfnisse des täglichen Lebens sowie Unterkunft und Heizung (§ 27 a Abs. 1 SGB XII).

Im Hinblick auf den Umfang der Leistungen zur Sicherung des Lebensunterhalts macht es grundsätzlich keinen Unterschied, ob der Leistungsberechtigte dem System des SGB II (Grundsicherung für Arbeitsuchende) oder dem des SGB XII (Hilfe zum Lebensunterhalt bzw. Grundsicherung im Alter und bei Erwerbsminderung) zuzuordnen ist. Die monatlich zu gewährenden Leistungen setzen sich zusammen aus Regelsätzen, ggf. Mehrbedarfszuschlägen zu den Regelsätzen, den Kosten der Unterkunft und Heizung sowie Bedarfen für Bildung und Teilhabe für Schüler sowie Kinder und Jugendliche.

3.1.1 Regelsätze

Leistungen zur Sicherung des Lebensunterhalt außerhalb von Einrichtungen werden nach Regelsätzen bemessen (§ 20 SGB II, § 27 a Abs. 3, § 42 Nr. 1 SGB XII). Durch die Regelsätze wird der notwendige Lebensbedarf mit Ausnahme der zusätzlichen Bedarfe (§§ 30–33 SGB XII), der Bedarfe für Bildung und Teilhabe (§§ 34, 34 a SGB XII) sowie der Bedarfe für Unterkunft und Heizung (§§ 35–36 SGB XII) pauschal abgegolten.

Für jeden Haushaltsangehörigen ist ein Regelsatz in Ansatz zu bringen. Die monatlichen Regelsätze betragen im Jahr 2015 für

- Alleinstehende oder Alleinerziehende 399 €,
- Ehepaare oder eheähnliche Partner 360 € für jede Person,
- Erwachsene im Haushalt anderer 320 €,
- Jugendliche von 14 bis unter 18 Jahren 302 €,
- Kinder von 6 bis unter 14 Jahren 267 €,
- Kinder bis unter 6 Jahre 234 €.

3.1.2 Mehrbedarfszuschläge

Neben den Regelsätzen werden nach § 21 SGB II, § 30 SGB XII, § 42 Nr. 2 SGB XII Mehrbedarfszuschläge gewährt u. a. für

- Personen, die die Regelaltersgrenze erreicht haben oder voll erwerbsgemindert sind und darüber hinaus einen Schwerbehindertenausweis mit dem Merkzeichen G besitzen (17 % des maßgebenden Regelsatzes),
- werdende Mütter nach der 12. Schwangerschaftswoche (17 % des maßgebenden Regelsatzes),
- Alleinerziehende mit einem Kind unter 7 Jahren oder mehreren Kindern unter 16 Jahren (36 % des Regelsatzes für Alleinstehende),
- Behinderte, die das 15. Lebensjahr vollendet haben und denen bestimmte Eingliederungsmaßnahmen gewährt werden (35 % des maßgebenden Regelsatzes),
- Personen, die einer kostenaufwendigeren Ernährung bedürfen (in angemessener Höhe).

3.1.3 Kosten für Unterkunft und Heizung

Als laufende Leistungen werden auch die anfallenden Kosten für die Unterkunft übernommen (§ 22 SGB II, §§ 35, 42 Nr. 4 SGB XII). Zu den Unterkunftskosten zählen vor allem die Miete einschließlich der Nebenkosten. Auch Aufwendungen für ein Eigenheim oder eine Eigentumswohnung müssen übernommen werden, wenn sie tatsächlich erforderlich sind, um dem Hilfeempfänger die Wohnung zu erhalten (z. B. Nebenkosten und Schuldzinsen, nicht aber Tilgungsbeträge).

Übernommen werden Unterkunftskosten durch den Träger der Sozialhilfe jedoch nur, soweit sie angemessen sind. Die Angemessenheit beurteilt sich insbesondere nach der qm-Zahl sowie dem qm-Preis der Wohnung.

Bei Leistungsberechtigten, die in Pflegeheimen leben, werden die durchschnittlichen angemessenen Unterkunfts- und Heizungskosten für einen Einpersonenhaushalt im Bereich des zuständigen Sozialhilfeträgers zugrunde gelegt.

3.1.4 Bedarfe für Bildung und Teilhabe

Neben den Regelsätzen gesondert berücksichtigt werden auch Bedarfe von Schülern für Bildung sowie Bedarfe von Kindern und Jugendlichen für Teilhabe am sozialen und kulturellen Leben in der Gemeinschaft (§§ 28, 29 SGB II, §§ 34, 34a SGB XII). Auf Antrag werden danach Leistungen erbracht für z. B. Schulausflüge, Klassenfahrten, Mittagsverpflegung in Schulen und Kindergärten, Schulbedarf, Nachhilfestunden sowie Sport- und Kulturangebote.

3.1.5 Einmalige Leistungen

Neben den monatlich zu gewährenden Leistungen werden einmalige Leistungen nur in Ausnahmefällen erbracht. Grundsätzlich wird der notwendige Lebensbedarf pauschal durch die Regelsätze abgegolten. Nach § 24 Abs. 3 SGB II, §§ 31, 42 Nr. 2 SGB XII sind einmalige Leistungen nur noch für Wohnungserstausstattungen, für Erstausstattungen für Bekleidung und bei Schwangerschaft und Geburt sowie für Anschaffungen und Reparaturen von orthopädischen Schuhen und therapeutischen Geräten vorgesehen.

3.1.6 Übernahme von Beiträgen zur Kranken- und Pflegeversicherung

Die für eine Kranken- und Pflegeversicherung zu zahlenden Beiträge werden grundsätzlich von dem in der Sozialhilfe einzusetzenden Einkommen abgezogen. In bestimmten Fällen werden die Beiträge zur gesetzlichen oder privaten Kranken- und Pflegeversicherung gemäß § 32 SGB XII jedoch vom Träger der Sozialhilfe übernommen.

3.2 Gegenüberstellung Bedarf / Einkommen

Zur Berechnung der monatlich auszuzahlenden Leistungen zur Sicherung des Lebensunterhalts ist der aus Regelsätzen, Unterkunfts- und Heizungskosten und ggf. Mehrbedarfszuschlägen ermittelte laufende Bedarf dem monatlichen Einkommen gegenüberzustellen. Dabei sind die Einkünfte grundsätzlich in vollem Umfang anzurechnen. Wird Erwerbseinkommen erzielt, bleibt im Rahmen der Leistungen zur Sicherung des Lebensunterhalt jedoch ein bestimmter Freibetrag unberücksichtigt, der als Anreiz zur Ausübung einer Erwerbstätigkeit dienen soll (vgl. § 11b Abs. 3 SGB II, § 82 Abs. 3 SGB XII).

> **○ Praxisfall**
>
> Das Ehepaar A., beide 70 Jahre alt, lebt in einer 2-Zimmer-Wohnung. Die monatlich anfallenden Unterkunfts- und Heizungskosten belaufen sich auf 480 €. Herr A. ist schwerbehindert und besitzt einen Ausweis mit dem Merkzeichen G. Er erhält aus der gesetzlichen Rentenversicherung eine monatliche Altersrente von 550 €, seine Frau von 250 €.
> Für die Eheleute A. ist der monatliche Bedarf wie folgt zu berechnen:
>
> | | |
> |---|---:|
> | Regelsatz Herr A. | 360,00 € |
> | Regelsatz Frau A. | 360,00 € |
> | Mehrbedarfszuschlag Herr A. (17 % des Regelsatzes von 360 €) | 61,20 € |
> | Unterkunftskosten | 480,00 € |
> | Summe | 1.261,20 € |

Es ergibt sich danach ein monatlicher Bedarf für den notwendigen Lebensunterhalt in Höhe von 1.261,20 €. Die aus der gesetzlichen Rentenversicherung gezahlten Renten sind auf diesen Bedarf in voller Höhe anzurechnen. Im Gegensatz zum Erwerbseinkommen gibt es hier keine Freibeträge. Von dem ermittelten relevanten Bedarf sind somit die Renteneinkünfte von insgesamt 800 € abzuziehen, so dass monatlich 461,20 € als Grundsicherung im Alter nach §§ 41 ff. SGB XII gezahlt werden.

4 Leistungen der Sozialhilfe in „besonderen Lebenslagen"

Die Leistungen der Sozialhilfe nach dem 5. bis 9. Kapitel SGB XII stellen auf besondere, **außerhalb des allgemeinen Lebensunterhalts liegende Bedarfssituationen** ab (z. B. Behinderung, Pflegebedürftigkeit). Auch im Rahmen dieser Sozialhilfeleistungen in „besonderen Lebenslagen" wird das Einkommen und Vermögen des Hilfesuchenden und seiner nach § 19 Abs. 3 SGB XII in die Einsatzgemeinschaft einbezogenen Angehörigen geprüft. Während jedoch im Hinblick auf den Einsatz von Vermögen zwischen den Leistungen zur Sicherung des Lebensunterhalt und den Leistungen nach dem 5. bis 9. Kapitel SGB XII keine grundlegenden Unterschiede bestehen (siehe auch 3.), wird bei den zuletzt genannten Leistungen nicht der volle Einkommenseinsatz verlangt.

4.1 Ermittlung der Einkommensgrenze und Einsatz des Einkommens

Bei den Leistungen nach dem 5. bis 9. Kapitel SGB XII muss Einkommen, das unter einer bestimmten, individuell zu errechnenden **Einkommensgrenze**

liegt, in der Regel nicht eingesetzt werden. Dem Leistungsberechtigten und seinen Angehörigen soll das Einkommen belassen werden, das zur Sicherung des notwendigen Lebensunterhalts (Ernährung, Kleidung, Unterkunft usw.) benötigt wird.

4.2 Eingliederungshilfe für behinderte Menschen

Die Eingliederungshilfe für behinderte Menschen nach §§ 53 ff. SGB XII hat in der Praxis große Bedeutung. Leistungen der Eingliederungshilfe erhalten nach § 53 Abs. 1 SGB XII Personen, die durch eine nicht nur vorübergehende körperliche, geistige oder seelische Behinderung wesentlich in ihrer Fähigkeit, an der Gesellschaft teilzuhaben, eingeschränkt sind oder von einer solchen wesentlichen Behinderung bedroht sind. **Aufgabe der Eingliederungshilfe** ist es, eine drohende Behinderung zu verhüten oder eine vorhandene Behinderung oder deren Folgen zu beseitigen oder zu mildern und den behinderten Menschen in die Gesellschaft einzugliedern (§ 53 Abs. 3 SGB XII).

---

1 Einkommensgrenze bei den Leistungen in „besonderen Lebenslagen"

Bei den Leistungen in „besonderen Lebenslagen" erfolgt die Prüfung der Leistungsberechtigung in 2 Schritten

1. Schritt: Es wird nach § 85 SGB XII eine Einkommensgrenze errechnet, die sich zusammensetzt aus
- einem Grundbetrag in Höhe des zweifachen Regelsatzes für Alleinstehende / Alleinerziehende (2015: 798 €),
- den Kosten der Unterkunft, soweit sie angemessen sind,
- Familienzuschlägen für den Ehegatten des Leistungsberechtigten und für jeden überwiegend unterhaltenen Angehörigen (2015: 280 € für jede zu berücksichtigende Person).

2. Schritt: Das zu berücksichtigende monatliche Einkommen wird der errechneten Einkommensgrenze gegenübergestellt.

Bleibt das zu berücksichtigende Einkommen unter der Einkommensgrenze muss es grundsätzlich nicht eingesetzt werden (Ausnahme: Heimunterbringung, siehe 4.3.3).	Übersteigt das Einkommen die Einkommensgrenze, so wird das die Grenze übersteigende Einkommen in angemessenem Umfang herangezogen. Dabei sind nach § 87 Abs. 1 SGB XII vor allem die Art und Dauer des Bedarfs, die Höhe der erforderlichen Aufwendungen sowie besondere Belastungen zu berücksichtigen.

1 Förderung von behinderten Menschen

Die **Leistungen der Eingliederungshilfe** sind in den §§ 54 bis 56 SGB XII aufgeführt, wobei in § 54 Abs. 1 SGB XII auf die Rehabilitationsleistungen des SGB IX verwiesen wird. Die Leistungen umfassen z. B. heilpädagogische Maßnahmen für noch nicht schulpflichtige Kinder, Hilfe zu einer angemessenen Schul- und Berufsausbildung, Hilfe zur Beschäftigung in einer Werkstatt für Behinderte, die Versorgung mit Hilfsmitteln, Hilfe bei der Beschaffung und Erhaltung einer Wohnung sowie Hilfe zur Teilnahme am Leben in der Gemeinschaft. Von Bedeutung ist die Eingliederungshilfe vor allem für behinderte Kinder und Jugendliche, die in besonderen Einrichtungen gefördert werden müssen.

Bei den in § 92 Abs. 2 SGB XII aufgeführten Maßnahmen der Eingliederungshilfe wird von dem in der Sozialhilfe üblichen Einkommens- und Vermögenseinsatz abgesehen. Dies betrifft vor allem die **Förderung behinderter Menschen in stationären oder teilstationären Einrichtungen** (z. B. Behindertenwerkstätten). Hier ist lediglich ein Kostenbeitrag in Höhe der für den häuslichen Lebensunterhalt ersparten Aufwendungen zu leisten, d. h. für Mahlzeiten, die in der Einrichtung eingenommen werden.

Werden Leistungen der Eingliederungshilfe an über 18-jährige behinderte Menschen erbracht, so können ihre Eltern nur mit einem relativ geringen Betrag zu den Sozialhilfeaufwendungen herangezogen werden (siehe 5).

Auch die Eingliederungshilfe für behinderte Menschen tritt nur dann ein, wenn Ansprüche nach anderen Gesetzen nicht bestehen. **Vorrangig gegenüber der Eingliederungshilfe** sind z. B. Leistungen der Kranken-, Renten- und Unfallversicherung, der Arbeitsförderung und der Versorgungsämter.

4.3 Hilfe zur Pflege

Neben der Eingliederungshilfe ist die Hilfe zur Pflege (§§ 61 bis 66 SGB XII) die bedeutendste Leistung der Sozialhilfe. Hilfe zur Pflege erhalten im Falle der Hilfebedürftigkeit vor allem Personen, bei denen die der Höhe nach begrenzten Leistungen der Pflegeversicherung nicht ausreichen, um den bestehenden Pflege- und Betreuungsbedarf in vollem Umfang abzudecken. Die **Hilfe zur Pflege ergänzt** in diesen Fällen die **Leistungen der Pflegeversicherung**; dies trifft insbesondere auf Pflegebedürftige im stationären Bereich zu. Darüber hinaus werden von der Hilfe zur Pflege Personen erfasst, die in der Pflegeversicherung nicht versichert sind, sowie Personen, die in ihrem Pflegegrad noch unterhalb der Pflegestufe I liegen.

4.3.1 Pflegebedürftigkeitsbegriff der Sozialhilfe

Pflegebedürftig sind nach § 61 Abs. 1 Satz 1 SGB XII Personen, die wegen einer körperlichen, geistigen oder seelischen Krankheit bzw. Behinderung für die gewöhnlichen und regelmäßig wiederkehrenden Verrichtungen im Ablauf des täglichen Lebens der Hilfe bedürfen. Der Pflegebegriff nach dem SGB XII ist jedoch weiter als der nach dem SGB XI. § 61 Abs. 1 Satz 2 SGB XII nimmt gegenüber dem SGB XI eine **Erweiterung des Pflegebedürftigkeitsbegriffes in dreifacher Weise** vor.

> ○ Info
>
> Pflegebedürftig sind nach dem Recht der Sozialhilfe auch kranke oder behinderte Menschen, die
> - voraussichtlich für weniger als sechs Monate Pflege benötigen,
> - einen unterhalb der Pflegestufe I liegenden Hilfebedarf haben, d. h. bei denen der erforderliche Zeitaufwand für die Pflege und hauswirtschaftliche Versorgung im Durchschnitt weniger als 90 Minuten täglich beträgt („Pflegestufe 0"),
> - einen Hilfebedarf bei anderen als den in § 14 Abs. 4 SGB XI aufgeführten gewöhnlichen und regelmäßig wiederkehrenden ----▶

Verrichtungen haben, z. B. bei nicht täglichen, aber doch in gewissen Zeitabständen durchzuführenden Verrichtungen wie Schneiden der Finger- bzw. Fußnägel, bei kommunikativen Verrichtungen, allgemeiner Beaufsichtigung zum Schutz vor Selbst- oder Fremdgefährdung.

Nach der Rechtsprechung des Bundessozialgerichts (BSG) können die Voraussetzungen des erweiterten Pflegebedürftigkeitsbegriffes nach § 61 Abs. 1 Satz 2 SGB XII auch dann erfüllt sein, wenn eine Person aufgrund einer Krankheit oder Behinderung ausschließlich Hilfe im Bereich der hauswirtschaftlichen Versorgung benötigt. Anders als in der Pflegeversicherung ist es nicht erforderlich, dass ein Hilfebedarf neben der hauswirtschaftlichen Versorgung auch bei der Grundpflege (Körperpflege, Ernährung, Mobilität) besteht (BSG, Urteil vom 11.12.2007 – B 8/9b SO 12/06 R; Urteil vom 26.8.2008 – B 8/9b SO 18/07 R).

§ 62 SGB XII bindet den Träger der Sozialhilfe an die Entscheidung der Pflegekasse über das Ausmaß der Pflegebedürftigkeit nach dem SGB XI. Die Bindungswirkung erstreckt sich jedoch nicht auf die Fälle des § 61 Abs. 1 Satz 2 SGB XII, wo der Begriff der Pflegebedürftigkeit gegenüber dem SGB XI erweitert wird. Hier hat der Träger der Sozialhilfe eigene Entscheidungen über das Ausmaß der Pflegebedürftigkeit zu treffen. Dies gilt insbesondere dann, wenn Hilfebedarf für „andere Verrichtungen" festzustellen ist. Auch bei Personen, die nicht in der Pflegeversicherung versichert sind, muss der Träger der Sozialhilfe die Feststellung der Pflegebedürftigkeit in eigener Regie einleiten. In diesen Fällen wird vom Träger der Sozialhilfe zur Prüfung, ob Pflegebedürftigkeit vorliegt, regelmäßig das Gesundheitsamt eingeschaltet.

4.3.2 Hilfe zur Pflege im ambulanten Bereich

Die Leistungen der Hilfe zur Pflege im ambulanten Bereich entsprechen im Wesentlichen den Leistungen, die die Pflegeversicherung bei häuslicher Pflege vorsieht (§§ 36 bis 40 SGB XI). Im Gegensatz zur Pflegeversicherung werden im Rahmen der Hilfe zur Pflege die notwendigen pflegebedingten Aufwendungen jedoch in vollem Umfang übernommen.

Führen Pflegepersonen die Pflege nicht erwerbsmäßig aus (z. B. Angehörige, Bekannte, Nachbarn), sind dem Pflegebedürftigen nach § 65 Abs. 1 Satz 1 SGB XII die angemessenen Aufwendungen der Pflegeperson zu erstatten. Dieser Anspruch steht dem Pflegebedürftigen jedoch nur dann zu, wenn das Pflegegeld der Pflegeversicherung nicht ausreicht, um die Kosten für Aufwendungen der Pflegeperson voll abzudecken, oder an den Pflegebedürftigen kein Pflegegeld gezahlt wird, weil er nicht den Pflegestufen I bis III angehört. Zu den erstattungsfähigen Aufwendungen gehören insbesondere Fahrkosten zum Pflegebedürftigen, Kosten für die Beschaffung und Reinigung von Pflegekleidung, Mehrkosten für notwendige auswärtige Verpflegung sowie Kosten der Unterbringung von Kindern der Pflegeperson während des Pflegeeinsatzes.

Wird die Pflege durch professionelle Pflegekräfte durchgeführt (z. B. einen ambulanten Pflegedienst), so übernimmt die Sozialhilfe nach § 65 Abs. 1 Satz 2 SGB XII die durch die Pflegeversicherung nicht gedeckten Kosten für notwendige pflegerische Leistungen. Die Pflegesachleistung der Pflegeversicherung nach § 36 SGB XI, die grundsätzlich von ambulanten Pflegediensten erbracht wird und der Höhe nach begrenzt ist, reicht in vielen Fällen nicht aus, um den Pflegebedarf des Pflegebedürftigen in vollem Umfang zu decken. Erbringt ein ambulanter Pflegedienst notwendige pflegerische Leistungen, die über die Beträge nach § 36 SGB XI hinausgehen, muss hierfür gemäß § 65 Abs. 1 Satz 2 SGB XII die Sozialhilfe aufkommen, wenn der Pflegebedürftige aufgrund seiner Einkommens- und Vermögensverhältnisse hilfebedürftig im Sinne des SGB XII ist. Aus § 66 Abs. 4 Satz 1 SGB XII folgt, dass die Pflegesachleistung nach § 36 SGB XI grundsätzlich voll in Anspruch genommen werden muss, bevor ergänzend die Kosten für professionelle Pflegekräfte nach § 65 Abs. 1 Satz 2 SGB XII vom Sozialhilfeträger übernommen werden. Das im Rahmen des SGB XI bestehende Wahlrecht des Pflegebedürftigen zwischen der Pflegesachleistung und Pflegegeld ist hier also eingeschränkt.

1 Finanzierung der häuslichen Pflege durch die Sozialhilfe

Als Leistung der Hilfe zur Pflege ist in § 64 SGB XII auch die Zahlung von Pflegegeld an Pflegebedürftige vorgesehen. Das SGB XII-Pflegegeld entspricht dem Pflegegeld nach § 37 SGB XI und wird nur an Pflegebedürftige der Stufen I, II und III gezahlt. Pflegegeld nach § 64 SGB XII kann der Pflegebedürftige auch neben der Pflegesachleistung (§ 36 SGB XI) und den Leistungen nach § 65 Abs. 1 Satz 2 SGB XII beanspruchen (§ 66 Abs. 2 Satz 1 SGB XII). In diesen Fällen kann der Träger der Sozialhilfe das SGB XII-Pflegegeld gemäß § 66 Abs. 2 Satz 2 SGB XII jedoch um bis zu zwei Drittel kürzen.

Der Anspruch auf Hilfe zur Pflege im ambulanten Bereich umfasst auch die Versorgung mit Pflegehilfsmitteln, soweit sie nicht von der Kranken- oder Pflegeversicherung übernommen werden. Die betragsmäßigen Begrenzungen des SGB XI finden hier keine Anwendung, so dass beispielsweise Aufwendungen für zum Verbrauch bestimmte Hilfsmittel, die über den von der Pflegeversicherung geleisteten Betrag von monatlich 40 € hinausgehen, vom Träger der Sozialhilfe übernommen werden müssen. Gleiches gilt für Maßnahmen zur Verbesserung des Wohnumfeldes, wenn die Zuschüsse der Pflegeversicherung (höchstens 4.000 € je Maßnahme) zur Kostendeckung nicht ausreichen.

Hilfe zur Pflege kann erst nach einer Prüfung der Einkommens- und Vermögensverhältnisse des Pflegebedürftigen und der nach § 19 Abs. 3 SGB XII zur Einsatzgemeinschaft zählenden Familienangehörigen gewährt werden. Der Einkommenseinsatz richtet sich bei der Hilfe zur Pflege nach den §§ 85 ff. SGB XII (siehe 4.1).

○··Praxisfall··

Der Rentner R. ist als Schwerpflegebedürftiger in Stufe II eingestuft. Er bewohnt zusammen mit seiner Ehefrau eine Zweizimmerwohnung, für die monatlich 450 € an Unterkunftskosten aufzuwenden sind. R. bezieht eine monatliche Rente von 800 €, seiner Frau wird eine Rente von 650 € gezahlt. Sonstiges Einkommen oder Vermögen ist nicht vorhanden. R. erhält notwendige pflegerische Leistungen von einem ambulanten Pflegedienst. Ergänzend wird er von seiner Frau gepflegt. Die für den Pflegedienst aufzuwendenden erforderlichen Kosten belaufen sich im Monat auf 2.000 €, wovon die Pflegeversicherung als Sachleistung nach § 36 SGB XI 1.144 € übernimmt.

Im Beispielsfall ist zu prüfen, ob R. aufgrund seiner Einkommensverhältnisse Hilfe zur Pflege nach §§ 61 ff. SGB XII beanspruchen kann. Dabei ist gemäß § 19 Abs. 3 SGB XII auch die Rente seiner Frau zu berücksichtigen. Die Bedürftigkeitsprüfung ist nach den §§ 85 ff. SGB XII vorzunehmen. Die hier maßgebende Einkommensgrenze setzt sich zusammen aus dem Grundbetrag in Höhe von 798 € (§ 85 Abs. 1 Nr. 1 SGB XII), den anfallenden Unterkunftskosten in Höhe von 450 € (§ 85 Abs. 1 Nr. 2 SGB XII) sowie einem Familienzuschlag für die Ehefrau in Höhe von 280 € (§ 85 Abs. 1 Nr. 3 SGB XII). Hieraus ergibt sich im Beispielsfall eine Einkommensgrenze von 1.528 €. Das Einkommen von R. und seiner Frau beläuft sich monatlich auf 1.450 € und liegt damit unterhalb der ermittelten Einkommensgrenze. R. und seine Frau müssen somit ihr Einkommen zur Bestreitung der Pflegekosten nicht einsetzen. R. steht ein Anspruch auf Hilfe zur Pflege zu.

Im Rahmen dieses Anspruchs hat der Sozialhilfeträger die über die Pflegesachleistung der Pflegeversicherung (§ 36 SGB XI) hinausgehenden Kosten für den ambulanten Pflegedienst in Höhe von monatlich 856 € zu übernehmen. Daneben besteht Anspruch auf Pflegegeld nach § 64 Abs. 2 SGB XII. Das volle Pflegegeld (458 €) kann gemäß § 66 Abs. 2 Satz 2 SGB XII um bis zu zwei Drittel gekürzt werden. Es sind somit monatlich mindestens 152,67 € (ein Drittel von 458 €) als Pflegegeld zu zahlen.

Eine Begrenzung der Kostenübernahmepflicht der Sozialhilfe hinsichtlich der im ambulanten Bereich von professionellen Pflegekräften erbrachten Leistungen kann sich aus der Regelung des § 13 Abs. 1 Satz 3 SGB XII ergeben. Danach müssen die Kosten für ambulante Leistungen nicht übernommen werden, wenn eine geeignete stationäre Pflege zumutbar und die ambulante Pflege mit unverhältnismäßigen Mehrkosten verbunden ist. Insbesondere bei Schwerstpflegebedürftigen mit der Stufe III kann die stationäre Pflege kostengünstiger als die ambulante Pflege sein. Bei seiner Entscheidung über eine Begrenzung der Kostenübernahme hat der Träger der Sozialhilfe gemäß § 13 Abs. 1 Satz 4 und 5 SGB XII zunächst die Zumutbarkeit zu prüfen und dabei die persönlichen, familiären und örtlichen Umstände angemessen zu berücksichtigen.

🔴 Merke

Erbringen professionelle Pflegekräfte im häuslichen Bereich notwendige pflegerische Leistungen, die über die Höchstbeträge der Pflegesachleistung (§ 36 SGB XI) hinausgehen, übernimmt die Sozialhilfe im Rahmen der Hilfe zur Pflege die hierfür entstehenden Kosten. Voraussetzung ist, dass der Pflegebedürftige aufgrund seiner Einkommens- und Vermögensverhältnisse hilfebedürftig im Sinne des SGB XII ist.

4.3.3 Hilfe zur Pflege im stationären Bereich

Die Leistungen der Hilfe zur Pflege im stationären Bereich umfassen teilstationäre Pflege, Kurzzeitpflege und vollstationäre Pflege. Die entsprechenden Leistungen sind im Gegensatz zur Pflegeversi-

1 Finanzierung der stationären Pflege durch die Sozialhilfe

cherung nicht der Höhe nach begrenzt. Auch im stationären Bereich gilt, dass die Hilfe zur Pflege gegenüber den Leistungen der Pflegeversicherung nachrangig ist.

Kann ein Pflegebedürftiger, der in einem Pflegeheim versorgt wird, aufgrund seiner Einkommens- und Vermögensverhältnisse für die Kosten der Pflege nicht aufkommen, hat er Anspruch auf Sozialhilfe. Bei Hilfebedürftigkeit im Sinne des SGB XII übernimmt die Sozialhilfe

- die im Pflegesatz enthaltenen Kosten für stationäre Pflegeleistungen, soziale Betreuung und medizinische Behandlungspflege, soweit sie über die Leistungen der Pflegeversicherung hinausgehen,
- das Entgelt für Unterkunft und Verpflegung,
- die dem Pflegebedürftigen gesondert in Rechnung gestellten Investitionskosten der stationären Einrichtung (zu den verschiedenen Kostenbestandteilen bei stationärer Pflege siehe VI 3.3.4).

Pflegebedürftige, die in vollstationären Pflegeeinrichtungen gepflegt werden, müssen nach § 88 Abs. 1 Satz 2 SGB XII im Rahmen der Hilfe zur Pflege auch ihr unterhalb der Einkommensgrenze liegendes Einkommen einsetzen. Danach soll unterhalb der Einkommensgrenze die Aufbringung der Mittel in angemessenem Umfang verlangt werden von Personen, die auf voraussichtlich längere Zeit der Pflege in einer vollstationären Einrichtung bedürfen. In der Praxis wird aufgrund dieser Regelung von Alleinstehenden, die in Heimen dauerhaft gepflegt werden, grundsätzlich der volle Einsatz ihres Einkommens verlangt.

Heimbewohnern, die über keine eigenen Mittel mehr verfügen, weil sie ihr gesamtes Einkommen zur Begleichung der Heimkosten einsetzen, wird vom Träger der Sozialhilfe nach § 27b Abs. 2 SGB XII monatlich ein Barbetrag (Taschengeld) zur persönlichen Verfügung gezahlt. Der Barbetrag wird gewährt in Höhe von mindestens 27 % des Regelsatzes für einen Alleinstehenden. Geht man von einem Regelsatz von 399 € aus, liegt der an Heimbewohner zu zahlende monatliche Barbetrag bei 107,73 €. Der Heimbewohner, der im Pflegeheim voll versorgt wird, benötigt den Barbetrag zur Befriedigung der persönlichen Bedürfnisse des täglichen Lebens. Hierzu gehören z. B. Aufwendungen für Körperpflege, Gesundheitspflege, Genussmittel, Bücher, Zeitschriften, Porto, Verkehrsmittel, Geschenke, Kino- und Theaterbesuche. Das Pflegeheim darf sich Leistungen, die durch das Heimentgelt pauschal abgegolten werden, nicht zusätzlich aus dem Barbetrag finanzieren lassen. Nicht aus dem Barbetrag zu zahlen sind z. B. Bettwäsche einschließlich Reinigung, Getränke zur Deckung des täglichen Flüssigkeitsbedarfs wie Tee und Mineralwasser, Gemeinschaftsveranstaltungen im Pflegeheim. Neben dem Barbetrag hat der Heimbewohner nach § 27b Abs. 2 Satz 1 SGB XII Anspruch auf weitere Leistungen für den Bedarf an Kleidung.

im Pflegesatz enthaltenen Aufwendungen für stationäre Pflegeleistungen, soziale Betreuung und medizinische Behandlungspflege nach § 43 SGB XI monatlich 1.330 €. Damit bleiben noch Restkosten für die pflegebedingten Aufwendungen von 570 €. Diese müssen ebenso wie die Entgelte für Unterkunft und Verpflegung (600 €) sowie die Investitionskosten (500 €) von dem Rentner getragen werden. Da Herr S. keine andere Person überwiegend unterhält, wird gemäß § 88 Abs. 1 Satz 2 SGB XII zur Begleichung der noch offenen Heimkosten (1.670 €) der volle Einsatz der Rente in Höhe von 1.200 € verlangt. Es bleibt ein Restbetrag von monatlich 470 €, der vom Träger der Sozialhilfe übernommen wird. Zusätzlich erhält Herr S. vom Träger der Sozialhilfe den Barbetrag nach § 27b Abs. 2 SGB XII.

○ **Praxisfall**

Der alleinstehende Rentner S. ist pflegebedürftig (Stufe II) und wird in einem Pflegeheim versorgt. Die jeden Monat anfallenden Heimkosten betragen 3.000 €. Davon entfallen 1.900 € auf die pflegebedingten Aufwendungen (einschließlich sozialer Betreuung und medizinischer Behandlungspflege), 600 € auf Unterkunft und Verpflegung sowie 500 € auf Investitionskosten. Herr S. erhält eine monatliche Rente von 1.200 €. Sonstiges Einkommen und Vermögen ist nicht vorhanden.

Da Herr S. in die Pflegestufe II eingestuft ist, übernimmt die Pflegeversicherung von den

● **Merke**

Heimbewohnern, die ihr gesamtes Einkommen zur Deckung der Heimkosten einsetzen und Sozialhilfe erhalten, zahlt der Träger der Sozialhilfe einen Barbetrag (Taschengeld). Der Barbetrag dient zur Befriedigung der persönlichen Bedürfnisse des Heimbewohners und kann z. B. für Genussmittel, Bücher, Zeitschriften verwendet werden.

5 Heranziehung Unterhaltspflichtiger durch die Sozialhilfeträger

Der Nachrang der Sozialhilfe nach § 2 SGB XII gilt auch gegenüber Unterhaltspflichten. **Unterhaltspflichtige Angehörige** können daher vom Träger der Sozialhilfe, der dem Unterhaltsberechtigten Leistungen erbringt, nach § 94 SGB XII **zu den Sozialhilfeaufwendungen herangezogen** werden. Auf diese Weise erlangt der Sozialhilfeträger seine Aufwendungen ganz oder zumindest teilweise wieder zurück. § 94 SGB XII, der den Übergang von Unterhaltsansprüchen regelt, gibt dem Träger der Sozialhilfe die Möglichkeit, den Nachrang der Sozi-

alhilfe gegenüber Unterhaltsverpflichtungen von Angehörigen nachträglich zu verwirklichen. Der Rückgriff des Trägers der Sozialhilfe auf unterhaltspflichtige Angehörige erfolgt in der Praxis häufig, wenn Hilfe zur Pflege in stationären Einrichtungen erbracht wird. Die Anwendung des § 94 SGB XII kommt aber auch bei Leistung von Hilfe zur Pflege im häuslichen Bereich in Betracht.

Voraussetzung für die Heranziehung Unterhaltspflichtiger durch den Träger der Sozialhilfe ist, dass nach den Vorschriften des Bürgerlichen Gesetzbu-

① Voraussetzungen für das Bestehen eines Unterhaltsanspruchs

Leistungsfähigkeit des Unterhaltspflichtigen:
Ihm ist das Einkommen und Vermögen zu belassen, das er zur Deckung seines Eigenbedarfs und ggf. des Bedarfs seiner vorrangig unterhaltsberechtigten Angehörigen benötigt.

Bedürftigkeit des Unterhaltsberechtigten:
Er kann seinen Lebensbedarf durch eigenes Einkommen und Vermögen nicht bestreiten.

ches (BGB) ein Unterhaltsanspruch des Sozialhilfeempfängers besteht. Nach §§ 1601 ff. BGB sind Eltern gegenüber Kindern oder Kinder gegenüber Eltern als Verwandte in gerader Linie verpflichtet, einander Unterhalt zu gewähren. Dagegen können Enkel oder Großeltern eines Sozialhilfeempfängers, obwohl auch in gerader miteinander Linie verwandt, nicht zu den Sozialhilfeaufwendungen herangezogen werden. Keine Unterhaltspflicht besteht zwischen Verwandten in der Seitenlinie (z. B. Geschwistern).

Bestehen und Umfang eines Unterhaltsanspruchs hängen von der Leistungsfähigkeit des Unterhaltspflichtigen und der Bedürftigkeit des unterhaltsberechtigten Sozialhilfeempfängers ab.

Bevor der Träger der Sozialhilfe unterhaltspflichtige Angehörige des Sozialhilfeempfängers zu den Sozialaufwendungen heranzieht, hat er Ermittlungen zu den wirtschaftlichen Verhältnissen der Unterhaltspflichtigen anzustellen, um deren Leistungsfähigkeit zu prüfen. Die in diesem Zusammenhang erforderlichen Auskünfte kann der Sozialhilfeträger gemäß § 117 SGB XII einholen. Nach § 117 Abs. 1 SGB XII haben der Unterhaltsschuldner und sein nicht getrennt lebender Ehegatte dem Träger der Sozialhilfe Auskunft über ihre Einkommens- und Vermögensverhältnisse zu geben.

Bleiben die monatlichen Einnahmen des Unterhaltspflichtigen unter einem bestimmten Selbstbehalt (Eigenbedarf), kommt mangels Leistungsfähigkeit eine Unterhaltspflicht grundsätzlich nicht in Betracht. Maßgebend ist dabei das „bereinigte" Einkommen. Vom Einkommen abzusetzen sind insbesondere

- Steuern,
- Sozialversicherungsbeiträge,
- berufsbedingte Aufwendungen (sog. Werbungskosten),
- Beiträge für eine private Altersvorsorge bis zu 5 % des erzielten Bruttoeinkommens,

- grundsätzlich auch Schulden, die vor Bekanntwerden der Unterhaltspflicht eingegangen worden sind.

Hilfe zur Pflege nach §§ 61 ff. SGB XII wird überwiegend älteren Menschen gewährt, so dass bei dieser Hilfeart vor allem Unterhaltspflichten von Kindern gegenüber ihren Eltern nach §§ 1601 ff. BGB Bedeutung erlangen. Nach der „Düsseldorfer Tabelle" (Stand: 1. Januar 2015) beläuft sich der angemessene Selbstbehalt unterhaltspflichtiger Kinder monatlich auf mindestens 1.800 € zuzüglich der Hälfte des darüber hinausgehenden bereinigten Einkommens, bei Vorteilen des Zusammenlebens (gemeinsamer Haushalt von Ehegatten) erhöht sich der Selbstbehalt um lediglich 45 % des übersteigenden Einkommens. Neben seinem Selbstbehalt sind dem Unterhaltspflichtigen aus seinem Einkommen die Beträge zu belassen, die benötigt werden, um den Unterhaltsbedarf vorrangig berechtigter Angehöriger (Kinder, Ehegatte) sicherzustellen. Der Familienselbstbehalt erhöht sich nach der „Düsseldorfer Tabelle" für den Ehegatten um 1.440 €, die Sätze für die Kinder hängen vom Alter der Kinder und dem Einkommen der Eltern ab. Sind mehrere Kinder leistungsfähig, haften sie für den Unterhalt ihrer Eltern nach § 1606 Abs. 3 Satz 1 BGB anteilig nach ihren Einkommens- und Vermögensverhältnissen.

Pflegefall
Kinder haften für ihre Eltern

② Heranziehung unterhaltspflichtiger Kinder

Ein Unterhaltsanspruch kann gemäß § 1611 BGB „verwirkt" und damit ganz oder zumindest teilweise ausgeschlossen sein. Eine Verwirkung setzt grundsätzlich ein Verschulden des Unterhaltsberechtigten voraus. Nicht ausreichend ist, dass zwischen dem unterhaltspflichtigen Kind und dem pflegebedürftigen Elternteil über Jahre hinweg kein Kontakt mehr bestanden hat (BGH, Urteil vom 15. 9. 2010 – XII ZR 148/09).

Während Kinder, die ihren Eltern gegenüber zum Unterhalt verpflichtet sind, grundsätzlich das über den Selbstbehalt hinausgehende Einkommen einsetzen müssen, sind in § 94 Abs. 2 SGB XII Vergünstigungen für unterhaltspflichtige Eltern vorgesehen, deren volljährige Kinder Eingliederungshilfe für behinderte Menschen oder Hilfe zur Pflege erhalten. Die Eltern haben danach einen monatlichen Unterhaltsbeitrag von höchstens 26 € zu leisten. Bei gleichzeitiger Leistung von Hilfe zum Lebensunterhalt können die Eltern mit weiteren 20 € zur Unterhaltspflicht herangezogen werden. Die in § 94 Abs. 2 SGB XII genannten Pauschalbeträge sind an die Höhe des Kindergeldes angebunden. Da das Kindergeld in den vergangenen Jahren mehrfach erhöht wurde, belaufen sich die Beträge nunmehr auf rund 32 € bzw. 24,50 €.

Die Heranziehung zu den Sozialhilfeaufwendungen erfolgt durch eine an den Unterhaltspflichtigen gerichtete Zahlungsaufforderung. Kommt der Unterhaltspflichtige der Zahlungsaufforderung nicht nach, muss der Träger der Sozialhilfe den Unterhaltsanspruch vor dem zuständigen Familiengericht durchzusetzen. Das Familiengericht entscheidet dann über Bestehen und Umfang des geltend gemachten Unterhaltsanspruchs.

● Merke

Kinder, deren Eltern Hilfe zur Pflege erhalten, können vom Träger der Sozialhilfe zu den Sozialhilfeaufwendungen herangezogen werden. Voraussetzung ist, dass die Kinder nach unterhaltsrechtlichen Maßstäben leistungsfähig sind.

Aufgaben ●

1. Was versteht man unter dem Nachrang der Sozialhilfe?

2. Was sind die Unterschiede zwischen den Leistungen zur Sicherung des Lebensunterhalts einerseits und den Leistungen in „besonderen Lebenslagen" andererseits?

3. Die alleinstehende 67-jährige Frau A. erhält eine monatliche Rente von 400 €. Für ihre Wohnung zahlt sie jeden Monat 350 €. Frau A. verfügt über ein Sparguthaben von 2.000 €. Sonstiges Einkommen und Vermögen ist nicht vorhanden. Hat Frau A. Anspruch auf Leistungen der Grundsicherung im Alter? Wenn ja, in welcher Höhe?

4. In welchem Umfang müssen Personen, die Leistungen der Sozialhilfe in „besonderen Lebenslagen" wie Hilfe zur Pflege erhalten, Einkommen einsetzen?

5. Der alleinstehende Herr H. (Pflegestufe III) wird in einem Pflegeheim versorgt. Die monatlichen Heimkosten belaufen sich auf insgesamt 3.500 €, wovon die Pflegeversicherung 1.612 € übernimmt. Herr H. erhält eine monatliche Rente von 1.000 €. Sonstiges Einkommen und Vermögen ist nicht vorhanden. In welchem Umfang hat Herr H. Anspruch auf Leistungen der Sozialhilfe?

6. Der 85-jährige Herr S. lebt allein in einer Eigentumswohnung (2 Zimmer, 60 qm), deren Eigentümer er ist. Herr S. ist pflegebedürftig und erhält vom Träger der Sozialhilfe Hilfe zur Pflege, da die Leistungen der Pflegeversicherung nicht ausreichen, um die Kosten für die notwendige Pflege durch einen ambulanten Dienst zu decken. Da sich der Gesundheitszustand von Herrn S. zunehmend verschlechtert, muss er künftig in einem Pflegeheim versorgt werden. Übernimmt die Sozialhilfe auch die durch die Pflegeversicherung nicht gedeckten Heimkosten?

7. Unter welchen Voraussetzungen können Kinder, deren Eltern Hilfe zur Pflege erhalten, zu den Sozialhilfeaufwendungen herangezogen werden?

8 Arbeitsrecht

1 Einführung in das Individualarbeitsrecht

Das Arbeitsrecht beschäftigt sich mit dem Recht der unselbstständig tätigen Arbeitnehmer.

Arbeit bedeutet jede für einen anderen nützliche Tätigkeit körperlicher oder geistiger Art.

Arbeitnehmer ist diejenige Person, welche aufgrund eines Arbeitsvertrages einem anderen ihre Arbeitskraft schuldet, in einem fremden Betrieb eingegliedert und an Weisungen der Vorgesetzten gebunden ist.

Wer selbstständig bestimmen kann, wie er seine Arbeit gestaltet, ist nicht Arbeitnehmer im Sinne des Arbeitsrechtes und deren Gesetze. Auch Richter, Beamte und Soldaten gelten nicht als Arbeitnehmer. Für sie gilt das öffentliche Dienstrecht.

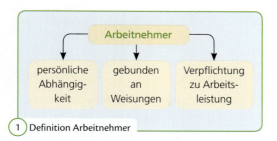

1 Definition Arbeitnehmer

Für arbeitnehmerähnliche Personen, wie Handelsvertreter, Heimarbeiter oder gegebenenfalls freie

Mitarbeiter, die wirtschaftlich abhängig und vergleichbar einem Arbeitnehmer durch einen Dienst- oder Werkvertrag für überwiegend eine andere Person tätig und somit schutzbedürftig sind, gilt § 12 a Tarifvertragsgesetz.

Bei derartigen Arbeitsverhältnissen tritt häufig das Problem der Scheinselbstständigkeit auf, mit der Folge, dass eine versicherungspflichtige Beschäftigung besteht.

Eine besondere Position im Arbeitsrecht haben leitende Angestellte. Sie sind zwar formal Arbeitnehmer, stehen jedoch rechtlich zwischen Arbeitnehmer und Arbeitgeber.

Demgemäß ist nach § 14 das Kündigungsschutzgesetz auf Geschäftsführer, Betriebsleiter und ähnliche leitende Angestellte, soweit diese zur selbstständigen Einstellung oder Entlassung von Arbeitnehmern berechtigt sind, nur eingeschränkt anwendbar.

Arbeitgeber ist, wer mindestens einen Arbeitnehmer beschäftigt und zur Entgegennahme von Diensten berechtigt ist.

Teilweise findet sich in den Gesetzen zum Arbeitsrecht noch die Unterscheidung in den körperlich arbeitenden Arbeiter und den überwiegend geistig arbeitenden Angestellten. Dieses ist letztendlich inzwischen überholt und ohne Bedeutung.

2 Rechtsquellen des Arbeitsrechts

Das Arbeitsrecht kennt zahlreiche rechtliche Grundlagen, die in der Folge hierarchisch geordnet dargestellt werden.

Arbeitsrechtliche Normen:
- Die Verfassung:
  Art. 12 GG Freiheit der Berufswahl
  Art. 3 GG Gleichbehandlung der Geschlechter
  Art. 9 GG Koalitionsfreiheit, das Recht der Arbeitnehmer, sich in Gewerkschaften zu organisieren
- Gesetze:
  beispielsweise das Kündigungsschutzgesetz (KSchG),

  das Bundesurlaubsgesetz (BurlG),
  das Arbeitszeitgesetz (ArbZG),
  die Regelungen zum Dienstvertrag in den §§ 611 ff. BGB
- Rechtsverordnungen:
  beispielsweise die Wahlordnung zum BetriebsverfassungG
- Tarifverträge:
  hierbei handelt es sich um Vereinbarungen zwischen Gewerkschaften und einzelnen Unternehmern oder Arbeitgeberverbände.
  Sie gelten zwingend für den tarifgebundenen Arbeitnehmer.

Eine Abweichung vom Tarifvertrag ist nur zugunsten des Arbeitnehmers möglich.

- Betriebsvereinbarungen:
  in diesen Vereinbarungen werden arbeitsrechtliche Fragen, die nicht in Tarifverträgen geregelt sind, von Betriebs- oder Personalräten mit dem Arbeitgeber vereinbart.
- Arbeitsverträge:
  der individuelle Vertrag zwischen Arbeitnehmer und Arbeitgeber. Im Gegensatz zu den anderen Rechtsquellen gilt er ausschließlich zwischen den Vertragsparteien und nicht für eine Vielzahl von Beteiligten.

Im Arbeitsrecht gilt das sogenannte Günstigkeitsprinzip. Das bedeutet, dass die rangniedrigere Norm unter Umständen die ranghöhere Norm verdrängt, wenn sie den Arbeitnehmer besserstellt.

Eine Ausnahme hiervon stellt § 622 Abs. 4 BGB dar. Demgemäß sind abweichende Regelungen im Tarifvertrag möglich, selbst wenn sie den Arbeitnehmer schlechter stellen als im Gesetz vorgeschrieben wird.

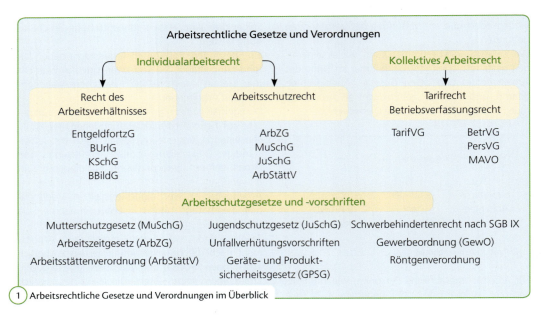

1 Arbeitsrechtliche Gesetze und Verordnungen im Überblick

3 Das Arbeitsverhältnis

Das Arbeitsverhältnis und damit die gesamte Rechtsbeziehung zwischen Arbeitgeber und Arbeitnehmer beruhen entweder auf Vertrag oder auf Gesetz.

Es gilt zu unterscheiden

- das faktische Arbeitsverhältnis
- der „schwarze Arbeitsvertrag"
- der Arbeitsvertrag

Das faktische Arbeitsverhältnis beruht auf fehlerhaftem Arbeitsvertrag beispielsweise bei Fehlen einer erforderlichen Arbeitserlaubnis. Dieser Arbeits-

vertrag ist nichtig von Anfang an. An seine Stelle tritt das sogenannte faktische Arbeitsverhältnis, welches jederzeit beendet werden kann.

Schwarzarbeit ist jede Tätigkeit, die unter Verletzung steuer-, sozial- und gewerberechtlicher Meldepflichten durchgeführt wird.

Der „schwarze Arbeitsvertrag" ist von Anfang an nichtig und das Arbeitsverhältnis für die Zukunft unwirksam.

Demzufolge bedarf es zur Beendigung keiner Kündigung und die Sozialabgaben müssen nachgezahlt werden. Gemäß §§ 115 ff. SGB X bestehen Ansprüche der Sozialbehörden, der Arbeitsagentur oder der Sozialversicherungsträger gegen den Arbeitgeber und den Arbeitnehmer.

Außerdem wird gegen den Arbeitnehmer aufgrund des Verstoßes gegen das Gesetz zur Bekämpfung der Schwarzarbeit und unter Umständen aufgrund eines Betrugsdeliktes von der Arbeitsagentur oder der Sozialbehörde sowie den Steuerbehörden bzw. der Zollfahndung ein Strafverfahren eingeleitet.

Der Arbeitsvertrag gemäß § 611 BGB ist ein zweiseitig verpflichtender, schuldrechtlicher Vertrag und ein Dauerschuldverhältnis, das nur für die Zukunft unter anderem durch Kündigung beendet werden kann.

Es gelten die allgemeinen Aussagen der Vertragslehre des BGB, wobei die Abschluss- und Gestaltungsfreiheit stark durch die arbeitsrechtlichen Schutzgesetze eingeschränkt wird.

Arten der Arbeitsverhältnisse

- **das unbefristete Arbeitsverhältnis:**
  es endet erst durch Kündigung der Vertragspartner oder durch den Tod des Arbeitnehmers und sollte den Normalfall darstellen.

- **das befristete Arbeitsverhältnis (Zeitverträge):**
  es endet ohne besondere Kündigung durch Fristablauf zu einem bestimmten Kalendertag oder bei Eintritt eines bestimmten Ereignisses, beispielsweise der Rückkehr eines erkrankten Arbeitnehmers. Die Zulässigkeit der Befristung bei sogenannten Kettenarbeitsverträgen bedarf besonderer Gründe und richtet sich nach § 14 Teilzeit- und Befristungsgesetz (TzBfG). Tarifvertragliche Regelungen können jedoch Abweichungen vom TzBfG festlegen.

  Besondere Gründe für eine Befristung sind einerseits sachlicher Art, beispielsweise die Vertretung eines Arbeitnehmers im Erziehungsurlaub, bei längerer Erkrankung, bei Schwangerschaft, etc. soiwe bei der Arbeit auf Probe oder bei Saisonarbeit.

  Andererseits kann bei Vorliegen von persönlichen Gründen beispielsweise dem eigenen Wunsch zur Überbrückung einer Wartezeit vor der Ausbildung oder bis zum Rentenbeginn eine Befristung erfolgen.

  Vor Fristende kann ordentlich (nur bei Vereinbarung) oder außerordentlich gekündigt werden.

  Bei stillschweigendem Fortsetzen eines befristeten Arbeitsverhältnisses mit Wissen des Arbeitsgebers entsteht gemäß § 15 Abs. 5 TzBfG ein unbefristetes.

  Eine während der zulässigen Befristung eingetretene Schwangerschaft löst keinen besonderen Schutz aus, so dass das Arbeitsverhältnis bei Fristablauf endet.

  Für befristete Arbeitsverhältnisse gelten ansonsten dieselben wechselseitigen Rechte und Pflichten des Arbeitsrechts, beispielsweise Entgeltfortzahlung im Krankheitsfall, Urlaubsanspruch, etc.

- **das Probearbeitsverhältnis:**
  dieses wird in der Regel als unbestimmtes Arbeitsverhältnis mit vorgeschalteter Probezeit geschlossen, das nach Ablauf der Probezeit in ein unbefristetes Arbeitsverhältnis übergeht, falls nicht während der Probezeit gekündigt wird.

  Während der Probezeit, die in der Regel drei bis sechs Monate beträgt, gilt noch kein Kündigungsschutz und somit ist eine kurzfristige Kündigung ohne Begründung möglich.

  Wird ein befristetes Arbeitsverhältnis zum Zwecke der Erprobung vereinbart, dann endet der Vertrag am Ende der Probezeit durch Fristablauf.

- **das Aushilfsarbeitsverhältnis:**
  dieses ist ein befristetes oder unbefristetes Arbeitsverhältnis, um einen vorübergehenden Bedarf an Arbeitskräften abzudecken beispielsweise in Urlaubszeiten. Es richtet sich bei Befristung nach den Regeln des TzBfG.

- **das Abrufarbeitsverhältnis:**
  gemäß § 12 TzBfG können Arbeitgeber und Arbeitnehmer vereinbaren, dass die Arbeitsleistung entsprechend dem Arbeitsanfall zu erbringen ist. Es handelt sich um Verträge mit einer sogenannten kapazitätsorientierten, variablen Arbeitszeit (KAPOVAZ-Verträge).

  Wird keine bestimmte wöchentliche oder tägliche Arbeitszeit festgelegt, gilt eine Arbeitszeit von wöchentlich 10 Stunden oder von täglich mindestens drei aufeinanderfolgenden Stunden als vereinbart.

Trotz der Arbeit auf Abruf ist der Arbeitnehmer nach § 12 TzBfG nur zur Arbeitsleistung verpflichtet, wenn der Arbeitgeber ihm die Lage seiner Arbeitszeit jeweils mindestens vier Tage im Voraus mitteilt.

Durch Tarifvertragliche Regeln kann jedoch von diesen Grundsätzen zuungunsten des Arbeitnehmers abgewichen werden. Demzufolge kann in einem Tarifvertrag eine kürzere Vorankündigungsfrist vereinbart werden.

Infolge der Fürsorgepflicht des Arbeitgebers gegenüber dem Arbeitnehmer hat er beim Abruf der Arbeitsleistung grundsätzlich auch auf die persönliche Zeitplanung oder familiäre Vorgaben des Arbeitnehmers Rücksicht zu nehmen.

- **das Teilzeitarbeitsverhältnis:**

beim Teilzeitarbeitsverhältnis wird eine kürzere Wochenarbeitszeit als die betriebsübliche Normalarbeitszeit von in der Regel 35 bis 40 Std. vereinbart.

Hierzu zählen auch die geringfügigen Beschäftigungsverhältnisse nach § 8 SGB IV mit einem Monatslohn in Höhe bis zu 450,00 € und die kurzfristig Beschäftigten mit weniger als zwei Monaten oder bis zu 50 Arbeitstagen im Jahr.

Die Rechtsgrundlage für diese Art von Arbeitsverhältnissen ist das TzBfG.

Für Teilzeitarbeitsverhältnisse finden die arbeitsrechtlichen Vorschriften des Vollzeitarbeitsverhältnisses Anwendung.

Somit besteht für den Teilzeitbeschäftigten ein Anspruch auf Tariflohn, auf Urlaub, auf Urlaubs- und Weihnachtsgeld, auf Bildungsurlaub gemäß den jeweiligen Landesbestimmungen, auf Entgeltfortzahlung bei Krankheit und Reha-Maßnahmen, auf die Rechte des Mutterschutzgesetzes, auf Krankengeld, auf die Rechte des Kündigungsschutzgesetzes etc.

Die Dauer des Beschäftigungsverhältnisses ist die kalendarische Dauer des Teilzeitarbeitsverhältnisses entscheidend, beispielsweise Pflegerin A ist seit 01.01. täglich 4 Std. beim Pflegeheim Abendsonne angestellt. Nach sechs Monaten, ab dem 01.07. hat sie den vollen Urlaubsanspruch.

- **das Ausbildungsarbeitsverhältnis:**

dieses hat zum Ziel, besondere berufliche Kenntnisse und Fertigkeiten zu erwerben, gegebenenfalls auch im Rahmen einer Umschulung.

Grundlage ist das seit 2003 bundeseinheitlich geregelte Altenpflegegesetz (AltPflG). Das Berufsbildungsgesetz (BBiG) ist auf die Altenpflegeausbildung nicht anwendbar.

Die dreijährige Altenpflegausbildung setzt sich aus dem praktischen und dem theoretischen Teil zusammen. Der theoretische Unterricht findet an den Altenpflegefachseminaren statt.

Die Praktische Ausbildung kann in Heimen oder im ambulanten Bereich absolviert werden.

○··Literatur······

Altenpflegegesetz (AltPflG) unter www.gesetze-im-internet.de/bundesrecht/altpflg/gesamt.pdf

- **das Fortbildungsarbeitsverhältnis:**

hat das Ziel, die beruflichen Fertigkeiten und Kenntnisse eines Arbeitnehmers zu erhalten, zu erweitern, der fachlichen Entwicklung anzupassen oder ihm zu einem beruflichen Aufstieg zu verhelfen.

Die Förderung der beruflichen Weiterbildung richtet sich nach den §§ 77 ff. SGB III.

Streit gibt es häufig über sogenannte Rückzahlungsklauseln. Der Arbeitgeber vereinbart mit dem Arbeitnehmer eine bestimmte Dauer der Bindung an den Betrieb je nach Höhe der aufgewendeten Weiterbildungskosten. Beendet der Arbeitnehmer vorzeitig das Beschäftigungsverhältnis, ist er verpflichtet anteilig die Weiterbildungskosten an den Arbeitgeber zurückzuzahlen. Eine einheitliche gesetzliche Grundlage gibt es hierfür nicht. Tarifrechtliche Regelungen und vor allem die Rechtsprechung sind im Einzelfall heranzuziehen.

- **der Berufspraktikantenvertrag:**

dieses ist ein Ausbildungsvertrag der besonderen Art. Die Ausbildungsvorschriften orientieren sich an der jeweiligen Berufsgruppe. Das Berufsbildungsgesetz ist unter Umständen anwendbar.

4   Der Arbeitsvertrag

Gemäß Art. 12 GG haben Arbeitnehmer und Arbeitgeber die freie Wahl des Arbeitsplatzes.

Bei der Stellenausschreibung und der Einstellung darf keine Person aufgrund des Geschlechts oder der Rasse diskriminiert werden.

Die Vertragspartner können im Rahmen der sogenannten Vertragsfreiheit den Inhalt des Vertrages grundsätzlich selbst bestimmen.

Jedoch ist im Arbeitsrecht die Gestaltungsfreiheit aufgrund der Ungleichheit der Vertragspartner durch Schutzgesetze, Tarifverträge und Betriebsvereinbarungen stark eingeschränkt.

Darüber hinaus wirkt für den Arbeitnehmer das Günstigkeitsprinzip. Wobei das sogenannte tarifdispositive Gesetzesrecht den Tarifvertragsparteien auch für Arbeitnehmer ungünstige Vereinbarungen ermöglicht. Diese dürfen aber nicht ungerecht und unbillig sein.

Tarifdispositiv bedeutet, dass arbeitsrechtliche Bestimmungen durch Tarifvertrag abgeändert werden können.

4.1   Die Offenbarungspflichten im Vorstellungsgespräch

Im Vorstellungsgespräch darf der Arbeitgeber die Arbeitsplatzbewerber nach den ihn interessierenden Umständen befragen.

Dieses erfolgt in der Regel vorab in Form eines Bewerbungsbogens.

Jedoch hat der Bewerber außergewöhnliche persönliche Umstände selbst zu offenbaren.

Hierzu gehören eine bewilligte Rehabilitationsmaßnahme oder unter Umständen eine Erkrankung, welche die Arbeitsaufnahme beziehungsweise die berufliche Tätigkeit verhindert.

Erkrankungen sind daher nur dann mitzuteilen, wenn sie Auswirkungen auf die Tätigkeit, auf den konkreten Betrieb oder auf die anderen Arbeitnehmer, beispielsweise bei konkreter Ansteckungsgefahr, haben.

Grundsätzlich werden zulässige, unzulässige und eingeschränkt zulässige Fragen des Arbeitgebers unterschieden.

Die zulässigen Fragen muss der Bewerber wahrheitsgemäß beantworten.

Bei den unzulässigen Fragen besteht ein „Recht zur Lüge".

1 Fragerecht des Arbeitgebers

Ob die eingeschränkt zulässigen Fragen wahrheitsgemäß zu beantworten sind, hängt von der zu leistenden Tätigkeit und von dem betreffenden Arbeitsplatz ab.

So sind Fragen nach einer Schwerbehinderung (ab 50 GdB) nur wahrheitsgemäß zu beantworten, wenn diese für den Arbeitsplatz von Bedeutung ist.

Ebenso die Frage nach (chronischen) Krankheiten, wenn davon die Einsatzfähigkeit auf dem vorgesehenen Arbeitsplatz abhängt.

Bei bestimmten chirurgischen Tätigkeiten ist eine HIV-Infektion zu offenbaren, wenn eine relevante Viruslast nachgewiesen wird.

In der Altenpflegetätigkeit ist die Frage nicht zulässig. Nach aktuellen Lohnpfändungen darf gefragt werden, wenn für die Stelle ein besonderes Maß an Vertrauen erforderlich ist und der Arbeitgeber ein besonderes Interesse an den wirtschaftlichen Verhältnissen des Arbeitnehmers hat, beispielsweise weil dieser mit Geld umgehen muss oder ihm Geld der Klienten anvertraut wird.

Die Frage nach Vorstrafen oder Strafverfahren ist zulässig, wenn die Tatvorwürfe einschlägig für die berufliche Tätigkeit sind beispielsweise nach einem Ermittlungsverfahren wegen Körperverletzung bei einer Stelle als Altenpflegekraft.

Gemäß dem Bundesarbeitsgericht sind unwahre Angaben im Vorstellungsgespräch von Bedeutung, wenn sie ursächlich für den Vertragsschluss werden. Aus der Verletzung von Mitteilungspflichten können Schadensersatzforderungen entstehen und das Arbeitsverhältnis kann durch den Arbeitgeber gegebenenfalls angefochten werden mit der Folge, dass der Arbeitsvertrag von Anfang an nichtig ist. Die erbrachte Arbeitsleistung muss allerdings vergütet werden.

Aus dem Vorstellungsgespräch ergeben sich für alle Beteiligte Verschwiegenheitspflichten.

① Vorstellungsgespräch

Eine Abschlusspflicht ist aus dem Vorstellungsgespräch nicht herzuleiten.

Allerdings hat der Arbeitgeber das Allgemeine Gleichstellungsgesetz (AGG) zu beachten.

Ziel des AGG ist es, die Benachteiligungen aus Gründen der Rasse oder der ethnischen Herkunft, des Geschlechts, der Religion oder Weltanschau-

ung, einer Behinderung, des Alters oder der sexuellen Identität zu verhindern oder zu beseitigen.

Demzufolge ist eine Ablehnung des Bewerbers beispielsweise wegen einer chronischen Krankheit wie Diabetes, die letztendlich einer Behinderung gleichsteht und keine Auswirkung auf die Tätigkeit als Altenpflegekraft hat, rechtswidrig. Die Frage danach ist daher unzulässig.

Eine schwere Bandscheibenerkrankung ist dagegen anzugeben und darf zur Ablehnung führen, da dadurch die Arbeitsfähigkeit in der Altenpflege nicht gegeben ist.

Die Kosten für die Anreise zum Vorstellungsgespräch und gegebenenfalls eine Übernachtung werden gemäß §§ 662, 670 BGB vom Arbeitgeber erstattet, falls er eine Kostenübernahme nicht im Vorhinein ausschließt.

4.2 Die Inhalte des Arbeitsvertrages

Kommt es zu einem Arbeitsverhältnis, hat der Arbeitgeber gemäß § 2 Nachweisgesetz dem Arbeitnehmer spätestens einen Monat nach vereinbartem Arbeitsbeginn die wesentlichen Vertragsbedingungen auszuhändigen.

Auch in Tarifverträgen ist häufig die Schriftform für den Arbeitsvertrag vorgeschrieben.

Inhalte des Arbeitsvertrages gemäß § 2 Nachweisgesetz:

1. Der Name und die Anschrift der Vertragsparteien
2. Der Zeitpunkt des Beginns des Arbeitsverhältnisses
3. Bei befristeten Arbeitsverhältnissen: die vorhersehbare Dauer des Arbeitsverhältnisses
4. Der Arbeitsort
5. Eine kurze Charakterisierung oder Beschreibung der vom Arbeitnehmer zu leistenden Tätigkeit
6. Die Zusammensetzung und die Höhe des Arbeitsentgelts und deren Fälligkeit
7. Die vereinbarte Arbeitszeit
8. Die Dauer des jährlichen Erholungsurlaubs
9. Die Kündigungsfristen
10. Ein Hinweis auf anzuwendende Tarifverträge, Betriebs- und Dienstvereinbarungen

5 Die Haupt- und Nebenpflichten des Arbeitnehmers

Der Arbeitsvertrag hält für die Vertragsparteien Pflichten und Rechte fest.

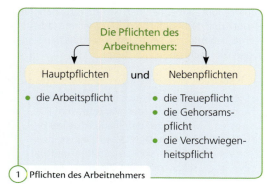

1 Pflichten des Arbeitnehmers

Die Arbeitspflicht

beinhaltet gemäß §613 BGB, dass der Arbeitnehmer die Arbeitsleistung persönlich zu erbringen hat. Sie ist nicht übertragbar und geht im Falle des Todes des Arbeitnehmers folglich nicht auf die Erben über. Der Arbeitnehmer hat im Falle der Arbeitsunfähigkeit keine Pflicht, eine Ersatzperson zu besorgen.

Die Treuepflicht

bedeutet, dass der Arbeitnehmer seine Arbeit in Wahrung der Interessen des Arbeitgebers und des Betriebes auszuführen hat.

Die Treuepflicht besteht aus
- Obhutspflichten
  z.B. sorgsamer Umgang mit Arbeitsmaterialien
- Rücksichtspflichten,
  z.B. Leistung von Überstunden, kurzfristiger Arbeitseinsatz
- Informationspflichten,
  z.B. Mitteilung einer Arbeitsverhinderung, Anzeige von Störungen im Betrieb und von Schäden

⭕ Praxisfall 35

Bei der Körperpflege der verwirrten Frau D. fällt Ihnen auf, dass sie zahlreiche Hämatome hat. Außerdem reagiert sie sehr ängstlich und mit Hilferufen auf Ihre Mitarbeiterin Frau M.

Sie beobachten die Kollegin und stellen fest, dass diese Frau D. hart anfasst und ihr vorsätzlich Schmerzen zufügt, wenn sie sich bei der Pflege wehrt oder die Medikamente nicht nehmen möchte.
Sie sind empört und möchten die PDL einschalten.
Da Frau M. eine gute Freundin der Pflegedienstleiterin ist, erhoffen sie jedoch keine Hilfe von der Vorgesetzten.
Sie schreiben daher die Beobachtungen Herrn Fussek, der in Fernsehsendungen bundesweit die Missstände in Pflegeeinrichtungen anprangert.
Außerdem überlegen sie, ob sie die Kollegin bei der Polizei wegen Körperverletzung anzeigen sollen.

Es besteht grundsätzlich keine Pflicht des Arbeitnehmers zur Anzeige eines gleichrangigen Kollegen beim Arbeitgeber, wenn vom Kollegen ein Schaden ausgeht beispielsweise bei Diebstahl oder Veruntreuung, es sei denn der Schaden ist verhältnismäßig hoch oder es liegt eine andauernde Gesundheitsschädigung wie bei der Körperverletzung eines Bewohners vor.

Grundsätzlich kommt es zur Abwägung zwischen den Interessen des Arbeitgebers und der Stellung des Arbeitsnehmers innerhalb des Kollegenkreises. Das Denunziantentum soll nicht gefördert werden.

Wird jedoch wie im vorstehenden Praxisfall ein schutzbedürftiger Bewohner akut gefährdet ist ein Handeln geboten.

Aufgrund der Treue- und der Verschwiegenheitspflicht des Arbeitnehmers sind zunächst innerbetriebliche Lösungswege zu suchen, bevor Institutionen außerhalb des Betriebes oder gar die Presseöffentlichkeit eingeschaltet werden dürfen.

Demzufolge müssen im Praxisfall 35 die innerbetrieblich vorgesetzten Personen wie die Wohnbereichsleitung, die Pflegedienstleitung und die Einrichtungsleitung über den Verdacht, dass die

Kollegin Bewohner misshandelt, informiert werden.

Fernerhin kann die Arbeitnehmervertretung eingeschaltet werden.

Sollten die Leitungskräfte untätig bleiben und die Missstände nicht abstellen, darf der Arbeitnehmer auch nach Außen gehen und die Heimaufsichtsbehörde oder die Staatsanwaltschaft einschalten.

Erst wenn alle Möglichkeiten ausgeschöpft sind und dieses Vorgehen erfolglos bleibt, darf mit den Pressemedien Kontakt aufgenommen werden.

Beabsichtigt der Arbeitnehmer gegen den Arbeitgeber die Einleitung eines behördlichen Verfahrens durch eine Anzeige bei der Heimaufsicht oder der Staatsanwaltschaft wegen Missstände im Betrieb, dann müssen diese tatsächlich vorliegen und eine Ordnungswidrigkeit oder Straftat darstellen. Die Mitteilungen des Arbeitnehmers müssen nachweisbar wahr sein.

Die Verschwiegenheitspflicht

verbietet dem Arbeitnehmer, sogenannte Betriebsgeheimnisse ohne Erlaubnis des Arbeitgebers außerhalb des Betriebes kundzutun und zu verbreiten.

Während die Weitergabe der persönlichen Daten der Bewohner strafrechtlich eine Schweigepflichtverletzung nach § 203 StGB darstellt, unterliegen die betrieblichen Daten zusätzlich dem arbeitsrechtlichen Gebot der Verschwiegenheit.

Demzufolge darf der Arbeitnehmer keine Tatsachen preisgeben, welche im Zusammenhang mit dem Betrieb stehen, nicht offenkundig sind und geheim gehalten werden sollen wie beispielsweise die Bilanzen des Betriebes, Fakten für die Kreditwürdigkeit, Bauplanungen, Strategien im Wettbewerb, betriebliche Umstrukturierungen, Personalangelegenheiten. Auch über die persönlichen Umstände und Verhaltensweisen des Arbeitgebers, ist Stillschweigen zu wahren.

Die Verschwiegenheitspflicht gilt über das Beschäftigungsverhältnis hinaus auch noch nach dessen Beendigung weiter.

5.1 Rechtsfolgen bei Pflichtverletzungen durch den Arbeitnehmer

Verletzt der Arbeitnehmer seine vorgenannten Haupt- und Nebenpflichten, muss er mit arbeitsrechtlichen oder gar straf- und zivilrechtlichen Konsequenzen rechnen.

○ Praxisfall 36

Die Altenpflegekraft Frau F. hat häufig Auseinandersetzungen mit der Vorgesetzten PDL, weil sie zuviel Zeit bei der Pflege einzelner Bewohner aufwendet. Die PDL wirft ihr vor, beim Bewohner Herr R. sich auszuruhen und mit ihm auch schon mal eine Zigarette zu rauchen.
Als Frau F. eine interessante Stellenausschreibung im ambulanten Pflegebereich entdeckt, bewirbt sie sich sofort. Nach dem Vorstellungsgespräch wird ihr direkt der Arbeitsvertrag vorgelegt mit Arbeitsaufnahme zum nächsten Monatsbeginn.
Sie unterschreibt und überlegt, wie sie aus dem bisherigen Arbeitsverhältnis herauskommt, da sie drei Monate Kündigungsfrist beachten muss.

Die Rechtsfolgen bei einer Pflichtverletzung durch den Arbeitnehmer können sein:
- Abmahnung
- Kündigung durch den Arbeitgeber
- Gehaltsminderung
- Kürzung von Zulagen und Vergünstigungen
- Schadensersatz

Im Praxisfall 36 wird Frau F. durch den Arbeitgeber wegen Schlechtleistung bzw. Nichterfüllung der Arbeitspflicht abgemahnt.

Die Abmahnung ist von einer folgenlosen Ermahnung zu unterscheiden.

Inhalt der Abmahnung:
- Personalien des Arbeitnehmers
- Genaue Beschreibung der Pflichtverletzung (Ort, Zeitpunkt, pflichtwidriges Verhalten wie das Rauchen während der Arbeitszeit im Bewohnerzimmer)

- Hinweis auf das pflichtgemäße Verhalten
- Androhung der Beendigung des Arbeitsverhältnisses bei dem erneuten gleichen pflichtwidrigen Verhalten
- Datum und Unterschrift des Arbeitgebers

Die Abmahnung muss zeitnah nach dem Fehlverhalten dem Arbeitnehmer zur Kenntnis gelangen. Der Arbeitgeber muss den Zugang der Abmahnung beweisen. Daher sollte er sich den Empfang vom Arbeitnehmer bestätigen lassen.

1 Abmahnung

Eine Gehaltsminderung ist aufgrund der Schlechterfüllung in der Regel nicht möglich.

Erfüllt der Arbeitnehmer seine Arbeitspflicht nicht, weil er beispielsweise bereits eine andere Arbeitsstelle angetreten hat, obwohl das bisherige Beschäftigungsverhältnis noch besteht, dann entfällt der Gehaltsanspruch.

Einen Zwang zur Arbeitsleistung gibt es nicht.

Jedoch kann der bisherige Arbeitgeber Schadensersatz gegen den Arbeitnehmer geltend machen, da dieser wegen selbstverschuldeter Unmöglichkeit seiner Arbeitspflicht nicht nachkommt.

Nach § 249 BGB ist der Arbeitgeber so zu stellen, wie er bei pflichtgemäßer Arbeitsleistung gestanden hätte.

Demzufolge kann er als Schaden Kosten für eine erneute Stellenanzeige, um einen Nachfolger zu finden, sich erstatten lassen.

Gegebenenfalls ist als Schaden auch die Gehaltsdifferenz bei einer höheren Vergütung einer Ersatzkraft oder der Einnahmenausfall, weil beispielsweise Bewohnerplätze nicht belegt oder weil im ambulanten Bereich keine neue Klienten angenommen werden können, vom Arbeitnehmer zu tragen.

Praxisfall 37

Die Altenpflegekraft Frau G. hat den Bewohner Herr C. bei der Körperpflege im Bett nicht ausreichend gesichert. Da sie das Pflegemittel im Bad vergessen hatte, entfernt sie sich vom Bett. In diesem kurzen Augenblick fällt Herr C. aus dem Bett und erleidet eine Oberschenkelhalsfraktur.

Grundsätzlich muss jeder Arbeitnehmer für sein Handeln einstehen, das heißt gegenüber dem Geschädigten haften.

Schuldhafte Verletzungen der arbeitsvertraglichen Pflichten kann zu Schäden beim Arbeitgeber, bei Dritten (Klienten, Bewohner, Besucher, sonstigen Personen) oder zu Schäden bei Kollegen führen.

Häufig entsteht die Frage des Mitverschuldens des Arbeitgebers beispielsweise wenn die Aufsichtspflicht nicht umfassend erfüllt werden kann wegen Personalmangel oder wenn Arbeitsgeräte und Hilfsmittel defekt sind.

Die Schadensersatzpflicht des Arbeitnehmers bei Schäden aus betrieblich veranlassten Tätigkeiten ist auf Schäden durch mittlere und grobe Fahrlässigkeit sowie Vorsatz beschränkt.

Entsteht der Schaden durch leichte Fahrlässigkeit, übernimmt der Arbeitgeber die volle Haftung.

Bei mittlerer Fahrlässigkeit haften Arbeitnehmer und Arbeitgeber anteilsmäßig.

Verursacht der Arbeitnehmer beim Kollegen einen Personenschaden haftet er für Vorsatz und grobe Fahrlässigkeit.

Fernerhin ist bei einem betrieblichen oder Wegeunfall die Haftung durch die gesetzliche Unfallversicherung nach § 104 SGB VII zu prüfen.

Verschuldet der Arbeitnehmer beim Kollegen einen Sachschaden haftet er grundsätzlich in voller Höhe gemäß § 823 BGB.

Jedoch kann auch hier ein Freistellungsanspruch des Arbeitnehmers gegenüber dem Arbeitgeber bestehen, der zu einer anteiligen Haftung aufgrund der sogenannten „betrieblichen Verbundenheit" führt.

6 Die Haupt- und Nebenpflichten des Arbeitgebers

Die Pflichten des Arbeitgebers:

Hauptpflichten **und** Nebenpflichten

- die Lohnzahlungspflicht inkl. der Sozialleistungen
- die Beschäftigungspflicht

- die Fürsorgepflicht
- die Gleichbehandlungspflicht

① Pflichten des Arbeitgebers

6.1 Lohnzahlungspflicht des Arbeitgebers

Die Pflicht des Arbeitgebers zur Lohnzahlung beruht auf § 611 BGB. Die Höhe der Entlohnung ist für tarifgebundene Arbeitgeber im Tarifvertrag festgelegt.

Die nicht tarifgebundenen Arbeitgeber können mit dem Arbeitnehmer den Arbeitslohn frei vereinbaren soweit kein Gesetz einen Mindestlohn vorschreibt und soweit die geringe Höhe der Entlohnung nicht sittenwidrig ist. Hierbei gibt es keine einheitliche Feststellung, sondern die Sittenwidrigkeit einer Vergütung wird im Einzelfall beurteilt.

● Merke

Arbeitsrechtlicher Gleichbehandlungsgrundsatz, d. h. ohne sachlichen Grund ist bei einer allgemeinen Lohnerhöhung kein Ausschluss einzelner möglich, jedoch ist eine Begünstigung einzelner mit Begründung zulässig.

Gesetzlicher Gleichbehandlungsgrundsatz/Art. 3 I GG) d. h. bei gleicher oder gleichwertiger Arbeit gilt der Grundsatz gleicher Lohn der Geschlechter und somit keine Benachteiligung wegen der Abstammung, der Rasse, des Glaubens etc.

Teilzeitbeschäftigte oder Aushilfskräfte dürfen ebenfalls nicht ohne sachlichen Grund schlechter behandelt werden als Vollzeitbeschäftigte.

Grundsätzlich bestehen Mitbestimmungsrechte des Betriebs- oder Personalrates bei der betrieblichen Lohngestaltung.

Anspruchsgrundlagen für die Lohnzahlung:
- Gesetz (§§ 611, 612 II BGB)
- Tarifvertrag
- Betriebsvereinbarungen
- Arbeitsvertrag
- Betriebliche Übung (Sonderzuwendungen)

Ein Arbeitsverhältnis beinhaltet neben der Pflicht zur Lohnzahlung auch die Pflicht des Arbeitgebers zur Zahlung der Sozialabgaben. Diese sind im Sozialrecht geregelt und betreffen die Beiträge zur Arbeitslosenversicherung, Krankenversicherung, Pflegeversicherung und Rentenversicherung.

○ Praxisfall 38

Der ambulante Pflegedienst der Frau F. beschäftigt 6 Pflegekräfte. Frau F. hat in den Jahren 2010, 2011 und 2012 diesen Arbeitnehmern Weihnachtsgeld gezahlt.

In 2013 erhält die Pflegekraft Frau B., welche am 01. 12. 2013 das Arbeitsverhältnis gekündigt hat, im Gegensatz zu den Kollegen kein Weihnachtsgeld.

Die sogenannte betriebliche Übung führt zu einem Vertrauen auf ein Versprechen oder auf eine tatsächliche Fortsetzung einer Leistung.

Von einer betrieblichen Übung wird beispielsweise ausgegangen bei einer
- dreimaligen Gewährung einer Zuwendung oder
- vorbehaltlosen ständigen Zahlung von Zuschüssen zu den Fahrtkosten oder
- langjährigen Zahlungen von drei Monatsgehältern nach der Berentung.

Dieses Vertrauen entfällt jedoch, wenn der Arbeitgeber seine Sonderzuwendungen als freiwillig kennzeichnet oder einen diesbezüglichen Rechtsanspruch ausdrücklich ausschließt.

Im Praxisfall 38 hat Frau B. einen Anspruch auf Zahlung des Weihnachtsgeldes aufgrund der betrieblichen Übung.

6.2 Beschäftigungspflicht und Fürsorgepflicht des Arbeitgebers

Der Arbeitnehmer muss seine Arbeitskraft zu den vereinbarten Dienstzeiten anbieten.

Der Arbeitgeber hat entsprechend Arbeit vorzuhalten. Der Beschäftigungspflicht würde der Arbeitgeber somit nicht nachkommen, wenn beispielsweise im ambulanten Pflegedienst keine Klienten vorhanden sind. Diese Situation ist im Bereich der Altenpflege kaum vorstellbar.

Aus der Fürsorgepflicht des Arbeitgebers ergeben sich für den Arbeitnehmer unter anderem der Anspruch auf angemessene Pausen, auf Erholungsurlaub, auf Einhaltung der vereinbarten Arbeitszeit, auf Einhaltung der Arbeitsschutzvorgaben und der Hygienevorschriften.

Diesbezüglich sind zahlreiche Sachverhalte in den arbeitsrechtlichen Schutzgesetzen geregelt.

Teilweise befinden sich Normen außerhalb des Arbeitsrechts, die ebenfalls die Fürsorgepflicht des Arbeitgebers betreffen.

Beispielsweise besteht bei Erkrankung eines Kindes bis zu dessen Vollendung des 12. Lebensjahres gemäß § 45 SGB V ein Anspruch auf Krankengeld bei der Mutter oder dem Vater.

Demzufolge darf bei einer erforderlichen Betreuung des Kindes und wenn keine andere Person im Haushalt diese leisten kann, der Arbeitnehmer an bis zu 10 Arbeitstagen pro Jahr das Kind versorgen und wird von der Arbeit unter Bezug von Krankengeld freigestellt. Alleinerziehende haben einen Anspruch auf Krankengeld und Freistellung bis zu 20 Arbeitstagen im Jahr.

Der Arbeitnehmer muss die Krankheit des Kindes und dessen Betreuungsbedarf durch eine Bescheinigung des Arztes nachweisen.

6.3 Rechtsfolgen bei Pflichtverletzungen durch den Arbeitgeber

Die Rechtsfolgen bei einer Pflichtverletzung durch den Arbeitgeber können sein:

- Leistungsverweigerungsrecht des Arbeitnehmers
- Kündigung durch den Arbeitnehmer
- Schadensersatz

Das Ausüben des Zurückbehaltungsrechts des Arbeitnehmers beinhaltet eine „Verweigerung" der Arbeitsleistung. Sie ist erst bei einem fälligen Anspruch gegen den Arbeitgeber beispielsweise wegen Lohnforderungen in Erwägung zu ziehen.

Eine Mahnung mit Fristsetzung und Androhung eines Vollstreckungsverfahrens gegen den Arbeitgeber muss durch den Arbeitnehmer vorausgehen.

Für den Arbeitnehmer bleibt sein Lohnzahlungsanspruch bestehen ohne dass er seine Leistung erbringt.

7 Das Weisungsrecht des Arbeitgebers und die Gehorsamspflicht des Arbeitnehmers

Der Arbeitgeber darf dem Arbeitnehmer Weisungen erteilen. Dieses Direktionsrecht beruht auf § 315 BGB und ist meist in der Organisation des Betriebes verankert.

Der Arbeitgeber legt die zu erbringende Arbeitsleistung fest und erlässt die Betriebsordnung für die Arbeitnehmer. Darin werden beispielsweise das Tragen von Schutzkleidung, das Rauch- und Alkoholverbot und andere Verhaltensregeln niedergeschrieben.

● Merke

Das Weisungsrecht ist die einseitige Festlegung von Zeit, Ort und Art der Arbeit sowie des Verhaltens im Betrieb soweit es der Betriebszweck erfordert.

Der Arbeitgeber unterliegt jedoch den Grenzen des Weisungsrechts. So darf er keine gesetzeswidrigen Weisungen erteilen und muss grundsätzlich die Persönlichkeitsrechte des Arbeitnehmers sowie die Fürsorgepflicht ihm gegenüber beachten.
Es besteht ein Schikaneverbot, d. h. der Arbeitgeber darf nur zumutbare Arbeit anweisen.

Grenzen des Weisungsrechts:
- Gesetzliche Bestimmungen (u.a. strafrechtliche Gesetze)
- Tarifverträge
- Betriebsvereinbarungen
- Mitbestimmungsrechte der Arbeitnehmervertretung
- Arbeitsvertrag
- Persönlichkeitsrechte des Arbeitnehmers
- Fürsorgepflicht des Arbeitgebers
- Schikaneverbot

Dem Weisungsrecht des Arbeitgebers entsprechend besteht für den Arbeitnehmer die Gehorsamspflicht.
Der Arbeitnehmer leistet abhängige, fremdbestimmte Arbeit.

7.1 Arbeitsverweigerungsrecht des Arbeitnehmers

Bei einer rechtswidrigen Weisung des Arbeitgebers ist eine Arbeitsverweigerung statthaft.

○ **Praxisfall 39**

Die Wohnbereichsleitung weist die Altenpflegerin Frau B. an, den Bewohner Herr D. im Bett mit Arm- und Fußfesseln sowie einem Bauchgurt die ganze Nacht zu fixieren.
Es soll damit verhindert werden, dass der verwirrte Herr D. nachts ständig aus dem Bett aufsteht und andere Bewohner stört.
Schließlich ist nachts nur eine Nachtwache für das ganze Haus zuständig. Diese kann sich nicht so intensiv um Herrn D. kümmern.

Die Anweisung einer Fixierung ohne rechtlichen Grund wie im Praxisfall 39 stellt eine Straftat dar. Der Personalengpass kann die Freiheitsberaubung bei Herrn B. nicht rechtfertigen.

Die Pflegekraft Frau B. muss die Vorgesetzte auf die Strafbarkeit der Fixierung in diesem Falle hinweisen und miteilen, dass sie die Anweisung nicht durchführen darf.

Allerdings ist bei einer Arbeitsverweigerung immer Vorsicht geboten. Der Arbeitnehmer muss die Weisung genau prüfen und eine Verweigerung rechtlich begründen können.

Ausnahmsweise muss eine mutmaßlich rechtswidrige Weisung aus dringenden betrieblichen Erfordernissen im Notfall ausgeführt werden, wenn sie zumutbar ist und wenn der Arbeitgeber eine Klärung der Rechtslage in die Wege leitet.

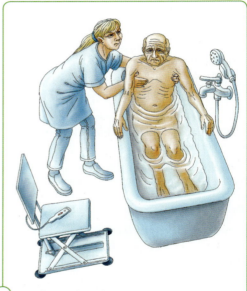

1 | Verstoß gegen den Arbeitsschutz

Bei Verstößen gegen Arbeitsschutzvorschriften darf die Arbeitsleistung verweigert werden, wenn dem Arbeitnehmer eine unmittelbare Gefahr für Leib und Leben droht.

Ohne eine konkrete Gefährdung muss der innerbetriebliche Instanzenweg beachtet werden, d. h. der Arbeitnehmer zeigt den Verstoß bei der zuständigen Stelle für Arbeitsschutz im Betrieb (dem Sicherheitsbeauftragten), beim Arbeitgeber selbst, bei der Arbeitnehmervertretung und ggf. bei der Berufsgenossenschaft an.

Hält der Arbeitnehmer den innerbetrieblichen Instanzenweg nicht ein, riskiert er eine außerordentliche Kündigung und muss gegebenenfalls Schadensersatz leisten.

Mängel in der Personalplanung berechtigen den Arbeitgeber nicht, zusätzliche oder andersartige Arbeiten auf den Arbeitnehmer zu übertragen. Ausschließlich bei unvorhersehbaren Personalengpässen wie beispielsweise bei einer Virusinfektion beim Personal, dürfen vorübergehend andere, nicht im Arbeitsvertrag vereinbarte Tätigkeiten angewiesen werden. Wann derart außergewöhnliche Fälle vorliegen definiert § 14 Arbeitszeitgesetz.

In Einzelfällen sind Weigerungsmöglichkeiten gesetzlich festgelegt, beispielsweise in Bezug auf die Mitwirkung beim Schwangerschaftsabbruch.

> ⑤ Gesetz
>
> **§ 12 Schwangerschaftskonfliktgesetz**
> (1) Niemand ist verpflichtet, an einem Schwangerschaftsabbruch mitzuwirken.

Der Arbeitgeber darf grundsätzlich dem Arbeitnehmer keine Arbeit zuweisen, die diesen in einen vermeidbaren Gewissenskonflikt bringt.

> 🔴 Merke
>
> Das Weisungsrecht findet seine Grenzen in gesetzlichen Vorschriften und den Bestimmungen des Kollektiv- und Einzelarbeitsvertragsrecht. Es darf gemäß § 315 Abs. 1 BGB nur nach billigem Ermessen ausgeübt werden.
>
> Die geforderte „Billigkeit" wird inhaltlich durch das Grundrecht der Gewissensfreiheit bestimmt. Somit sind sittenwidrige oder strafbare Handlungen nicht weisungsfähig.

Pflegekräfte empfinden den Abbruch lebenserhaltender künstlicher Ernährung oft als sehr belastend. Stellt dieser Behandlungsabbruch den mutmaßlichen oder tatsächlichen Willen des Patienten dar, dann gibt es kein Weigerungsrecht.

7.2 Arbeitsort und Nebenbeschäftigung

Die vereinbarte Arbeitsstelle ist in der Regel der Betrieb des Arbeitgebers. Das bedeutet, der Arbeitnehmer kann innerhalb der Einrichtung von Wohnbereich A nach Wohnbereich B oder in eine andere „Filiale" versetzt werden.

Allerdings sind die Grenzen der Versetzung zu beachten. Diesbezüglich kommt es darauf an, ob der konkrete Arbeitsort im Arbeitsvertrag festgehalten ist oder ob es beispielsweise tarifvertragliche Regelungen gibt. Eine Versetzung erfolgt grundsätzlich in den Grenzen des billigen Ermessens und muss für den Arbeitnehmer zumutbar sein. Anfallende Umzugskosten müssen gegebenenfalls vom Arbeitgeber erstattet werden.

Der Arbeitnehmer hat seine Leistung nach seinen Fähigkeiten und Kräften innerhalb seiner Arbeitszeit am vereinbarten Arbeitsort zu erbringen.

Gefordert wird eine durchschnittliche Leistung. Die Grenze stellt die physische und psychische Leistungsfähigkeit des Arbeitnehmers dar. Es darf keine Schäden verursachende Arbeit dem Arbeitnehmer angewiesen werden.

Nebenbeschäftigungen sind grundsätzlich erlaubt, wenn sich keine zeitlichen Überschneidungen ergeben.

Grenzen einer Nebenbeschäftigung:
- vertraglich vereinbartes Verbot
- unlautere Konkurrenz für den Arbeitgeber
- eine arbeitsschädigende Nebenbeschäftigung z.B. durch Überlastung
- die Höchstarbeitszeit nach dem Arbeitszeitgesetz wird überschritten

Der Arbeitnehmer ist in der Regel durch den Arbeitsvertrag verpflichtet, Nebenbeschäftigungen dem Arbeitgeber unverzüglich mitzuteilen.

Bei Erkrankung des Arbeitnehmers entsteht gegen alle Arbeitgeber ein Anspruch auf Entgeltfortzahlung. Ebenso gilt für alle Nebenbeschäftigungen Urlaubsanspruch und der Kündigungsschutz.

7.3 Die Arbeitszeit

Der Arbeitgeber legt den Beginn und das Ende der Arbeitszeit sowie die Pausen im Rahmen der gesetzlichen und tarifrechtlichen Bestimmungen fest.

Folgende Bestimmungen regeln die Arbeitszeit:
- Arbeitszeitgesetz (ArbZG)
- Arbeitszeitordnung (ArbZO)
- Mutterschaftsgesetz (MuSchG)
- Jugendarbeitsschutzgesetz (JArbSchG)
- Beschäftigungsförderungsgesetz (BeschFG)
- Tarifverträge
- Betriebsvereinbarungen

Gemäß § 2 Abs. 1 ArbZG ist Arbeitszeit die Zeit von Beginn bis zum Ende der Arbeit ohne die Ruhepausen und ohne die Wegzeiten. In der ambulanten Pflege gelten hinsichtlich der Wegezeiten besondere Regeln.

Mit Betreten des Betriebsgeländes beginnt die Arbeitszeit, mit Verlassen endet sie. Somit fällt das Umkleiden am Arbeitsplatz in die Arbeitszeit soweit Vereinbarungen des kollektiven Arbeitsrechts z. B. Tarifverträge dieses nicht speziell regeln.

○ Praxisfall 35

Die Altenpflegekraft Frau B. ist in einem Altenwohnstift tätig, das aus mehreren Häusern besteht und sich weitläufig in einem Parkgelände ausdehnt.

Der Arbeitgeber hat neuerdings an den Eingängen der einzelnen Gebäude für die Mitarbeiter eine Stechuhr angebracht, um die Arbeitszeiten exakt zu erfassen.

Bevor Frau B. zu ihrem Einsatzort, dem Wohnbereich Abendsonne, gelangt, muss sie sich im Umkleideraum des Gebäudetrakts A die erforderliche Dienstkleidung anziehen. Dann erst begibt sie sich zu ihrem Wohnbereich im Gebäudetrakt C.

Sie hat hierbei an beiden Gebäudetrakten die Stechuhren für die Arbeitszeiterfassung zu bedienen.

Frau B. fragt bei der Mitarbeitervertretung an, ob das rechtens ist. Schließlich benötigt sie ca. 20 Minuten vom Betreten des Betriebsgeländes, dem Umkleiden und dem Erreichen des Wohnbereichs, wo sie tätig ist.

Gemäß § 4 ArbZG hat eine Ruhepause mindestens 15 Minuten zu dauern. Länger als sechs Stunden hintereinander dürfen Arbeitnehmer nicht ohne Ruhepause beschäftigt werden.

Nachtarbeit ist jede Arbeit, die mehr als zwei Stunden in der Nachtzeit ausgeübt wird.

Die Nachtzeit ist gemäß § 2 Abs. 3 ArbZG die Zeit zwischen 23.00 Uhr und 6.00 Uhr.

Im Arbeitsvertrag sowie in Tarifverträgen oder Betriebsvereinbarungen können darüber hinaus Regelungen für Bereitschaftsdienste, Rufbereitschaften, Überstunden und Mehrarbeit festgelegt werden.

Bereitschaftsdienste im Sinne der Anwesenheitsbereitschaft gelten als Arbeitszeiten.

7.4 Urlaub und Freistellung

Der Urlaub ist eine zeitweise Freistellung von der Verpflichtung zur Erbringung der Arbeitsleistung bei gleichzeitiger Lohnfortzahlung.

Sinn und Zweck ist die Erholung. Daher darf der Arbeitnehmer in der Zeit des Urlaubs keiner anderen Erwerbstätigkeit nachgehen.

Der Urlaubsanspruch richtet sich nach dem Bundesurlaubsgesetz (BUrlG) oder nach den speziellen Regeln des Tarifrechts oder Arbeitsvertrages.

Der gesetzliche Mindesturlaub beträgt gemäß § 3 Abs. 1 BUrlG 24 Werktage. Als Werktage gelten auch die Samstage.

Eine Schlechterstellung durch den Arbeitsvertrag oder den Tarifvertrag ist nicht möglich.

Bei unregelmäßigen Arbeitszeiten kann der Urlaub nach der folgenden Formel berechnet werden:

Urlaubsanspruch =
Gesamtdauer des Urlaubs : 6 Werktage × Arbeitstage pro Woche

Der Urlaub soll zusammenhängend gewährt werden. Lediglich bei dringenden betrieblichen Gründen oder in der Person des Arbeitnehmers liegenden Gründen kann der Urlaub aufgeteilt werden. Der Arbeitnehmer hat jedoch Anspruch auf einen Teilurlaub von mindestens 12 aufeinanderfolgenden Werktagen.

○·· Praxisfall 41 ··········

Die Altenpflegekraft Frau W. war im gesamten Kalenderjahr 10 Monate arbeitsunfähig erkrankt.

Sie war Anfang Januar beim Skifahren gestürzt und hatte sich eine komplizierte Hüftfraktur zugezogen. Daher musste sie mehrere Wochen stationär behandelt werden. Anschließend hat sie eine Rehabilitationsmaßnahme durchgeführt.

Es wurde bei ihr eine Schwerbehinderung mit 50 GdB festgestellt.

Mehrfache Arbeitsversuche musste sie bereits nach wenigen Tagen abbrechen. Der Arzt bescheinigte immer wieder die Arbeitsunfähigkeit.

Erst seit Anfang Dezember des Jahr arbeitet Frau W. wieder.

Ihren gesamten Jahresurlaub von 30 Werktagen konnte sie bisher nicht nehmen. Sie bittet daher den Arbeitgeber, im folgenden Kalenderjahr den gesamten Februar bis Mitte März freinehmen zu können.

Eine Übertragung des Urlaubs ist in besonders begründeten Fällen bis Ende März des Folgejahres möglich.

Arbeitnehmer mit einer Schwerbehinderung erhalten gemäß § 125 SGB IX fünf Arbeitstage zusätzlichen Urlaub im Urlaubsjahr.

Bei Jugendlichen Arbeitnehmern richtet sich der Urlaubsanspruch nach § 19 JarbSchG.

In vielen Bundesländern wird dem Arbeitnehmer außerdem zusätzlich zum Erholungsurlaub noch Bildungsurlaub gewährt. Die Einzelheiten sind den jeweiligen Landesgesetzen zu entnehmen.

Außerhalb des Urlaubsanspruchs hat der Arbeitnehmer bei besonderen Gründen einen Anspruch auf Freistellung bei voller Lohnfortzahlung beispielsweise:

- vor und nach der Geburt eines Kindes nach §§ 3 Abs. 2, 6 Abs. 1 MuSchG
- im Rahmen der Elternzeit nach § 15 BErzGG
- im Rahmen der Pflegezeit nach §§ 2, 3 PflegeZG
- bei personenbedingten Gründen nach § 616 BGB wie der Geburt eines Kindes, bei einem Sterbefall in der Familie, bei der eigenen Eheschließung, bei der Erkrankung des unversorgten Kindes, bei einem Gerichtstermin etc.

Ein Arztbesuch gilt nur als personenbedingter Grund, wenn dieser medizinisch notwendig und nicht außerhalb der Arbeitszeit möglich ist.

Bei der Erkrankung des Kindes bis zum 12. Lebensjahr oder bei einem behinderten Kind kann die Freistellung auch gemäß § 45 SGB V ohne Lohnfortzahlung erfolgen. In diesen Fällen erhält der Arbeitnehmer von der Krankenversicherung Krankengeld.

8 Beendigung des Arbeitsverhältnisses

Ein Arbeitsverhältnis kann auf unterschiedliche Weise beendet werden:

- durch Fristablauf beim befristeten Arbeitsvertrag
- durch den Tod des Arbeitnehmers
- durch einen Aufhebungsvertrag in beiderseitigem Einvernehmen
- durch eine Kündigung des Arbeitnehmers
- durch eine Kündigung des Arbeitgebers

Bei befristeten Arbeitsverträgen endet das Arbeitsverhältnis ohne Kündigung durch Fristablauf. Das Fristende kann auch durch ein Ereignis bestimmt sein, beispielsweise bei der häuslichen Pflege einer Einzelperson durch deren Einzug in eine Pflegeeinrichtung oder durch deren Tod.

Dieses ist im Arbeitsvertrag explizit als Fristende zu benennen, da ansonsten das Arbeitsverhältnis nicht durch den Tod des Arbeitgebers endet, sondern mit den Erben fortgesetzt wird.

○·· Praxisfall 42 ··········

Die Altenpflegekraft Frau T. ist in dem kleinen ambulanten Pflegedienst der Frau Klein angestellt.

Durch einen tragischen Unglücksfall kommt die Arbeitgeberin ums Leben.

Frau T. möchte wissen, ob ihr Arbeitsverhältnis trotzdem fortbesteht.

Beim Tod des Arbeitnehmers endet dagegen das Arbeitsverhältnis, da es nicht vererbt werden kann.

Der Aufhebungsvertrag stellt eine einvernehmliche Auflösung des Arbeitsverhältnisses dar. Arbeitgeber und Arbeitnehmer legen unabhängig von Kündigungsfristen das Ende des Arbeitsvertrages fest und einigen sich gegebenenfalls auch über eine Abfindung für den Arbeitnehmer.

8.1 Die Kündigung durch den Arbeitnehmer

Bei der Beendigung des Arbeitsverhältnis durch die Kündigung des Arbeitnehmers ist zwischen der ordentlichen Kündigung und der außerordentlichen Kündigung zu unterscheiden.

Die ordentliche Kündigung kann durch den Arbeitnehmer ohne Gründe unter Beachtung der Kündigungsfristen erfolgen.
§ 622 Abs. 1 BGB sieht eine Kündigungsfrist von vier Wochen zum 15. eines Monats oder zum Monatsende vor.
In der Regel werden die Kündigungsfristen im Arbeitsvertrag beziehungsweise in den tarifvertraglichen Bestimmungen festgelegt.

Die außerordentliche Kündigung erfolgt ohne die Einhaltung einer Frist. Sie ist zulässig wenn wichtige Gründe vorliegen, die dem Arbeitnehmer eine Fortsetzung des Arbeitsverhältnisses unzumutbar machen, weil das Vertrauensverhältnis mit dem Arbeitgeber aufs tiefste gestört ist.
Wichtige Gründe für eine außerordentliche Kündigung des Arbeitnehmers können beispielsweise sein: eine Beleidigung durch den Arbeitgeber, Vernachlässigung der Lohnzahlungspflicht durch den Arbeitgeber, Gewalt gegenüber dem Arbeitnehmer, Mobbing, Diskriminierung, Nötigen zu einer Straftat etc.

○··Praxisfall 43 ···············
Der Betreiber des Pflegeheims „Abendsonne" weist die Altenpflegekraft Frau S. an, die umtriebige, verwirrte Bewohnerin Frau K. rund um die Uhr im Bett zu fixieren.

····▶

Laut dem Betreiber ist kein Personal vorhanden, das sich mit Frau K. ständig beschäftigen kann. Er droht Frau S. mit der fristlosen Kündigung, wenn sie der Anweisung nicht Folge leistet und wenn sie den rechtlichen Betreuer oder das Betreuungsgericht hierüber informiert.
Frau S. weigert sich. Sie fühlt sich zu einer Straftat genötigt und möchte fristlos kündigen.

Grundsätzlich haben Kündigungserklärungen durch den Arbeitnehmer in schriftlicher Form zu erfolgen. Der Zugang der Kündigungserklärung beim Arbeitgeber ist sicherzustellen.

8.2 Die Kündigung durch den Arbeitgeber

Der Arbeitgeber kann das Arbeitsverhältnis durch eine ordentliche Kündigung oder eine außerordentliche Kündigung beenden.
Bei der ordentlichen Kündigung hat der Arbeitgeber die Kündigungsfristen des § 622 BGB oder die diesbezüglich vorhandenen tarifvertraglichen Kündigungsfristen zu beachten.
§ 622 Abs. 1 BGB sieht eine Kündigungsfrist von vier Wochen zum 15. eines Monats oder zum Monatsende vor.
Diese Kündigungsfrist verlängert sich abhängig von der Beschäftigungsdauer und dem Alter des Arbeitnehmers.
Ob in der Kündigungserklärung die Angabe von Gründen erforderlich ist, hängt von der Größe des Betriebes und damit der Anwendbarkeit des Kündigungsschutzgesetzes (KSchG) ab.
Gemäß § 23 Abs. 1 S. 3 KSchG besteht in Betrieben mit mehr als 10 Arbeitnehmern Kündigungsschutz. Teilzeitkräfte werden anteilig angerechnet, Auszubildende werden nicht mitgezählt.
In der Probezeit hat der Arbeitnehmer noch keinen besonderen Kündigungsschutz. Das Arbeitsverhältnis kann innerhalb von 2 Wochen ohne die Angabe von Gründen von beiden Seiten wieder beendet werden.

Kündigung des Arbeitsvertrags durch den Arbeitgeber

Ordentliche Kündigung	Außerordentliche Kündigung
fristgerechte Beendigung Kündigungsschutz nach §§ 1 ff. KSchG: ● personenbedingte Gründe ● verhaltensbedingte Gründe ● betriebsbedingte Gründe	fristlose Beendigung gemäß § 626 BGB: ● aus wichtigem Grund ● fristgerechte Beendigung ist nicht zumutbar

1 Kündigung durch den Arbeitgeber

8.2.1 Kündigungsschutz des Arbeitnehmers

Bei Anwendbarkeit des Kündigungsschutzgesetzes, ist die ordentliche Kündigung durch den Arbeitgeber mit Gründen zu versehen.

Gemäß §1 Abs. 2 KSchG ist die Kündigung des Arbeitsverhältnisses durch den Arbeitgeber gegenüber dem Arbeitnehmer sozial ungerechtfertigt, wenn sie nicht durch Gründe, die in der Person oder in dem Verhalten des Arbeitnehmers liegen, oder durch dringende betriebliche Erfordernisse, die einer Weiterbeschäftigung in dem Betrieb entgegenstehen, bedingt ist.

Personenbedingte Gründe für eine Kündigung sind eine langfristige bzw. dauerhafte Unfähigkeit, die vertraglich vereinbarte Arbeitsleistung zu erbringen aufgrund einer Eigenschaft, die in der Person des Arbeitnehmers liegt.

> ○ Info
>
> **Personenbedingte Gründe für die Kündigung**
> ● Krankheit insbesondere auch Suchterkrankungen
> ● der Führerscheinentzug bei der Tätigkeit im ambulanten Pflegedienst
> ● die fehlende Arbeitserlaubnis bei einer ausländischen Pflegekraft
> ● Inhaftierung

Eine lang anhaltende oder häufige Arbeitsunfähigkeit aufgrund einer möglicherweise chronischen Erkrankung löst häufig eine personenbedingte Kündigung aus.

Das Bundesarbeitsgericht hat in zahlreichen Urteilen hierzu Stellung genommen und den Arbeitgebern enge Grenzen für eine krankheitsbedingte Kündigung gesetzt.

Der Arbeitgeber hat demzufolge drei Prüfungsschritte zu durchlaufen, bevor er eine wirksame **krankheitsbedingte Kündigung** aussprechen kann.

1. Negative Gesundheitsprognose durch krankheitsbedingte Fehlzeiten von deutlich mehr als 6 Wochen im Jahr
2. Erhebliche Beeinträchtigung der betrieblichen oder wirtschaftlichen Interessen durch die hohen krankheitsbedingten Ausfallzeiten
3. Interessenabwägung zwischen den betrieblichen Beeinträchtigungen des Arbeitgebers und den sozialen Belangen des Arbeitnehmers

Eine negative Gesundheitsprognose liegt in der Regel vor bei

● häufigen Kurzerkrankungen
● lang andauernden Erkrankungen
● krankheitsbedingter dauerhafter Leistungsunfähigkeit
● krankheitsbedingter erheblicher Leistungsminderung
● völliger Ungewissheit über die Wiederherstellung der Arbeitsfähigkeit

Bei der Interessensabwägung ist zu prüfen, ob derart schwerwiegende betriebliche Beeinträchtigungen vorliegen, so dass dem Arbeitgeber eine

Weiterbeschäftigung des Arbeitnehmers nicht zugemutet werden kann.

In der Abwägung müssen aufseiten des Arbeitnehmers die Ursachen seiner Erkrankung, die Dauer der Betriebszugehörigkeit, sein Familienstand, Alter und andere soziale Belange berücksichtigt werden.

Aufseiten des Arbeitgebers ist die Unzumutbarkeit weiterer Überbrückungsmaßnahmen für den Ausfall des kranken Arbeitnehmers zu bewerten. Demzufolge ist dem Arbeitgeber die Frage zu stellen, ob er nicht durch die Einstellung einer Aushilfskraft oder einer zumutbaren personellen Umorganisation den langfristigen Ausfall des kranken Arbeitnehmers überbrücken kann.

Häufig werden für eine Kündigung durch den Arbeitgeber **verhaltensbedingte Gründe** angeführt.

1 Verhaltensbedingte Kündigungsgründe

Dieser verhaltensbedingten Kündigung liegen arbeitsvertragliche Pflichtverstöße durch den Arbeitnehmer zugrunde. Somit handelt es sich um Gründe, die im Verhalten des Arbeitnehmers liegen und die er folglich selbst beeinflussen kann.

Bevor eine wirksame verhaltensbedingte Kündigung ausgesprochen werden kann ist daher in der Regel eine **Abmahnung** erforderlich.

Diese gibt dem Arbeitnehmer die Möglichkeit, das Verhalten zu ändern und die Kündigung des Arbeitsverhältnisses zu vermeiden.

○ **Info**

Abmahnung

Inhalt:
- den Pflichtverstoß konkret beschreiben
- das korrekte Verhalten darstellen
- Androhung der Kündigung bei wiederholtem gleichem Pflichtverstoß

Verhältnismäßigkeit beachten
Schriftliche Abmahnung mit Aufnahme in die Personalakte
Nach 2–3 Jahren Verwirkung der Abmahnung und Anspruch auf Entfernung aus der Personalakte

Die verhaltensbedingte ordentliche Kündigung wird folglich bei wiederholten Pflichtverstößen des Arbeitnehmers ausgesprochen, die in den vergangenen 2–3 Jahren bereits einmal abgemahnt worden waren und die nicht so schwerwiegend sind, dass sie den Arbeitgeber zu einer fristlosen Kündigung berechtigen.

Häufige verhaltensbedingte Kündigungsgründe sind insbesondere:

- Alkoholmissbrauch während der Arbeitszeit (Abgrenzung zur Alkoholabhängigkeit als Erkrankung erforderlich)
- Mobbing
- Diebstahl oder andere strafbare Handlungen während der Arbeit
- grobfahrlässige Verursachung von Schäden
- häufiger unpünktlicher Arbeitsbeginn
- dauerhaft schlechte Arbeitsleistung
- private Internetnutzung im Betrieb
- private Handynutzung im Betrieb

Diese Beispiele sind nicht abschließend, da es auf die arbeitsvertragliche Pflichten im Einzelfall ankommt.

Die **betriebsbedingte ordentliche Kündigung** durch den Arbeitgeber ist im Altenpflegebereich von geringerer Bedeutung. Trotzdem können im Einzelfall dringende betriebliche Erfordernisse im Sinne des § 1 Abs. 2 S.1 KSchG den Arbeitgeber zu einer fristgerechten Kündigung veranlassen.
Dieses ist beispielsweise der Fall, wenn dem ambulanten Pflegedienst die Klienten ausbleiben oder

eine Betreuungseinrichtung umstrukturiert wird und möglicherweise ein Teil geschlossen werden muss.

Bei der betriebsbedingten Kündigung hat der Arbeitgeber eine sog. Sozialauswahl zu treffen.

Gemäß § 1 Abs. 3 KSchG hat der Arbeitgeber bei der Auswahl des zu kündigendem Arbeitnehmers folgende Punkte zu berücksichtigen:

- Dauer der Betriebszugehörigkeit
- Lebensalter
- Unterhaltsverpflichtungen gegenüber Ehepartner, Kindern und Eltern
- Schwerbehinderung

Außerdem muss der Arbeitgeber vor der betriebsbedingten Kündigung prüfen, ob der Arbeitnehmer nicht auf einem anderen freien Arbeitsplatz im Betrieb eingesetzt werden kann.

Ist ein Pflichtverstoß derart schwerwiegend, dass das Vertrauensverhältnis zwischen Arbeitnehmer und Arbeitgeber dadurch gravierend und unwiederbringlich verletzt wird und die Fortsetzung des Arbeitsverhältnisses dem Arbeitgeber nicht mehr zumutbar ist, dann berechtigt ihn dies zu einer **außerordentlichen Kündigung**.

Diese erfolgt ohne die Einhaltung einer Frist und in der Regel ist eine Abmahnung entbehrlich.

Beispielsweise können ein längeres unentschuldigtes Fernbleiben von der Arbeit, Gewalthandlungen gegenüber den Bewohnern oder den Patienten, Diebstahl, starke Trunkenheit bei der Arbeit, eigenmächtiger Urlaubsantritt, Stören des Betriebsfriedens, Beleidigung des Arbeitgebers und andere strafbare Handlungen durch den Arbeitnehmer sowie die Verletzung der Verschwiegenheitspflicht zu einer außerordentlichen Kündigung durch den Arbeitgeber führen.

Bei einer ordentlichen oder außerordentlichen Kündigung hat der Arbeitgeber gemäß § 102 Betriebsverfassungsgesetz (BetrVG) den Betriebsrat bzw. die Mitarbeitervertretung zu hören.

Bei der Kündigung eines Schwerbehinderten ist die Zustimmung des Integrationsamtes einzuholen.

Für bestimmte Personengruppen bestehen spezielle Kündigungsschutzregeln.

Hierzu zählen

- Schwangere bzw. Mütter nach § 9 Mutterschutzgesetz (MuSchG)
- Eltern in der Elternzeit gemäß § 18 Bundeselternzeitgesetz (BEEG)
- Pflegepersonen in der Pflegezeit gemäß § 5 PflegeZG
- Personal- und Betriebsratsmitglieder gemäß § 15 KSchG
- Schwerbehinderte gemäß §§ 85 ff. SGB IX

Grundsätzlich gilt im Arbeitsrecht ein hoher Schutz des Arbeitnehmers, so dass jegliche Kündigung des Arbeitsverhältnisses durch den Arbeitgeber als letztes Mittel zu gelten hat und ein Mindestmaß an sozialer Rücksichtnahme verlangt.

Der Arbeitnehmer kann gemäß § 4 KSchG binnen drei Wochen nach Zugang der Kündigung beim zuständigen Arbeitsgericht eine Kündigungsschutzklage einreichen.

8.2.2 Nachvertragliche Pflichten des Arbeitgebers

Nach Beendigung des Arbeitsverhältnisses hat der Arbeitgeber noch folgende Pflichten zur Vertragsabwicklung zu erfüllen:

- Freistellung zur Stellensuche gemäß § 629 BGB
- Erteilung eines Arbeitszeugnisses
- Erteilung von Auskunft z. B. Erstellen einer einfachen Arbeitsbescheinigung
- Aushändigung der Arbeitspapiere

Gemäß § 630 BGB hat der Arbeitnehmer einen Anspruch auf ein **Arbeitszeugnis**.

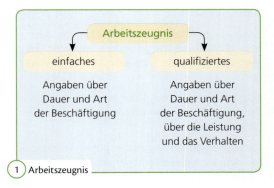

1 Arbeitszeugnis

Das Arbeitszeugnis soll dem künftigen Arbeitgeber konkrete Vorstellungen über die Persönlichkeit und die Einsatzmöglichkeiten des Arbeitnehmers vermitteln. Daher hat es einerseits der Wahrheit zu entsprechen, andererseits muss es wohlwollend abgefasst sein, damit der Arbeitnehmer in seinem Fortkommen durch das Zeugnis nicht gehindert wird.

Diesbezüglich hat sich eine spezielle **Zeugnissprache** entwickelt:

Sehr gut	=	„stets zur vollsten Zufriedenheit"
Gut	=	„stets zur vollen Zufriedenheit"
Befriedigend	=	„zur vollen Zufriedenheit"
Ausreichend	=	„zur Zufriedenheit"
Mangelhaft	=	„im Großen und Ganzen zur Zufriedenheit" oder „bemüht, den Anforderungen zu entsprechen"

Das Arbeitszeugnis ist auf einem haltbaren Papier in einer sauberen, ordentlichen Form abzufassen, damit nicht durch sein Äußeres der Eindruck erweckt wird, der Arbeitgeber distanziere sich vom Wortlaut.

Beendigungsgründe, Krankheiten, Schwangerschaft, Schwerbehinderung, Straftaten, außerdienstliches Verhalten des Arbeitnehmers oder seine Aktivitäten im Betriebsrat sowie der Gewerkschaft sind in ein Zeugnis nicht aufzunehmen.

Unvollständige oder grob unrichtige Zeugnisformulierungen sowie eine verspätete Aushändigung können beim Arbeitnehmer Schadensersatzansprüche gegenüber dem Arbeitgeber auslösen.

Der Arbeitnehmer kann seinen Anspruch auf die Erteilung oder Berichtigung des Arbeitszeugnisses gemäß § 2 Abs. 1 Nr. 3e ArbGG vor dem Arbeitsgericht geltend machen.

Erweckt der Arbeitnehmer den Eindruck, dass er kein qualifiziertes Arbeitszeugnis wünscht, kann der Anspruch schon nach zehn Monaten verwirkt sein.

Möglicherweise ist der Arbeitgeber nach geraumer Zeit nicht mehr zu einer Leistungsbeurteilung in der Lage.

Die Verjährung des Anspruches auf die Erteilung eines Arbeitszeugnisses tritt gemäß § 195 BGB nach drei Jahren ein.

1 Arbeitszeugnis

Das einfache Arbeitszeugnis wird in der Regel mit Ende des Arbeitsverhältnisses fällig.

Das Arbeitszeugnis gehört neben der Lohnsteuerbescheinigung, der Arbeitsbescheinigung, der Urlaubsbescheinigung, der Meldung an den Sozialversicherungsträger sowie den Unterlagen über die betriebliche Altersvorsorge zu den Arbeitspapieren, die am Tage der Beendigung des Arbeitsverhältnisses an den Arbeitnehmer herauszugeben sind.

Es handelt sich hierbei um eine Holschuld, das heißt der Arbeitnehmer hat die Arbeitspapiere beim Arbeitgeber abzuholen.

Ausnahmsweise wandelt sich diese Holschuld in eine Schickschuld, beispielsweise bei Erkrankung des Arbeitnehmers. Dann hat der Arbeitgeber die Arbeitspapiere ihm auf eigene Kosten zuzusenden.

9 Arbeitsgerichtsverfahren

Im Arbeitsgerichtsgesetz sind die bürgerlich rechtlichen Rechtsstreitigkeiten zwischen Arbeitnehmer und Arbeitgeber über das Bestehen oder Nichtbestehen eines Arbeitsverhältnisses sowie die Zuständigkeiten der Arbeitsgerichte geregelt.

Bei Streitigkeiten aus dem Vertragsverhältnis und über dessen Bestehen ist für die Klage des Arbeitnehmers gemäß § 48 ArbGG das Arbeitsgericht zuständig, an dem der Arbeitnehmer seinen gewöhnlichen Arbeitsort, das heißt seine Leistung zu erfüllen hatte.

Vor dem Arbeitsgericht in der 1. Instanz besteht keine Anwaltspflicht. Der Arbeitnehmer kann demzufolge die Klage ohne anwaltliche Vertretung einreichen.

Lässt er sich anwaltlich vertreten fallen die Kosten auch bei einem Obsiegen ihm zur Last, es sei denn es wird ihm Prozess- bzw. Verfahrenskostenhilfe gewährt.

Der Arbeitnehmer kann sich ggf. auch durch seine Gewerkschaft vertreten lassen.

Das Arbeitsgerichtsverfahren beginnt immer mit einem sog. Gütetermin. Häufig endet die Güteverhandlung mit einem Vergleich.

Kann durch die Güteverhandlung das Verfahren nicht beendet werden, schließt sich ein sog. Kammertermin an.

In dieser Hauptverhandlung, die von einem Richter und zwei Beisitzern geführt wird, wird nochmals ein Vergleich angestrebt. Sollte dieses nicht gelingen, wird ein Urteil gefällt.

Gegen dieses Urteil kann das Gericht die Berufung vor dem Landesarbeitsgericht zulassen.

Bei einer Rechtsfrage von grundsätzlicher Bedeutung kann es in der 3. Instanz vor dem Bundesarbeitsgericht zu einem Revisionsverfahren kommen.

1) Klage vor dem Arbeitsgericht

Aufgaben

1. Wer ist Arbeitnehmer, wer Arbeitgeber? Beschreiben Sie die typischen Merkmale.

2. Wann liegt eine Scheinselbstständigkeit vor?

3. Nennen Sie die Quellen des Arbeitsrechts.

4. Welche Rechte und Pflichten ergeben sich aus Ihrem konkreten Arbeitsvertrag und aufgrund der tarifrechtlichen Bestimmungen sowie von Betriebsvereinbarungen?

5. Was ist ein Arbeitsvertrag?

6. Wann liegt ein sogenannter „schwarzer Arbeitsvertrag" vor und welche Konsequenzen ergeben sich daraus?

7. Welche Besonderheiten sind bei einem befristeten Arbeitsverhältnis zu beachten? Lesen Sie die Regelungen der §§ 14 ff. TzBfG zu befristeten Arbeitsverhältnissen.

8. Sie arbeiten als Pflegekraft im Rahmen eines Abrufarbeitsverhältnisses im Pflegeheim. Die WBL ruft Sie Freitagvormittag um 11.00 Uhr an und bittet Sie abends um 21.00 Uhr zum Nachtdienst zu kommen, da die Nachtwache erkrankt ist.
   Sie möchten den Nachtdienst nicht übernehmen, da Sie für Ihre dreijährige Tochter so kurzfristig keine Aufsichtsperson finden.
   Müssen Sie den Nachtdienst übernehmen? Lesen Sie hierzu § 12 TzBfG und suchen Sie ggf. einschlägige tarifrechtliche Regelungen!

9. Muss die Frage nach Krankheiten im Vorstellungsgespräch wahrheitsgemäß beantwortet werden?

10. Muss die Altenpflegekraft bei einem Vorstellungsgespräch in einer Pflegeeinrichtung ihre schwere Bandscheibenerkrankung offenbaren?

11. Welche Fragen sind im Vorstellungsgespräch zulässig?

12. Für welche Tatsachen besteht ein Recht zum Lügen im Vorstellungsgespräch für den Arbeitnehmer, da die Fragen unzulässig sind?

13. Welche Arten von Arbeitsverhältnissen gibt es?

14. Beschreiben Sie das befristete Arbeitsverhältnis.

15. Die alleinerziehende Pflegekraft Frau A. arbeitet in Vollzeit im Pflegeheim der Stadt S. Aufgrund ihrer finanziellen Nöte hat sie bei einer achtzigjährigen Dame eine Nebenbeschäftigung angenommen. Sie übernimmt dort für drei Nächte in der Woche eine Nachtbereitschaft. Im Pflegeheim ist sie dadurch häufig übermüdet und beim Richten der Medikamente fallen ihr immer wieder die Augen zu.
   a). Ist die Nebenbeschäftigung der Frau A. erlaubt?
   b). Welche Konsequenzen kann der Arbeitgeber ergreifen?

16. Wie lautet die Lösung zum Praxisfall 40?
    Lesen Sie hierzu das Urteil des Bundesarbeitsgerichts vom 19. 09. 2012, Az. 5 AZR 678/11 und das Urteil vom 15. 09. 1988, Az. 6 AZR 637/86.

17. Wann muss der Arbeitgeber eine Pause gewähren und wie lange muss diese mindestens sein?

18. Wann liegt Nachtarbeit vor?

19. Suchen Sie in Ihrem Arbeitsvertrag und in Betriebsvereinbarungen sowie tarifvertraglichen Regelungen nach Bestimmungen für Bereitschaftsdienste, Rufbereitschaften, Überstunden und Mehrarbeit.

20. In welchen Fällen hat der Arbeitnehmer einen Anspruch auf Freistellung von der Arbeit bei voller Lohnfortzahlung?

21. Darf die Altenpflegekraft wegen der Pflege ihres 11 jährigen kranken Kindes von der Arbeit fern bleiben? Recherchieren Sie unter welchen Bedingungen dieses möglich ist!

22. Welche Möglichkeiten gibt es zur Beendigung des Arbeitsvertragsverhältnisses?

23. Was ist unter einer ordentlichen und was unter einer außerordentlichen Kündigung zu verstehen?

24. Nennen Sie jeweils 5 personenbedingte und verhaltensbedingte Gründe für eine Kündigung.

25. Wie lange haben Sie Zeit, gegen eine Kündigung arbeitsgerichtlich vorzugehen?

26. Welche Pflichten hat der Arbeitgeber nach einer Kündigung des Arbeitsverhältnisses zu erfüllen?

27. Skizzieren Sie das Klageverfahren vor dem Arbeitsgericht.

Sachwortverzeichnis